目 录

考 点	试题	法条
专题一 刑法概说	1	72
考点1 刑法的解释	1	
考点2 刑法的基本原则	2	72
考点3 刑法的适用范围（效力）	3	72
专题二 犯罪构成	4	72
考点4 构成要件要素的分类	4	
考点5 危害行为	4	
考点6 危害结果	6	
考点7 因果关系	7	
考点8 故意与过失	9	72
考点9 事实认识错误	11	
专题三 犯罪排除事由	13	72
考点10 责任阻却事由：责任年龄、能力与期待可能性	13	72
考点11 违法阻却事由之一：正当防卫与紧急避险	14	73
考点12 违法阻却事由之二：被害人承诺	17	
专题四 犯罪形态	18	73
考点13 犯罪预备、未遂、中止与既遂的判断	18	73
专题五 共同犯罪	21	73
考点14 共同犯罪的成立与共同正犯	21	
考点15 共犯人的分类及其刑事责任	23	73
考点16 共犯的特殊问题：承继的共犯、片面的共犯、共犯与犯罪形态、共犯与身份、共犯与认识错误	24	
专题六 单位犯罪	25	74
考点17 单位犯罪	25	74
专题七 罪数形态	26	
考点18 罪数	26	
专题八 刑罚种类	28	74
考点19 主刑	28	74
考点20 附加刑	29	74
专题九 刑罚裁量	30	76
考点21 量刑情节	30	
考点22 累犯	30	76
考点23 自首与立功	30	76
考点24 数罪并罚	31	78
考点25 缓刑	32	78
专题十 刑罚执行	33	79
考点26 减刑与假释	33	79
专题十一 刑罚消灭	34	82
考点27 追诉时效	34	82
专题十二 罪刑各论概说	35	82
考点28 分论概说	35	82

专题十三 危害国家安全罪	35	83
考点29　危害国家安全罪	35	83
专题十四 危害公共安全罪	35	83
考点30　危害公共安全罪	35	83
专题十五 破坏社会主义市场经济秩序罪	39	86
考点31　生产、销售伪劣商品罪	39	86
考点32　走私罪	40	87
考点33　妨害对公司、企业的管理秩序罪	40	87
考点34　破坏金融管理秩序罪	41	88
考点35　金融诈骗罪	42	89
考点36　危害税收征管罪	43	91
考点37　侵犯知识产权罪	44	91
考点38　扰乱市场秩序罪	44	92
专题十六 侵犯公民人身权利、民主权利罪	45	93
考点39　侵犯公民生命、健康权利的犯罪	45	93
考点40　侵犯性权利的犯罪	47	93
考点41　侵犯妇女、儿童利益的犯罪	47	94
考点42　非法拘禁罪与绑架罪	48	96
考点43　其他侵犯公民人身、民主权利犯罪	49	97
专题十七 侵犯财产罪	50	98
考点44　抢劫罪与抢夺罪	50	98
考点45　盗窃罪	53	102
考点46　敲诈勒索罪	55	104
考点47　诈骗罪	55	104
考点48　侵占罪与职务侵占罪	57	105
专题十八 妨害社会管理秩序罪	58	106
考点49　扰乱公共秩序罪	58	106
考点50　妨害司法罪	59	108
考点51　妨害国（边）境管理罪	61	110
考点52　妨害文物管理罪	61	
考点53　危害公共卫生罪	61	111
考点54　破坏环境资源保护罪	61	111
考点55　走私、贩卖、运输、制造毒品罪	62	113
考点56　组织、强迫、引诱、容留、介绍卖淫罪	63	114
考点57　制作、贩卖、传播淫秽物品罪	63	
专题十九 贪污贿赂罪	64	115
考点58　贪污罪	64	115
考点59　挪用公款罪	65	117
考点60　贿赂类犯罪	66	118
考点61　巨额财产来源不明罪	69	
专题二十 渎职罪	69	122
考点62　渎职罪	69	122
专题二十一 军人违反职责罪	71	122
考点63　军人违反职责罪	71	122
答案速查		123

刑法 [试题]

扫一扫,"码"上做题

微信扫码,即可线上做题、看解析。
多种做题模式：章节自测、单科集训、随机演练等。

专题一 刑法概说

考点1 刑法的解释

1. 2019 回忆/单

关于刑法的解释,下列哪一项说法是正确的?

A. 按照体系解释,传播淫秽物品罪与传播性病罪的"传播"含义一致

B. 依据论理解释,倒卖文物罪中的"倒卖"是指以牟利为目的,出售或为出售而购买国家禁止经营的文物

C. 招摇撞骗罪是指冒充国家机关工作人员招摇撞骗。将副乡长冒充市长招摇撞骗解释为"冒充"国家机关工作人员招摇撞骗,不符合文理解释

D. 将虐待罪的对象"家庭成员"解释为包括保姆在内,符合类推解释

2. 2018 回忆/多

关于刑法解释,下列哪些说法是正确的?

A. 大炮的危险性比枪支严重,因此将非法制造大炮解释为非法制造枪支罪,属于扩大解释,不违反罪刑法定原则

B. 根据当然解释,生产、销售假药罪中的假药是指完全没有疗效的药,因此有疗效的药不是假药

C. 为境外非法提供国家秘密、情报罪中的"情报"应该缩小解释为"关系国家安全和利益、尚未公开或者依照有关规定不应公开的事项"

D. 将假冒他人未注册的商标解释为假冒注册商标罪,违反罪刑法定原则

3. 2016/2/51/多①

关于罪刑法定原则与刑法解释,下列哪些选项是正确的?

A. 对甲法条中的"暴力"作扩大解释时,就不可能同时再作限制解释,但这并不意味着对乙法条中的"暴力"也须作扩大解释

B. 《刑法》第 237 条规定的强制猥亵、侮辱罪中的"侮辱",与《刑法》第 246 条规定的侮辱罪中的"侮辱",客观内容相同、主观内容不同

C. 当然解释是使刑法条文之间保持协调的解释方法,只要符合当然解释的原理,其解释结论就不会违反罪刑法定原则

D. 对刑法分则条文的解释,必须同时符合两个要求:一是不能超出刑法用语可能具有的含义,二是必须符合分则条文的目的

4. 2015/2/51/多

关于刑法解释,下列哪些选项是错误的?

A. 《刑法》规定"以暴力、胁迫或者其他手段强奸妇女的"构成强奸罪。按照文理解释,可将丈夫强行与妻子性交的行为解释为"强奸妇女"

B. 《刑法》对抢劫罪与强奸罪的手段行为均使用了"暴力、胁迫"的表述,且二罪的法定刑相同,故对二罪中的"暴力、胁迫"应作相同解释

C. 既然将为了自己饲养而抢劫他人宠物的行为认定为抢劫罪,那么,根据当然解释,对为了自己收养而抢劫他人婴儿的行为更应认定为抢劫罪,否则会导致罪刑不均衡

D. 对中止犯中的"自动有效地防止犯罪结果发生",既可解释为自动采取措施使得犯罪结果未发生;也可解释为自动采取防止犯罪结果发生的有效措施,而不管犯罪结果是否发生

5. 2014/2/3/单

关于刑法用语的解释,下列哪一选项是正确的?

A. 按照体系解释,刑法分则中的"买卖"一词,均

---

① 指 2016 年/试卷二/第 51 题/多选——编者注。

指购买并卖出;单纯的购买或者出售,不属于"买卖"
B. 按照同类解释规则,对于刑法分则条文在列举具体要素后使用的"等"、"其他"用语,应按照所列举的内容、性质进行同类解释
C. 将明知是捏造的损害他人名誉的事实,在信息网络上散布的行为,认定为"捏造事实诽谤他人",属于当然解释
D. 将盗窃骨灰的行为认定为盗窃"尸体",属于扩大解释

6．2013/2/3/单

关于刑法解释,下列哪一选项是错误的?

A. 学理解释中的类推解释结论,纳入司法解释后不属于类推解释
B. 将大型拖拉机解释为《刑法》第116条破坏交通工具罪的"汽车",至少是扩大解释乃至是类推解释
C. 《刑法》分则有不少条文并列规定了"伪造"与"变造",但不排除在其他一些条文中将"变造"解释为"伪造"的一种表现形式
D. 《刑法》第65条规定,不满18周岁的人不成立累犯;《刑法》第356条规定,因走私、贩卖、运输、制造、非法持有毒品罪被判过刑,又犯本节规定之罪的,从重处罚。根据当然解释的原理,对不满18周岁的人不适用《刑法》第356条

7．2011/2/51/多

①对于同一刑法条文中的同一概念,既可以进行文理解释也可以进行论理解释
②一个解释者对于同一刑法条文的同一概念,不可能同时既作扩大解释又作缩小解释
③刑法中类推解释被禁止,扩大解释被允许,但扩大解释的结论也可能是错误的
④当然解释追求结论的合理性,但不必然符合罪刑法定原则

关于上述4句话的判断,下列哪些选项是错误的?

A. 第①句正确,第②③④句错误
B. 第①②句正确,第③④句错误
C. 第①③句正确,第②④句错误
D. 第①③④句正确,第②句错误

8．2009/2/1/单

关于刑法解释的说法,下列哪一选项是正确的?

A. 将盗窃罪对象的"公私财物"解释为"他人财物",属于缩小解释
B. 将《刑法》第一百七十一条出售假币罪中的"出售"解释为"购买和销售",属于当然解释
C. 对随身携带枪支等国家禁止个人携带的器械以外的其他器械进行抢夺的,解释为以抢劫罪定罪,属于扩张解释
D. 将信用卡诈骗罪中的"信用卡"解释为"具有消费支付、信用贷款、转账结算、存取现金等全部功能或者部分功能的电子支付卡",属于类推解释

9．2008/2/20/单

①立法解释是由立法机关作出的解释,既然立法机关在制定法律时可以规定"携带凶器抢夺的"以抢劫罪论处,那么,立法解释也可以规定"携带凶器盗窃的,以抢劫罪论处"。②当然,立法解释毕竟是解释,所以,立法解释不得进行类推解释。③司法解释也具有法律效力,当司法解释与立法解释相抵触时,应适用新解释优于旧解释的原则。④不过,司法解释的效力低于立法解释的效力,所以,立法解释可以进行扩大解释,司法解释不得进行扩大解释。关于上述四句话正误的判断,下列哪一选项是正确的?

A. 第①句正确,其他错误
B. 第②句正确,其他错误
C. 第③句正确,其他错误
D. 第④句正确,其他错误

考点2 刑法的基本原则

10．2014/2/1/单

关于公平正义理念与罪刑相适应原则的关系,下列哪一选项是错误的?

A. 公平正义是人类社会的共同理想,罪刑相适应原则与公平正义相吻合
B. 公平正义与罪刑相适应原则都要求在法律实施中坚持以事实为根据、以法律为准绳
C. 根据案件特殊情况,为做到罪刑相适应,促进公平正义,可由最高法院授权下级法院,在法定刑以下判处刑罚
D. 公平正义的实现需要正确处理法理与情理的关系,罪刑相适应原则要求做到罪刑均衡与刑罚个别化,二者并不矛盾

11．2014/2/2/单

甲怀疑医院救治不力致其母死亡,遂在医院设灵堂、烧纸钱,向医院讨说法。结合社会主义法治理念和刑法规定,下列哪一看法是错误的?

A. 执法为民与服务大局的理念要求严厉打击涉医违法犯罪,对社会影响恶劣的涉医犯罪行

为,要依法从严惩处
B. 甲属于起哄闹事,只有造成医院的秩序严重混乱的,才构成寻衅滋事罪
C. 如甲母的死亡确系医院救治不力所致,则不能轻易将甲的行为认定为寻衅滋事罪
D. 如以寻衅滋事罪判处甲有期徒刑3年、缓刑3年,为有效维护医疗秩序,法院可同时发布禁止令,禁止甲1年内出入医疗机构

12． 2014/2/51/多
下列哪些选项不违反罪刑法定原则?
A. 将明知是痴呆女而与之发生性关系导致被害人怀孕的情形,认定为强奸"造成其他严重后果"
B. 将卡拉OK厅未经著作权人许可大量播放其音像制品的行为,认定为侵犯著作权罪中的"发行"
C. 将重度醉酒后在高速公路超速驾驶机动车的行为,认定为以危险方法危害公共安全罪
D. 《刑法》规定了盗窃武装部队印章罪,未规定毁灭武装部队印章罪。为弥补处罚漏洞,将毁灭武装部队印章的行为认定为毁灭"国家机关"印章

13． 2013/2/1/单
甲给机场打电话谎称"3架飞机上有炸弹",机场立即紧急疏散乘客,对飞机进行地毯式安检,3小时后才恢复正常航班秩序。关于本案,下列哪一选项是正确的?
A. 为维护社会稳定,无论甲的行为是否严重扰乱社会秩序,都应追究甲的刑事责任
B. 为防范危害航空安全行为的发生,保护人民群众,应以危害公共安全相关犯罪判处甲死刑
C. 从事实和法律出发,甲的行为符合编造、故意传播虚假恐怖信息罪的犯罪构成,应追究其刑事责任
D. 对于散布虚假信息,危及航空安全,造成国内国际重大影响的案件,可突破司法程序规定,以高效办案取信社会

14． 2012/2/3/单
关于罪刑法定原则有以下观点:
①罪刑法定只约束立法者,不约束司法者
②罪刑法定只约束法官,不约束侦查人员
③罪刑法定只禁止类推适用刑法,不禁止适用习惯法
④罪刑法定只禁止不利于被告人的事后法,不禁止有利于被告人的事后法
下列哪一选项是正确的?

A. 第①句正确,第②③④句错误
B. 第①②句正确,第③④句错误
C. 第④句正确,第①②③句错误
D. 第①③句正确,第②④句错误

15． 2010/2/1/单
"罪刑法定原则的要求是:(1)禁止溯及既往(____的罪刑法定);(2)排斥习惯法(____的罪刑法定);(3)禁止类推解释(____的罪刑法定);(4)刑罚法规的适当(____的罪刑法定)。"下列哪一选项与题干空格内容相匹配?
A. 事前——成文——确定——严格
B. 事前——确定——成文——严格
C. 事前——严格——成文——确定
D. 事前——成文——严格——确定

考点3 刑法的适用范围(效力)

16． 2017/2/1/单
关于刑事司法解释的时间效力,下列哪一选项是正确的?
A. 司法解释也是刑法的渊源,故其时间效力与《刑法》完全一样,适用从旧兼从轻原则
B. 行为时无相关司法解释,新司法解释实施时正在审理的案件,应当依新司法解释办理
C. 行为时有相关司法解释,新司法解释实施时正在审理的案件,仍须按旧司法解释办理
D. 依行为时司法解释已审结的案件,若适用新司法解释有利于被告人的,应依新司法解释改判

17． 2013/2/4/单
《刑法修正案(八)》于2011年5月1日起施行。根据《刑法》第12条关于时间效力的规定,下列哪一选项是错误的?
A. 2011年4月30日前犯罪,犯罪后自首又有重大立功表现的,适用修正前的刑法条文,应当减轻或者免除处罚
B. 2011年4月30日前拖欠劳动者报酬,2011年5月1日后以转移财产方式拒不支付劳动者报酬的,适用修正后的刑法条文
C. 2011年4月30日前组织出卖人体器官的,适用修正后的刑法条文
D. 2011年4月30日前扒窃财物数额未达到较大标准的,不得以盗窃罪论处

18． 2007/2/51/多
关于刑事管辖权,下列哪些选项是正确的?
A. 甲在国外教唆陈某到中国境内实施绑架行为,

中国司法机关对甲的教唆犯罪有刑事管辖权
B. 隶属于中国某边境城市旅游公司的长途汽车在从中国进入 E 国境内之后，因争抢座位，F 国的汤姆一怒之下杀死了 G 国的杰瑞。对汤姆的杀人行为不适用中国刑法
C. 中国法院适用普遍管辖原则对劫持航空器的丙行使管辖权时，定罪量刑的依据是中国缔结或者参加的国际条约
D. 外国人丁在中国领域外对中国公民犯罪的，即使按照中国刑法的规定，该罪的最低刑为 3 年以上有期徒刑，也可能不适用中国刑法

19． 2005/2/3/单
某外国商人甲在我国领域内犯重婚罪，对甲应如何处置？
A. 适用我国刑法追究其刑事责任
B. 通过外交途径解决
C. 适用该外国刑法追究其刑事责任
D. 直接驱逐出境

20． 2005/2/56/多
下列哪些犯罪行为应实行属地管辖原则？
A. 外国人乘坐外国民航飞机进入中国领空后实施犯罪行为
B. 中国人乘坐外国船舶，当船舶行驶于公海上时实施犯罪行为
C. 外国人乘坐中国民航飞机进入法国领空后实施犯罪行为
D. 中国国家工作人员在外国实施我国刑法规定的犯罪行为

21． 2004/2/56/多
下列关于中国刑法适用范围的说法哪些是错误的？
A. 甲国公民汤姆教唆乙国公民约翰进入中国境内发展黑社会组织。即使约翰果真进入中国境内实施犯罪行为，也不能适用中国刑法对仅仅实施教唆行为的汤姆追究刑事责任
B. 中国公民赵某从甲国贩卖毒品到乙国后回到中国。由于赵某的犯罪行为地不在中国境内，行为也没有危害中国的国家或者国民的利益，所以，不能适用中国刑法
C. A 国公民丙在中国留学期间利用暑期外出旅游，途中为勒索财物，将 B 国在中国的留学生丁某从东北某市绑架到 C 国，中国刑法可以依据保护管辖原则对丙追究刑事责任
D. 中国公民在中华人民共和国领域外实施的犯罪行为，按照刑法规定的最高刑为 3 年以下有期徒刑的，也可以适用中国刑法追究刑事责任

专题二　犯罪构成

考点4　构成要件要素的分类

22． 2014/2/4/单
关于构成要件要素，下列哪一选项是错误的？
A. 传播淫秽物品罪中的"淫秽物品"是规范的构成要件要素、客观的构成要件要素
B. 签订、履行合同失职被骗罪中的"签订、履行"是记述的构成要件要素、积极的构成要件要素
C. "被害人基于认识错误处分财产"是诈骗罪中的客观的构成要件要素、不成文的构成要件要素
D. "国家工作人员"是受贿罪的主体要素、规范的构成要件要素、主观的构成要件要素

23． 2012/2/51/多
《刑法》第 246 条规定："以暴力或者其他方法公然侮辱他人或者捏造事实诽谤他人，情节严重的，处三年以下有期徒刑、拘役、管制或者剥夺政治权利。"关于本条的理解，下列哪些选项是正确的？
A. "以暴力或者其他方法"属于客观的构成要件要素
B. "他人"属于记述的构成要件要素
C. "侮辱"、"诽谤"属于规范的构成要件要素
D. "三年以下有期徒刑、拘役、管制或者剥夺政治权利"属于相对确定的法定刑

24． 2008/2/51/多
关于构成要件要素的分类，下列哪些选项是正确的？
A. 贩卖淫秽物品牟利罪中的"贩卖"是记述的构成要件要素，"淫秽物品"是规范的构成要件要素
B. 贩卖毒品罪中的"贩卖"是记述的构成要件要素，"毒品"是规范的构成要件要素
C. 强制猥亵妇女罪中的"妇女"是记述的构成要件要素，"猥亵"是规范的构成要件要素
D. 抢劫罪的客观构成要件要素是成文的构成要件要素，"非法占有目的"是不成文的构成要件要素

考点5　危害行为

25． 2021回忆/多
关于不作为犯罪，下列哪些说法是正确的？
A. 甲的同事张某见到甲饲养的金毛犬甚是喜

爱,伸手抚摸,不料却遭金毛犬撕咬。甲在一旁不制止,导致张某被咬成重伤。由于张某自己制造了危险,故甲不构成不作为犯罪

B. 乙事后发现自己销售的一批药品不合格,但并未召回,致一名患者死亡。由于销售劣药罪的行为只能是作为,且必须具有故意,故乙不构成犯罪

C. 丙夜间在办公室用电热炉煮面条,不慎将公司的一份重要文件引燃。丙本可将火扑灭,却因担心被人发现文件被毁会受到公司处罚,便逃离现场,最后酿成重大火灾。丙构成不作为的放火罪

D. 猎人丁在荒山发现一名弃婴,将弃婴抱回家,过几天后打算长期抚养。由于妻子强烈反对,丁次日将弃婴放至某菜市场门口,被他人抱走,不知去向。丁构成遗弃罪

26． 2019 回忆/多
关于不作为犯罪,下列哪些说法是正确的?

A. 警察李某抓捕了吸毒人员王某(女),进行强制戒毒。王某有一个5岁女儿独自在家,被王某锁在家里。王某将该情况告知李某,要求妥善安顿女儿。李某因疏忽而忘记此事。几天后,王某的女儿饿死在家中。李某成立不作为的玩忽职守罪

B. 吸毒人员吴某常常把自己年幼的孩子独自留在家中而出去吸毒。某次,吴某明知家中有孩子,出门十日才回家,其年幼孩子在被隔绝的家中饿死。吴某构成不作为的故意杀人罪

C. 赵某明知邻居钱某有癫痫,出于故意而与邻居钱某吵架,使其发病,浑身抽搐。赵某见状故意不救助,钱某因无人救助而死亡。赵某构成不作为的故意杀人罪

D. 孙某驾车不慎撞倒行人金某之后,为逃避法律责任,将昏迷的金某拖到隐蔽的山洞里,金某因无人救助而死亡。孙某构成不作为的故意杀人罪

27． 2018 回忆/多
甲是间歇性精神病患者,某日与妻子乙来到自己的父母家里。甲因琐事与父母发生争吵。争吵中甲的精神病发作,在这种状态下,甲持刀砍杀父母。乙在旁边,既不阻拦,也不呼救他人。甲砍了几刀后,清醒过来,匆忙与乙离开现场。二人回到家中,乙将二人身上的带血的衣服、鞋子全部洗掉了。父母因被砍而死亡。下列哪些说法是正确的?

A. 乙构成不作为的故意杀人罪
B. 假如证明,乙即使阻拦或呼救他人,父母还是会被砍死,仍然可以认定乙的不作为与死亡结果之间具有因果关系
C. 乙构成不作为的故意杀人罪和帮助毁灭证据罪
D. 乙不构成帮助毁灭证据罪

28． 2016/2/1/单
关于不作为犯罪,下列哪一选项是正确的?

A. "法无明文规定不为罪"的原则当然适用于不作为犯罪,不真正不作为犯的作为义务必须源于法律的明文规定
B. 在特殊情况下,不真正不作为犯的成立不需要行为人具有作为可能性
C. 不真正不作为犯属于行为犯,危害结果并非不真正不作为犯的构成要件要素
D. 危害公共安全罪、侵犯公民人身权利罪、侵犯财产罪中均存在不作为犯

29． 2015/2/52/多
关于不作为犯罪,下列哪些选项是正确的?

A. 儿童在公共游泳池溺水时,其父甲、救生员乙均故意不救助。甲、乙均成立不作为犯罪
B. 在离婚诉讼期间,丈夫误认为自己无义务救助落水的妻子,致妻子溺水身亡的,成立过失的不作为犯罪
C. 甲在火灾之际,能救出母亲,但为救出女友而未救出母亲。如无排除犯罪的事由,甲构成不作为犯罪
D. 甲向乙的咖啡投毒,看到乙喝了几口后将咖啡递给丙,因担心罪行败露,甲未阻止丙喝咖啡,导致乙、丙均死亡。甲对乙是作为犯罪,对丙是不作为犯罪

30． 2014/2/5/单
关于不作为犯罪的判断,下列哪一选项是错误的?

A. 小偷翻墙入院行窃,被护院的藏獒围攻。主人甲认为小偷活该,任凭藏獒撕咬,小偷被咬死。甲成立不作为犯罪
B. 乙杀丙,见丙痛苦不堪,心生悔意,欲将丙送医。路人甲劝阻乙救助丙,乙遂离开,丙死亡。甲成立不作为犯罪的教唆犯
C. 甲看见儿子乙(8周岁)正掐住丙(3周岁)的脖子,因忙于炒菜,便未理会。等炒完菜,甲发现丙已窒息死亡。甲不成立不作为犯罪
D. 甲见有人掉入偏僻之地的深井,找来绳子救人,将绳子的一头扔至井底后,发现井下的是

仇人乙,便放弃拉绳子,乙因无人救助死亡。甲不成立不作为犯罪

31. 2013/2/5/单

甲女得知男友乙移情,怨恨中送其一双滚轴旱冰鞋,企盼其运动时摔伤。乙穿此鞋运动时,果真摔成重伤。关于本案的分析,下列哪一选项是正确的?

A. 甲的行为属于作为的危害行为
B. 甲的行为与乙的重伤之间存在刑法上的因果关系
C. 甲具有伤害乙的故意,但不构成故意伤害罪
D. 甲的行为构成过失致人重伤罪

32. 2013/2/51/多

关于不作为犯罪,下列哪些选项是正确的?

A. 船工甲见乙落水,救其上船后发现其是仇人,又将其推到水中,致其溺亡。甲的行为成立不作为犯罪
B. 甲为县公安局长,妻子乙为县税务局副局长。乙在家收受贿赂时,甲知情却不予制止。甲的行为不属于不作为的帮助,不成立受贿罪共犯
C. 甲意外将6岁幼童撞入河中。甲欲施救,乙劝阻,甲便未救助,致幼童溺亡。因只有甲有救助义务,乙的行为不成立犯罪
D. 甲将弃婴乙抱回家中,抚养多日后感觉麻烦,便于夜间将乙放到菜市场门口,期待次日被人抱走抚养,但乙被冻死。甲成立不作为犯罪

33. 2012/2/4/单

下列哪一选项构成不作为犯罪?

A. 甲到湖中游泳,见武某也在游泳。武某突然腿抽筋,向唯一在场的甲呼救。甲未予理睬,武某溺亡
B. 乙女拒绝周某求爱,周某说"如不答应,我就跳河自杀"。乙明知周某可能跳河,仍不同意。周某跳河后,乙未呼救,周某溺亡
C. 丙与贺某到水库游泳。丙为显示泳技,将不善游泳的贺某拉到深水区教其游泳。贺某忽然沉没,丙有点害怕,忙游上岸,贺某溺亡
D. 丁邀秦某到风景区漂流,在漂流筏转弯时,秦某的安全带突然松开致其摔落河中。丁未下河救人,秦某溺亡

34. 2011/2/52/多

关于不作为犯罪,下列哪些选项是正确的?

A. 宠物饲养人在宠物撕咬儿童时故意不制止,导致儿童被咬死的,成立不作为的故意杀人罪

B. 一般公民发现他人建筑物发生火灾故意不报警的,成立不作为的放火罪
C. 父母能制止而故意不制止未成年子女侵害行为的,可能成立不作为犯罪
D. 荒山狩猎人发现弃婴后不救助的,不成立不作为犯罪

35. 2010/2/52/多

关于不作为犯罪,下列哪些选项是正确的?

A. 甲在车间工作时,不小心使一根铁钻刺入乙的心脏,甲没有立即将乙送往医院而是逃往外地。医院证明,即使乙送往医院,乙也不可能得到救治。甲不送乙就医的行为构成不作为犯罪
B. 甲盗伐树木时砸中他人,明知不立即救治将致人死亡,仍有意不救。甲不救助伤者的行为构成不作为犯罪
C. 甲带邻居小孩出门,小孩失足跌入粪塘,甲嫌脏不愿施救,就大声呼救,待乙闻声赶来救出小孩时,小孩死亡。甲不及时救助的行为构成不作为犯罪
D. 甲乱扔烟头导致所看仓库起火,能够扑救而不救,迅速逃离现场,导致火势蔓延财产损失巨大。甲不扑救的行为构成不作为犯罪

考点6 危害结果

36. 2017/2/2/单

关于危害结果,下列哪一选项是正确的?

A. 危害结果是所有具体犯罪的构成要件要素
B. 抽象危险是具体犯罪构成要件的危害结果
C. 以杀死被害人的方法当场劫取财物的,构成抢劫罪的结果加重犯
D. 骗取他人财物致使被害人自杀身亡的,成立诈骗罪的结果加重犯

37. 2008/2/1/单

关于危害结果的相关说法,下列哪一选项是错误的?

A. 甲男(25岁)明知孙某(女)只有13岁而追求她,在征得孙某同意后,与其发生性行为。甲的行为没有造成危害后果
B. 警察乙丢失枪支后未及时报告,清洁工王某捡拾该枪支后立即上交。乙的行为没有造成严重后果
C. 丙诱骗5岁的孤儿离开福利院后,将其作为养子,使他过上了丰衣足食的生活。丙的行为造成了危害后果

D. 丁恶意透支3万元，但经发卡银行催收后立即归还。丁的行为没有造成危害后果

考点7 因果关系

38． 2022 回忆/多
关于刑法上的因果关系，下列哪些说法是正确的？
A. 甲因生产经营急需资金，申请贷款时提供了伪造的材料，骗取了贷款，后因经营失败未能归还，给银行造成重大损失。伪造材料行为与银行重大损失之间没有因果关系
B. 溺水者乙抓住一个可以救命的漂浮物，该漂浮物属于甲所有，甲见状立即拿走漂浮物，导致乙溺水身亡。甲的行为与乙的死亡之间具有因果关系
C. 甲、乙在没有意思联络的情况下，均向丙开了一枪，且均打中非要害部位，丙因为两处受伤，失血过多而死亡。甲、乙的行为与丙的死亡之间具有因果关系
D. 甲、乙没有意思联络，均有杀害丙的故意。乙到达现场时暗中发现甲向丙的水杯中已经投了毒，乙便没有投毒，后丙喝水死亡。乙的行为与丙的死亡结果之间没有因果关系

39． 2021 回忆/单
关于因果关系的判断，下列哪一项说法是正确的？
A. 甲从6楼向下扔垃圾，不慎砸中楼下路过的彭某，致其死亡。虽然高空抛物造成伤害的概率很低，但甲的行为与彭某的死亡具有因果关系
B. 女服务员小丽下夜班后乘坐乙驾驶的出租车回家，要求乙按照手机导航路线行驶。途中乙选择了一条新的行驶路线，小丽以为乙要加害自己，跳车导致重伤。实际上乙没有加害意图。乙偏离原定路线的行为与小丽的重伤有因果关系
C. 丙对陆某家放火，陆某观察火势不大，便入户抢救贵重物品，不料火势突然变大，陆某被烧死。丙的放火行为与陆某的死亡没有因果关系
D. 丁盗窃郑某用于治病的资金，郑某陷入绝望，自杀身亡。丁的盗窃行为与郑某的死亡有因果关系

40． 2020 回忆/单
关于因果关系，下列哪一选项是正确的？
A. 甲驾车行驶在高速公路上，一直在自己的车道上正常行驶。乙突然驾车从旁边车道挤过来，导致两车相撞，乙因事故受重伤。乙的重伤结果与甲的行为之间有因果关系
B. 甲在沙滩上将乙打昏，乙昏倒时面朝沙滩，甲以为乙已经死亡，遂离开，实际上乙是由于吸入沙子窒息而亡。甲的行为和乙的死亡结果之间没有因果关系
C. 甲带小孩小甲去公园玩，邻居奶奶带孙子出去玩，甲临时有事委托邻居奶奶照看小甲。在玩耍中，小甲准备从高处跳下来，邻居奶奶没有阻止，小甲摔成重伤。邻居奶奶不阻止的行为与小甲摔成重伤之间具有因果关系
D. 甲、乙系男女朋友，甲开车在高速路上行驶时两人吵架，乙要下车，要求甲停车。甲不停车，乙跳车摔成重伤，甲的行为与乙受伤结果之间具有因果关系

41． 2020 回忆/多
关于因果关系，下列哪些选项是正确的？
A. 甲醉酒在高速公路上正常行驶，同向行驶的乙突然超速撞到甲的车，使在甲前面行驶的车被撞，车里的人受重伤，甲的驾车行为和车主受伤结果之间没有因果关系
B. 甲、乙飙车竞速，乙撞上了正常行驶的丙，致丙重伤。丙的重伤结果和甲的飙车行为之间没有因果关系
C. 甲抢夺了乙的财物就跑，乙紧追不舍，甲在逃跑过程中跨越栏杆时，过失将栏杆带倒了。乙追赶过来后，撞向了被甲撞倒的栏杆，身受重伤。甲的行为与乙的重伤结果之间具有因果关系
D. 甲盗窃后在逃跑过程中过失推倒行人乙，导致乙受伤。乙的受伤结果与甲的行为之间具有因果关系

42． 2019 回忆/多
关于因果关系，下列哪些说法是正确的？
A. 甲驾车不慎撞倒乙，乙躺在路中央不动，甲逃逸。五分钟后，丙刹车不及从乙身上轧过去。后发现乙死亡，但无法查明是甲轧死的，还是乙轧死的。甲与乙的死亡有因果关系
B. 甲给乙的饮料里放了毒药，乙喝后四肢乏力。仇人丙看到乙，要杀死乙，乙因为无力反抗被丙用刀杀死。甲与乙的死亡有因果关系
C. 甲冒充房东，给几位承租人群发短信，要求他们交房租到特定账户。承租人乙信以为真，将短信转发给合租人丙。丙没注意到甲的短信，

但注意到乙的短信,便将款打到甲的指定账户。甲与丙的财产损失有因果关系
D. 医生甲想杀死病人乙,在针剂里放了毒药,给乙注射,乙死亡。事后查明,乙有特殊体质,注射正常针剂,不加毒药,乙也会死。甲与乙的死亡无因果关系

43．2018 回忆/多

关于因果关系,下列哪些说法是正确的?

A. 贾某在公路上醉酒驾驶。公路路面上散落几个井盖。贾某因为醉酒没有注意到井盖,车轮轧过井盖,井盖飞起,砸中路边行人,导致行人重伤。贾某的醉酒行为与行人的重伤结果之间有因果关系

B. 甲、乙发生口角,甲踢伤乙,导致乙心脏病发作死亡。甲的行为与乙的死亡结果之间有因果关系

C. 甲和乙是警察,押解犯罪嫌疑人丙的过程中,丙中途以上厕所为由而逃跑。甲、乙的失职行为与丙的脱逃之间有因果关系

D. 甲为了杀乙,在饭中下毒药,乙中毒,家人送乙去医院,途中偶遇丙驾驶车辆在道路上横冲直撞报复社会,乙被当场撞死。甲的杀人行为与乙的死亡存在因果关系

44．2017/2/52/多

关于因果关系,下列哪些选项是正确的?

A. 甲以杀人故意用铁棒将刘某打昏后,以为刘某已死亡,为隐藏尸体将刘某埋入雪沟,致其被冻死。甲的前行为与刘某的死亡有因果关系

B. 乙夜间驾车撞倒李某后逃逸,李某被随后驶过的多辆汽车碾轧,但不能查明是哪辆车造成李某死亡。乙的行为与李某的死亡有因果关系

C. 丙将海洛因送给13周岁的王某吸食,造成王某吸毒过量身亡。丙的行为与王某的死亡有因果关系

D. 丁以杀害故意开车撞向周某,周某为避免被撞跳入河中,不幸溺亡。丁的行为与周某的死亡有因果关系

45．2016/2/2/单

关于因果关系的认定,下列哪一选项是正确的?

A. 甲重伤王某致其昏迷。乞丐目睹一切,在甲离开后取走王某财物。甲的行为与王某的财产损失有因果关系

B. 乙纠集他人持凶器砍杀李某,将李某逼至江边,李某无奈跳江被淹死。乙的行为与李某的死亡无因果关系

C. 丙酒后开车被查。交警指挥丙停车不当,致石某的车撞上丙车,石某身亡。丙的行为与石某死亡无因果关系

D. 丁敲诈勒索陈某。陈某给丁汇款时,误将3万元汇到另一诈骗犯账户中。丁的行为与陈某的财产损失无因果关系

46．2015/2/1/单

关于因果关系,下列哪一选项是正确的?

A. 甲跳楼自杀,砸死行人乙。这属于低概率事件,甲的行为与乙的死亡之间无因果关系

B. 集资诈骗案中,如出资人有明显的贪利动机,就不能认定非法集资行为与资金被骗结果之间有因果关系

C. 甲驾车将乙撞死后逃逸,第三人丙拿走乙包中贵重财物。甲的肇事行为与乙的财产损失之间有因果关系

D. 司法解释规定,虽交通肇事重伤3人以上但负事故次要责任的,不构成交通肇事罪。这说明即使有条件关系,也不一定能将结果归责于行为

47．2015/2/53/多

关于因果关系,下列哪些选项是正确的?

A. 甲驾车经过十字路口右拐时,被行人乙扔出的烟头击中面部,导致车辆失控撞死丙。只要肯定甲的行为与丙的死亡之间有因果关系,甲就应当承担交通肇事罪的刑事责任

B. 甲强奸乙后,威胁不得报警,否则杀害乙。乙报警后担心被甲杀害,便自杀身亡。如无甲的威胁乙就不会自杀,故甲的威胁行为与乙的死亡之间有因果关系

C. 甲夜晚驾车经过无照明路段时,不小心撞倒丙后继续前行,随后的乙未注意,驾车从丙身上轧过。即使不能证明是甲直接轧死丙,也必须肯定甲的行为与丙的死亡之间有因果关系

D. 甲、乙等人因琐事与丙发生争执,进而在电梯口相互厮打,电梯门受外力挤压变形开启,致丙掉入电梯通道内摔死。虽然介入了电梯门非正常开启这一因素,也应肯定甲、乙等人的行为与丙的死亡之间有因果关系

48．2014/2/6/单

关于因果关系的判断,下列哪一选项是正确的?

A. 甲伤害乙后,警察赶到。在警察将乙送医途中,车辆出现故障,致乙长时间得不到救助而亡。甲的行为与乙的死亡具有因果关系

B. 甲违规将行人丙撞成轻伤,丙昏倒在路中央,甲驾车逃窜。1分钟后,超速驾驶的乙发现丙时已来不及刹车,将丙轧死。甲的行为与丙的死亡没有因果关系

C. 甲以杀人故意向乙开枪,但由于不可预见的原因导致丙中弹身亡。甲的行为与丙的死亡没有因果关系

D. 甲向乙的茶水投毒,重病的乙喝了茶水后感觉更加难受,自杀身亡。甲的行为与乙的死亡没有因果关系

49. 2013/2/52/多

关于因果关系的认定,下列哪些选项是正确的?

A. 甲、乙无意思联络,同时分别向丙开枪,均未击中要害,因两个伤口同时出血,丙失血过多死亡。甲、乙的行为与丙的死亡之间具有因果关系

B. 甲等多人深夜追杀乙,乙被迫跑到高速公路上时被汽车撞死。甲等多人的行为与乙的死亡之间具有因果关系

C. 甲将妇女乙强拉上车,在高速公路上欲猥亵乙,乙在挣扎中被甩出车外,后车躲闪不及将乙轧死。甲的行为与乙的死亡之间具有因果关系

D. 甲对乙的住宅放火,乙为救出婴儿冲入住宅被烧死。乙的死亡由其冒险行为造成,与甲的放火行为之间没有因果关系

50. 2011/2/3/单

关于因果关系,下列哪一选项是错误的?

A. 甲将被害人衣服点燃,被害人跳河灭火而溺亡。甲行为与被害人死亡具有因果关系

B. 乙在被害人住宅放火,被害人为救婴儿冲入宅内被烧死。乙行为与被害人死亡具有因果关系

C. 丙在高速路将被害人推下车,被害人被后面车辆轧死。丙行为与被害人死亡具有因果关系

D. 丁毁坏被害人面容,被害人感觉无法见人而自杀。丁行为与被害人死亡具有因果关系

51. 2010/2/3/单

关于刑法上的因果关系,下列哪一判断是正确的?

A. 甲开枪射击乙,乙迅速躲闪,子弹击中乙身后的丙。甲的行为与丙的死亡之间不具有因果关系

B. 甲追赶小偷乙,乙慌忙中撞上疾驶汽车身亡。甲的行为与乙的死亡之间具有因果关系

C. 甲、乙没有意思联络,碰巧同时向丙开枪,且均打中了丙的心脏。甲、乙的行为与丙的死亡之间不具有因果关系

D. 甲以杀人故意向乙的食物中投放了足以致死的毒药,但在该毒药起作用前,丙开枪杀死了乙。甲的行为与乙的死亡之间不具有因果关系

52. 2008/2/52/多

关于因果关系,下列哪些选项是错误的?

A. 甲乘坐公交车时和司机章某发生争吵,狠狠踹了章某后背一脚。章某返身打甲时,公交车失控,冲向自行车道,撞死了骑车人程某。甲的行为与程某的死亡之间存在因果关系

B. 乙以杀人故意瞄准李某的头部开枪,但打中了李某的胸部(未打中心脏)。由于李某是血友病患者,最后流血不止而死亡。乙的行为与李某的死亡没有因果关系

C. 丙与同伙经预谋后同时向王某开枪,同伙射击的子弹打中王某的心脏,致王某死亡。由于丙射击的子弹没有打中王某,故丙的行为与王某的死亡之间没有因果关系

D. 丁以杀人故意对赵某实施暴力,导致赵某遭受濒临死亡的重伤。赵某在医院接受治疗时,医生存在一定过失,未能挽救赵某的生命。丁的行为与赵某的死亡之间没有因果关系

考点8 故意与过失

53. 2016/2/4/单

农民甲醉酒在道路上驾驶拖拉机,其认为拖拉机不属于《刑法》第133条之一规定的机动车。关于本案的分析,下列哪一选项是正确的?

A. 甲未能正确评价自身的行为,存在事实认识错误

B. 甲欠缺违法性认识的可能性,其行为不构成犯罪

C. 甲对危险驾驶事实有认识,具有危险驾驶的故意

D. 甲受认识水平所限,不能要求其对自身行为负责

54. 2016/2/5/单

吴某被甲、乙合法追捕。吴某的枪中

只有一发子弹,认识到开枪既可能打死甲也可能打死乙。设定吴某对甲、乙均有杀人故意,下列哪一分析是正确的?

A. 如吴某一枪没有打中甲和乙,子弹从甲与乙的中间穿过,则对甲、乙均成立故意杀人罪未遂

B. 如吴某一枪打中了甲,致甲死亡,则对甲成立故意杀人罪既遂,对乙成立故意杀人罪未遂,实行数罪并罚

C. 如吴某一枪同时打中甲和乙,致甲死亡、乙重伤,则对甲成立故意杀人罪既遂,对乙仅成立故意伤害罪

D. 如吴某一枪同时打中甲和乙,致甲、乙死亡,则对甲、乙均成立故意杀人罪既遂,实行数罪并罚

55． 2016/2/16/单

贾某在路边将马某打倒在地,劫取其财物。离开时贾某为报复马某之前的反抗,往其胸口轻踢了一脚,不料造成马某心脏骤停死亡。设定贾某对马某的死亡具有过失,下列哪一分析是正确的?

A. 贾某踢马某一脚,是抢劫行为的延续,构成抢劫致人死亡

B. 贾某踢马某一脚,成立事后抢劫,构成抢劫致人死亡

C. 贾某构成抢劫罪的基本犯,应与过失致人死亡罪数罪并罚

D. 贾某构成抢劫罪的基本犯与故意伤害(致死)罪的想象竞合犯

56． 2013/2/6/单

2010年某日,甲到乙家,发现乙家徒四壁。见桌上一块玉坠,断定是不值钱的仿制品,甲便顺手拿走。后甲对丙谎称玉坠乃秦代文物,值5万元,丙以3万元买下。经鉴定乃清代玉坠,市值5000元。关于本案的分析,下列哪一选项是错误的?

A. 甲断定玉坠为不值钱的仿制品具有一定根据,对"数额较大"没有认识,缺乏盗窃犯罪故意,不构成盗窃罪

B. 甲将所盗玉坠卖给丙,具有可罚性,不属于不可罚的事后行为

C. 不应追究甲盗窃玉坠的刑事责任,但应追究甲诈骗丙的刑事责任

D. 甲诈骗丙的诈骗数额为5万元,其中3万元既遂,2万元未遂

57． 2013/2/53/多

关于犯罪故意、过失与认识错误的认定,下列哪些选项是错误的?

A. 甲、乙是马戏团演员,甲表演飞刀精准,从未出错。某日甲表演时,乙突然移动身体位置,飞刀掷进乙胸部致其死亡。甲的行为属于意外事件

B. 甲、乙在路边争执,甲推乙一掌,致其被路过车辆轧死。甲的行为构成故意伤害(致死)罪

C. 甲见楼下没人,将家中一块木板扔下,不料砸死躲在楼下玩耍的小孩乙。甲的行为属于意外事件

D. 甲本欲用斧子砍死乙,事实上却拿了铁锤砸死乙。甲的错误属于方法错误,根据法定符合说,应认定为故意杀人既遂

58． 2012/2/5/单

下列哪一行为构成故意犯罪?

A. 他人欲跳楼自杀,围观者大喊"怎么还不跳",他人跳楼而亡

B. 司机急于回家,行驶时闯红灯,把马路上的行人撞死

C. 误将熟睡的孪生妻妹当成妻子,与其发生性关系

D. 作客的朋友在家中吸毒,主人装作没看见

59． 2012/2/6/单

甲与素不相识的崔某发生口角,推了他肩部一下,踢了他屁股一脚。崔某忽觉胸部不适继而倒地,在医院就医时死亡。经鉴定,崔某因患冠状粥样硬化性心脏病,致急性心力衰竭死亡。关于本案,下列哪一选项是正确的?

A. 甲成立故意伤害罪,属于故意伤害致人死亡

B. 甲的行为既不能认定为故意犯罪,也不能认定为意外事件

C. 甲的行为与崔某死亡结果之间有因果关系,这是客观事实

D. 甲主观上对崔某死亡具有预见可能性,成立过失致人死亡罪

60． 2012/2/52/多

下列哪些案件不构成过失犯罪?

A. 老师因学生不守课堂纪律,将其赶出教室,学生跳楼自杀

B. 汽车修理工恶作剧,将高压气泵塞入同事肛门充气,致其肠道、内脏严重破损

C. 路人见义勇为追赶小偷,小偷跳河游往对岸,路人见状离去,小偷突然抽筋溺毙

D. 邻居看见6楼儿童马上要从阳台摔下,遂伸手去接,因未能接牢,儿童摔成重伤

61． 2011/2/5/单 新法改编

关于故意的认识内容,下列哪一选项

是错误的？
  A. 成立故意犯罪，不要求行为人认识到自己行为的违法性
  B. 成立贩卖淫秽物品牟利罪，要求行为人认识到物品的淫秽性
  C. 构成奸淫幼女，要求行为人明知是幼女
  D. 成立为境外非法提供国家秘密罪，要求行为人认识到对方是境外的机构、组织或者个人，没有认识到而非法提供国家秘密的，不成立任何犯罪

62． 2011/2/6/单
关于过失犯的论述，下列哪一选项是错误的？
  A. 只有实际发生危害结果时，才成立过失犯
  B. 认识到可能发生危害结果，但结果的发生违背行为人意志的，成立过失犯
  C. 过失犯罪，法律有规定的才负刑事责任。这里的"法律"不限于刑事法律
  D. 过失犯的刑事责任一般轻于与之对应的故意犯的刑事责任

63． 2010/2/51/多
关于罪过，下列哪些选项是错误的？
  A. 甲的玩忽职守行为虽然造成了公共财产损失，但在甲未认识到自己是国家机关工作人员时，就不存在罪过
  B. 甲故意举枪射击仇人乙，但因为没有瞄准，将乙的名车毁坏。甲构成故意杀人未遂
  C. 甲翻墙入院欲毒杀乙的名犬以泄愤，不料该犬对甲扔出的含毒肉块不予理会，直扑甲身，情急之下甲拔刀刺杀该犬。甲不构成故意毁坏财物罪，而属于意外事件
  D. 甲因疏忽大意而致人死亡，甲应当预见而没有预见的危害结果，既可能是发生他人死亡的危害结果，也可能只是发生他人重伤的危害结果

64． 2008/2/2/单
关于故意的认识内容，下列哪一选项是正确的？
  A. 甲明知自己的财物处于国家机关管理之中，但不知此时的个人财物应以公共财产论而窃回。甲缺乏成立盗窃罪所必须的对客观事实的认识，故不成立盗窃罪
  B. 乙以非法占有财物的目的窃取军人的手提包时，明知手提包中可能有枪支仍然窃取，该手提包中果然有一支手枪。乙没有非法占有枪支的目的，故不成立盗窃枪支罪

  C. 成立猥亵儿童罪，要求行为人知道被害人是或者可能是不满14周岁的儿童
  D. 成立贩卖毒品罪，不仅要求行为人认识到自己贩卖的是毒品，而且要求行为人认识到所贩卖的毒品种类

65． 2008/2/4/单
甲在从事生产经营的过程中，不知道某种行为是否违法，于是以书面形式向法院咨询，法院正式书面答复该行为合法。于是，甲实施该行为，但该行为实际上违反刑法。关于本案，下列哪一选项是正确的？
  A. 由于违法性认识不是故意的认识内容，所以，甲仍然构成故意犯罪
  B. 甲没有违法性认识的可能性，所以不成立犯罪
  C. 甲虽然不成立故意犯罪，但成立过失犯罪
  D. 甲既可能成立故意犯罪，也可能成立过失犯罪

考点9 事实认识错误

66． 2021 回忆/多
关于刑法上的故意、过失的认定，下列哪些说法是不正确的？
  A. 甲以为座位上是张某遗忘的手机，进而将手机拿走，实际上该手机是坐在旁边睡觉的陈某的。甲没有盗窃罪的故意，只有侵占罪的故意
  B. 乙误以为自己运输的是假欧元，实际是假英镑。乙的认识错误属于具体的事实认识错误，成立运输假币罪
  C. 丙雇用赵某伤害岳某，反复叮嘱"只要岳某伤，不要岳某死"，但赵某仍致岳某死亡。丙对死亡结果不具有过失
  D. 丁误以为宁某是13岁的男孩而出卖给他人，实际上宁某是15岁的女孩。丁仍成立拐卖儿童罪

67． 2020 回忆/任
甲欲开枪杀乙，误将丙当作乙杀死：根据观点一，甲成立故意杀人罪既遂。甲欲开枪杀乙，瞄准乙开枪，由于枪法不准，杀死乙身旁的丙：根据观点二，甲成立故意杀人罪既遂。下列说法正确的是：
  A. 都是具体符合说
  B. 都是法定符合说
  C. 观点一是具体符合说，观点二是法定符合说
  D. 观点一是法定符合说，观点二是具体符合说

68． 2017/2/53/多
甲、乙合谋杀害丙，计划由甲对丙实施

砍杀,乙持枪埋伏于远方暗处,若丙逃跑则伺机射杀。案发时,丙不知道乙的存在。为防止甲的不法侵害,丙开枪射杀甲,子弹与甲擦肩而过,击中远处的乙,致乙死亡。关于本案,下列哪些选项是正确的?

A. 丙的行为属于打击错误,依具体符合说,丙对乙的死亡结果没有故意

B. 丙的行为属于对象错误,依法定符合说,丙对乙的死亡结果具有故意

C. 不论采取何种学说,丙对乙都不能构成正当防卫

D. 不论采用何种学说,丙对甲都不构成故意杀人罪未遂

69．2016/2/52/多

甲、乙共同对丙实施严重伤害行为时,甲误打中乙致乙重伤,丙乘机逃走。关于本案,下列哪些选项是正确的?

A. 甲的行为属打击错误,按照具体符合说,成立故意伤害罪既遂

B. 甲的行为属对象错误,按照法定符合说,成立故意伤害罪既遂

C. 甲误打中乙属偶然防卫,但对丙成立故意伤害罪未遂

D. 不管甲是打击错误、对象错误还是偶然防卫,乙都不可能成立故意伤害罪既遂

70．2014/2/7/单

关于事实认识错误,下列哪一选项是正确的?

A. 甲本欲电话诈骗乙,但拨错了号码,对接听电话的丙实施了诈骗,骗取丙大量财物。甲的行为属于对象错误,成立诈骗既遂

B. 甲本欲开枪杀乙,但由于未能瞄准,将乙身旁的丙杀死。无论根据什么学说,甲的行为都成立故意杀人既遂

C. 事前的故意属于抽象的事实认识错误,按照法定符合说,应按犯罪既遂处理

D. 甲将吴某的照片交给乙,让乙杀乙,但乙误将王某当成吴某予以杀害。乙是对象错误,按照教唆犯从属于实行犯的原理,甲也是对象错误

71．2011/2/53/多

关于认识错误的判断,下列哪些选项是错误的?

A. 甲为使被害人溺死而将被害人推入井中,但井中没有水,被害人被摔死。这是方法错误,甲行为成立故意杀人既遂

B. 乙准备使被害人吃安眠药熟睡后将其勒死,但未待实施勒杀行为,被害人因吃了乙投放的安眠药死亡。这是构成要件提前实现,乙行为成立故意杀人既遂

C. 丙打算将含有毒药的巧克力寄给王某,但因写错地址而寄给了汪某,汪某吃后死亡。这既不是对象错误,也不是方法错误,丙的行为成立过失致人死亡罪

D. 丁误将生父当作仇人杀害。具体符合说与法定符合说都认为丁的行为成立故意杀人既遂

72．2010/2/54/多

甲与乙因情生仇。一日黄昏,甲持锄头路过乙家院子,见甲妻正在院内与一男子说话,以为是乙举锄就打,对方重伤倒地后遂发现是乙哥哥。甲心想,打伤乙哥哥也算解恨。关于甲的行为,下列哪些选项是错误的?

A. 甲的行为属于对象错误,成立过失致人重伤罪

B. 甲的行为属于方法错误,成立故意伤害罪

C. 根据法定符合说,甲对乙成立故意伤害(未遂)罪,对乙哥哥成立过失致人重伤罪

D. 甲的行为不存在任何认识错误,理所当然成立故意伤害罪

73．2008/2/3/单

甲想杀害身材高大的乙,打算先用安眠药使乙昏迷,然后勒乙的脖子,致其窒息死亡。由于甲投放的安眠药较多,乙吞服安眠药后死亡。对此,下列哪一选项是正确的?

A. 甲的预备行为导致了乙死亡,仅成立故意杀人预备

B. 甲虽已着手实行杀人行为,但所预定的实行行为(勒乙的脖子)并未实施完毕,故只能认定为未实行终了的未遂

C. 甲已着手实行杀人行为,应认定为故意杀人既遂

D. 甲的行为是故意杀人预备与过失致人死亡罪的想象竞合犯,应从一重罪论处

74．2008/2/54/多

甲欲杀乙,便向乙开枪,但开枪的结果是将乙和丙都打死。关于本案,下列哪些选项是正确的?

A. 根据具体符合说,甲对乙成立故意杀人既遂,对丙成立过失致人死亡罪

B. 根据法定符合说,甲对乙与丙均成立故意杀人既遂

C. 不管是根据具体符合说,还是根据法定符合说,甲对乙与丙均成立故意杀人既遂

D. 不管是根据具体符合说,还是根据法定符合说,甲对乙成立故意杀人既遂,对丙成立过失致

致人死亡罪

75． 2008/2/55/多

甲雇凶手乙杀丙,言明不要造成其他后果。乙几次杀丙均未成功,后来采取爆炸方法,对丙的住宅(周边没有其他人与物)进行爆炸,结果将丙的妻子丁炸死,但丙安然无恙。关于本案,下列哪些说法是错误的?

A. 甲与乙构成共同犯罪
B. 甲成立故意杀人罪(未遂)
C. 乙对丙成立故意杀人未遂,对丁成立过失致人死亡罪
D. 乙对丙成立爆炸罪,对丁成立过失致人死亡罪

专题三　犯罪排除事由

考点10 责任阻却事由:责任年龄、能力与期待可能性

76． 2020 回忆/多

关于刑事责任认定,下列哪些选项是正确的?

A. 甲被乙欺骗而吸食面粉(实为毒品),甲吸食后出现幻觉认为乙是"恶魔",为了"保命"打死了乙。甲对乙的死亡结果不负刑事责任
B. 间歇性精神病人甲能够辨认但不能控制自己的行为,导致被害人死亡的,不负刑事责任
C. 76周岁的老人甲因生活琐事不满老伴许久,遂在老伴熟睡过程中拧开煤气罐致使老伴中毒身亡。甲虽然有责任能力,但不适用死刑
D. 14周岁的甲抢劫枪支、弹药、炸弹、危险物品的,不构成犯罪

77． 2017/2/3/单

关于刑事责任能力的认定,下列哪一选项是正确的?

A. 甲先天双目失明,在大学读书期间因琐事致室友重伤。甲具有限定刑事责任能力
B. 乙是聋哑人,长期组织数名聋哑人在公共场所扒窃。乙属于相对有刑事责任能力
C. 丙服用安眠药陷入熟睡,致同床的婴儿被压迫窒息死亡。丙不具有刑事责任能力
D. 丁大醉后步行回家,嫌他人小汽车挡路,将车砸坏,事后毫无记忆。丁具有完全刑事责任能力

78． 2016/2/3/单

关于刑事责任能力,下列哪一选项是正确的?

A. 甲第一次吸毒产生幻觉,误以为伍某在追杀自己,用木棒将伍某打成重伤。甲的行为成立过失致人重伤罪
B. 乙以杀人故意刀砍陆某时突发精神病,继续猛砍致陆某死亡。不管采取何种学说,乙都成立故意杀人罪未遂
C. 丙因实施爆炸被抓,相关证据足以证明丙已满15周岁,但无法查明具体出生日期。不能追究丙的刑事责任
D. 丁在14周岁生日当晚故意砍杀张某,后心生悔意将其送往医院抢救,张某仍于次日死亡。应追究丁的刑事责任

79． 2015/2/2/单

关于责任年龄与责任能力,下列哪一选项是正确的?

A. 甲在不满14周岁时安放定时炸弹,炸弹于甲已满14周岁后爆炸,导致多人伤亡。甲对此不负刑事责任
B. 乙在精神正常时着手实行故意伤害犯罪,伤害过程中精神病突然发作,在丧失责任能力时抢走被害人财物。对乙应以抢劫罪论处
C. 丙将毒药投入丁的茶杯后精神病突然发作,丁在丙丧失责任能力时喝下毒药死亡。对丙应以故意杀人罪既遂论处
D. 戊为给自己杀人壮胆而喝酒,大醉后杀害他人。戊不承担故意杀人罪的刑事责任

80． 2015/2/55/多

关于故意与违法性的认识,下列哪些选项是正确的?

A. 甲误以为买卖黄金的行为构成非法经营罪,仍买卖黄金,但事实上该行为不违反《刑法》。甲有犯罪故意,成立犯罪未遂
B. 甲误以为自己盗窃枪支的行为仅成立盗窃罪。甲对《刑法》规定存在认识错误,因而无盗窃枪支罪的犯罪故意,对甲的量刑不能重于盗窃罪
C. 甲拘禁吸毒的陈某数日。甲认识到其行为剥夺了陈某的自由,但误以为《刑法》不禁止普通公民实施强制戒毒行为。甲有犯罪故意,以非法拘禁罪追究刑事责任
D. 甲知道自己的行为有害,但不知是否违反《刑法》,遂请教中学语文教师乙,被告知不违法后,甲实施了该行为。但事实上《刑法》禁止该行为。乙的回答不影响甲成立故意犯罪

81． 2011/2/4/单

甲患抑郁症欲自杀,但无自杀勇气。

某晚,甲用事前准备的刀猛刺路人乙胸部,致乙当场死亡。随后,甲向司法机关自首,要求司法机关判处其死刑立即执行。对于甲责任能力的认定,下列哪一选项是正确的?

A. 抑郁症属于严重精神病,甲没有责任能力,不承担故意杀人罪的责任
B. 抑郁症不是严重精神病,但甲的想法表明其没有责任能力,不承担故意杀人罪的责任
C. 甲虽患有抑郁症,但具有责任能力,应当承担故意杀人罪的责任
D. 甲具有责任能力,但患有抑郁症,应当对其从轻或者减轻处罚

82．2010/2/4/单

甲(十五周岁)的下列哪一行为成立犯罪?

A. 春节期间放鞭炮,导致邻居失火,造成十多万元财产损失
B. 骗取他人数额巨大财物,为抗拒抓捕,当场使用暴力将他人打成重伤
C. 受意图骗取保险金的张某指使,将张某的汽车推到悬崖下毁坏
D. 因偷拿苹果遭摊主喝骂,遂掏出水果刀将其刺成轻伤

83．2009/2/2/单

关于犯罪主体,下列哪一选项是正确的?

A. 甲(女,43岁)吸毒后强制猥亵、侮辱孙某(智障女,19岁),因强制猥亵、侮辱罪的主体只能是男性,故甲无罪
B. 乙(15岁)携带自制火药枪夺取妇女张某的挎包,因乙未使用该火药枪,故应当构成抢夺罪
C. 丙(15岁)在帮助李某扣押被害人王某索取债务时致王某死亡,丙不应当负刑事责任
D. 丁是司法工作人员,也可构成放纵走私罪

84．2008/2/53/多

《刑法》规定,在拐卖妇女、儿童过程中奸淫被拐卖的妇女的,仅定拐卖妇女、儿童罪。15周岁的甲在拐卖幼女的过程中,强行奸淫幼女。对此,下列哪些选项是错误的?

A. 《刑法》第十七条第二款没有规定15周岁的人对拐卖妇女、儿童罪负刑事责任,所以,甲不负刑事责任
B. 拐卖妇女、儿童罪包含了强奸罪,15周岁的人应对强奸罪承担刑事责任,所以,对甲应认定为拐卖妇女、儿童罪
C. 15周岁的人犯强奸罪的应当负刑事责任,所以,对甲应认定为强奸罪
D. 拐卖妇女、儿童罪重于强奸罪,既然15周岁的人应对强奸罪承担刑事责任,就应对拐卖妇女、儿童罪承担刑事责任,所以,对甲应以拐卖妇女、儿童罪与强奸罪实行并罚

考点11 违法阻却事由之一:正当防卫与紧急避险

85．2023 回忆/单

甲、乙二人对丙素有仇怨,伺机报复。某日二人得知丙去了歌舞厅,于是也跟随前往。甲和乙商议由甲进去寻找丙,由乙在后门口蹲守。甲进去数分钟后,丙从后门出来,在乙没有看到丙的时候,丙掏出随身携带的铁棍击打乙,乙随即掏出随身携带的小刀回击,最后二人均负轻伤。关于甲、乙、丙三人的行为认定,下列哪一说法是正确的?

A. 若乙成立正当防卫,甲也成立正当防卫
B. 乙不因为一开始有伤害意图而影响正当防卫的构成
C. 乙有过错,所以成立防卫过当
D. 无论按照何种刑法学说,丙都不构成正当防卫

86．2021 回忆/单

甲持刀闯进超市抢劫,超市员工乙反击。二人扭打中,乙夺下刀后随手扔掉,碰巧砸中旁边站立的丙的头部,致其重伤。甲未取得财物,出了超市后骑自行车逃跑。乙追上去将甲连人带车扑倒在地,甲也摔成重伤。下列哪一项说法是正确的?

A. 乙致丙受伤,属于正当防卫,不负刑事责任
B. 乙致丙受伤,系防卫过当
C. 甲对丙的受伤负刑事责任
D. 甲对乙的重伤不负刑事责任,不构成抢劫罪致人重伤

87．2021 回忆/单

对于_____,应当立足_____在防卫时所处情境,按照_____的一般认知,依法作出合乎情理的判断,不能苛求防卫人。对于防卫人因为恐慌、紧张等心理,对不法侵害是否已经开始或者结束产生错误认识的,应当根据_____,依法作出妥当处理。关于上述空格内容,下列哪一选项是正确的?

A. 不法侵害是否已经开始或者结束;防卫人;社会公众;主客观相统一原则
B. 不法侵害是否已经开始或者结束;社会公众;防卫人;罪刑相适应原则
C. 是否严重危害人身;防卫人;社会公众;主客观相统一原则

D. 是否严重危害人身;社会公众;防卫人;罪刑相适应原则

88. 2020 回忆/单
甲在自家胡同里看到乙背着蛇皮袋鬼鬼祟祟,怀疑乙是偷狗的,遂大喊一声,叫乙站住。乙放下蛇皮袋就跑,甲紧追不舍,追到后将乙打倒在地,系轻微伤。见乙躺在地上没有反抗,甲又朝乙面部踹了两脚,导致乙眼部充血视网膜脱落,最终乙因细菌感染严重而死亡。事后查明乙确有偷狗行为,蛇皮袋里是偷的狗。关于甲的行为,下列哪一项说法是正确的?
A. 成立正当防卫
B. 系假想防卫
C. 系故意伤害行为,构成故意伤害(致人死亡)罪
D. 属于防卫过当,但不承担责任

89. 2019 回忆/多
甲杀害乙,乙被迫防卫。路过的丙看到了,以为乙在侵害甲,想起甲是自己的仇人,就过去帮乙一起伤害甲。乙以为丙是见义勇为,过来协助自己。两人共同把甲打成了重伤。下列哪些说法是正确的?
A. 乙有正当防卫的意图,虽然将甲打成重伤,亦成立正当防卫
B. 如果认为正当防卫不需要有防卫意图,丙的行为亦成立正当防卫
C. 乙、丙二人的主观认识内容不同,因此无论根据何种学说,都不能用丙的行为定义乙的行为的性质
D. 乙、丙二人的主观认识内容不同,因此无论根据何种学说,乙、丙都不构成共同犯罪

90. 2019 回忆/任
关于不作为犯、正当防卫及紧急避险,下列说法正确的是:
A. 父亲撞见歹徒持刀抢劫女儿,与歹徒发生激烈搏斗,搏斗中杀死歹徒。父亲成立正当防卫
B. 身材高大的郑某深夜在家中听到厨房有动静,走过去一看,发现身材瘦小的小偷吴某正试图从窗户爬进来盗窃,下半身还卡在窗外,于是拿起菜刀将不易躲避的吴某砍成重伤。郑某成立正当防卫
C. 田某与妻子在河边散步,后田某坐在河边玩手机游戏。妻子不慎失足跌入水中,大声呼叫,田某见此情景仍玩手机游戏,不去施救。妻子溺水身亡。田某成立不作为故意杀人罪
D. 李某驾车不慎撞伤周某,导致周某重伤。李某的车辆坏了,无法行驶。为了尽快将周某送去医院,李某拦住了王某的车,要求王某帮忙送医院,王某拒绝。情急之下,李某将王某打成重伤,并抢去车辆将周某送去医院。李某成立正当防卫

91. 2018 回忆/任
甲驾车不慎将行人乙撞成重伤,甲想逃离。行人丙看到这一情景,要求甲将乙送往医院,甲拒绝并欲逃离。丙便将甲打成轻伤,威胁并强迫甲将乙送往医院。甲害怕被丙继续殴打,便答应将乙送往医院。丙的行为构成:
A. 正当防卫
B. 紧急避险
C. 故意伤害罪
D. 防卫过当

92. 2017/2/4/单
关于正当防卫与紧急避险的比较,下列哪一项是正确的?
A. 正当防卫中的不法"侵害"的范围,与紧急避险中的"危险"相同
B. 对正当防卫中不法侵害是否"正在进行"的认定,与紧急避险中危险是否"正在发生"的认定相同
C. 对正当防卫中防卫行为"必要限度"的认定,与紧急避险中避险行为"必要限度"的认定相同
D. 若正当防卫需具有防卫意图,则紧急避险也须具有避险意图

93. 2016/2/6/单
关于正当防卫与紧急避险,下列哪一选项是正确的?
A. 为保护国家利益实施的防卫行为,只有当防卫人是国家工作人员时,才成立正当防卫
B. 为制止正在进行的不法侵害,使用第三者的财物反击不法侵害人,导致该财物被毁坏的,对不法侵害人不可能成立正当防卫
C. 为摆脱合法追捕而侵入他人住宅的,考虑到人性弱点,可认定为紧急避险
D. 为保护个人利益免受正在发生的危险,不得已也可通过损害公共利益的方法进行紧急避险

94. 2015/2/4/单
鱼塘边工厂仓库着火,甲用水泵从乙的鱼塘抽水救火,致鱼塘中价值 2 万元的鱼苗死亡。仓库中价值 2 万元的商品因灭火及时未被烧毁。甲承认仓库边还有其他几家鱼塘,为报复才从乙的鱼塘抽水。关于本案,下列哪一选项是正确的?
A. 甲出于报复动机损害乙的财产,缺乏避险意图

B. 甲从乙的鱼塘抽水,是不得已采取的避险行为
C. 甲未能保全更大的权益,不符合避险限度要件
D. 对2万元鱼苗的死亡,甲成立故意毁坏财物罪

95. 2014/2/8/单

甲深夜盗窃5万元财物,在离现场1公里的偏僻路段遇上乙。乙见甲形迹可疑,紧拽住甲,要甲给5000元才能走,否则就报警。甲见无法脱身,顺手一拳打中乙左眼,致其眼部受到轻伤,甲乘机离去。关于甲伤害乙的行为定性,下列哪一选项是正确的?
A. 构成转化型抢劫罪
B. 构成故意伤害罪
C. 属于正当防卫,不构成犯罪
D. 系过失致人轻伤,不构成犯罪

96. 2014/2/52/多

严重精神病患者乙正在对多名儿童实施重大暴力侵害,甲明知乙是严重精神病患者,仍使用暴力制止了乙的侵害行为,虽然造成乙重伤,但保护了多名儿童的生命。

观点:
①正当防卫针对的"不法侵害"不以侵害者具有责任能力为前提
②正当防卫针对的"不法侵害"以侵害者具有责任能力为前提
③正当防卫针对的"不法侵害"不以防卫人是否明知侵害者具有责任能力为前提
④正当防卫针对的"不法侵害"以防卫人明知侵害者具有责任能力为前提

结论:
a. 甲成立正当防卫
b. 甲不成立正当防卫

就上述案情,观点与结论对应错误的是下列哪些选项?
A. 观点①②与a结论对应;观点③④与b结论对应
B. 观点①③与a结论对应;观点②④与b结论对应
C. 观点②③与a结论对应;观点①④与b结论对应
D. 观点①④与a结论对应;观点②③与b结论对应

97. 2013/2/7/单

甲对正在实施一般伤害的乙进行正当防卫,致乙重伤(仍在防卫限度之内)。乙已无侵害能力,求甲将其送往医院,但甲不理会而离去。乙因流血过多死亡。关于本案,下列哪一选项是正确的?
A. 甲的不救助行为独立构成不作为的故意杀人罪
B. 甲的不救助行为独立构成不作为的过失致人死亡罪
C. 甲的行为属于防卫过当
D. 甲的行为仅成立正当防卫

98. 2012/2/7/单

关于正当防卫的论述,下列哪一选项是正确的?
A. 甲将罪犯顾某扭送派出所途中,在汽车后座上死死摁住激烈反抗的顾某头部,到派出所时发现其已窒息死亡。甲成立正当防卫
B. 乙发现齐某驾驶摩托车抢劫财物即驾车追赶,2车并行时摩托车撞上护栏,弹回与乙车碰撞后侧翻,齐某死亡。乙不成立正当防卫
C. 丙发现邻居刘某(女)正在家中卖淫,即将刘家价值6000元的防盗门砸坏,阻止其卖淫。丙成立正当防卫
D. 丁开枪将正在偷越国(边)境的何某打成重伤。丁成立正当防卫

99. 2011/2/7/单

乙基于强奸故意正在对妇女实施暴力,甲出于义愤对乙进行攻击,客观上阻止了乙的强奸行为。

观点:
①正当防卫不需要有防卫认识
②正当防卫只需要防卫认识,即只要求防卫人认识到不法侵害正在进行
③正当防卫只需要防卫意志,即只要求防卫人具有保护合法权益的意图
④正当防卫既需要有防卫认识,也需要有防卫意志

结论:
a. 甲成立正当防卫
b. 甲不成立正当防卫

就上述案情,观点与结论对应正确的是哪一选项?
A. 观点①观点②与a结论对应;观点③观点④与b结论对应
B. 观点①观点③与a结论对应;观点②观点④与b结论对应
C. 观点②观点③与a结论对应;观点①观点④与b结论对应
D. 观点①观点④与a结论对应;观点②观点③与b结论对应

100． 2010/2/7/单

甲、乙两家有仇。某晚，两拨人在歌厅发生斗殴，甲、乙恰巧在场并各属一方。打斗中乙持刀砍伤甲小臂，甲用木棒击中乙头部，致乙死亡。关于甲的行为，下列哪一选项是正确的？

A．属于正当防卫　B．属于紧急避险
C．属于防卫过当　D．属于故意杀人

101． 2009/2/3/单

关于正当防卫，下列哪一选项是错误的？

A．制服不法侵害人后，又对其实施加害行为，成立故意犯罪
B．抢劫犯使用暴力取得财物后，对抢劫犯立即进行追击的，由于不法侵害尚未结束，属于合法行为
C．动物被饲主唆使侵害他人的，其侵害属于不法侵害；但动物对人的自发侵害，不是不法侵害
D．基于过失而实施的侵害行为，不是不法侵害

102． 2009/2/4/单

甲遭乙追杀，情急之下夺过丙的摩托车骑上就跑，丙被摔骨折。乙开车继续追杀，甲为逃命飞身跳下疾驶的摩托车奔入树林，丙一万元的摩托车被毁。关于甲行为的说法，下列哪一选项是正确的？

A．属于正当防卫
B．属于紧急避险
C．构成抢夺罪
D．构成故意伤害罪、故意毁坏财物罪

103． 2008/2/93/任

甲手持匕首寻找抢劫目标时，突遇精神病人丙持刀袭击。丙追赶甲至一死胡同，甲迫于无奈，与丙搏斗，将其打成重伤。此后，甲继续寻找目标，见到丁后便实施暴力，用匕首将其刺成重伤，使之丧失反抗能力，此时甲的朋友乙驾车正好经过此地，见状后下车和甲一起取走丁的财物（约2万元），然后逃跑，丁因伤势过重不治身亡。关于甲将精神病人丙打成重伤的行为，下列选项正确的是：

A．甲的行为属于正当防卫，因为对精神病人的不法侵害也可以进行正当防卫
B．甲的行为属于紧急避险，因为"不法"必须是主客观相统一的行为，而精神病人没有责任能力，其客观侵害行为不属于"不法"侵害，故只能进行紧急避险
C．甲的行为属于自救行为，因为甲当时只能依靠自己的力量救济自己的法益

D．甲的行为既不是正当防卫，也不是紧急避险，因为甲当时正在进行不法侵害，精神病人丙的行为客观上阻止了甲的不法行为，甲不得针对丙再进行正当防卫与紧急避险

考点12　违法阻却事由之二：被害人承诺

104． 2019 回忆/多

关于被害人承诺理论，下列哪些说法是正确的？

A．甲误以为自己养的马患了疾病，要求兽医对其进行安乐死。兽医知道市面上已经有治疗该疾病的药物，但不告知，仍实施了安乐死。事后甲了解到市面上已经有了治疗该疾病的药。甲的承诺无效
B．甲在城市里工作生活，在乡下有个房子。甲的乡下邻居乙发短信询问甲是否可以拆除甲家的院墙。甲本想发短信回复说"不行"，不小心发成了"行"。乙便将甲家的院墙拆掉。甲的承诺有效
C．甲组织贩卖人体器官，与乙约定以十万元的价格将其肾脏移植给他人。乙的承诺无效
D．因路灯灯光反射到室内，甲误以为家里着火，恳求乙帮忙破门灭火，乙照做。甲的承诺有效

105． 2011/2/8/单

经被害人承诺的行为要排除犯罪的成立，至少符合下列4个条件：
①被害人对被侵害的_____具有处分权限
②被害人对所承诺的_____的意义、范围具有理解能力
③承诺出于被害人_____的意志
④被害人必须有_____的承诺
下列哪一选项与题干空格内容相匹配？

A．法益——事项——现实——真实
B．事项——法益——现实——真实
C．事项——法益——真实——现实
D．法益——事项——真实——现实

106． 2008/2/5/单

关于被害人承诺，下列哪一选项是正确的？

A．儿童赵某生活在贫困家庭，甲征得赵某父母的同意，将赵某卖至富贵人家。甲的行为得到了赵某父母的有效承诺，并有利于儿童的成长，故不构成拐卖儿童罪
B．在钱某家发生火灾之际，乙独自闯入钱某的住宅搬出贵重物品。由于乙的行为事后并未得到钱某的认可，故应当成立非法侵入住宅罪
C．孙某为戒掉网瘾，让其妻子丙将其反锁在没

有电脑的房间一星期。孙某对放弃自己人身自由的承诺是无效的,丙的行为依然成立非法拘禁罪

D. 李某同意丁砍掉自己的一个小手指,而丁却砍掉了李某的大拇指。丁的行为成立故意伤害罪

专题四　犯罪形态

考点13　犯罪预备、未遂、中止与既遂的判断

107． 2023 回忆/多

甲、乙共谋运输毒品,并且约定"如果被查,就开枪拒捕"。后二人在运输毒品时遇到警察抓捕,乙当即举手投降;甲看到乙投降,仍决定开枪,打死一名警察。下列哪些说法是正确的?

A. 甲构成故意杀人罪既遂
B. 乙构成故意杀人罪既遂
C. 乙构成故意杀人罪预备阶段的中止
D. 乙构成故意杀人罪实行阶段的中止

108． 2022 回忆/多

甲、乙共谋入户抢劫一户人家。乙在进入这户人家前感到害怕,告知甲想放弃,但没有劝甲放弃便离去。甲独自入户后,发现这户人家很穷,心生可怜,便放弃抢劫。下列哪些说法是正确的?

A. 甲构成犯罪中止
B. 乙构成犯罪中止
C. 甲构成犯罪未遂
D. 乙构成犯罪未遂

109． 2021 回忆/多

甲与乙(女)发生婚外情,欲与妻子丙离婚,丙不同意。乙让甲在牛奶中下毒杀害丙,甲同意。几天后,甲将一瓶毒牛奶递给丙喝。丙不知道牛奶有毒,又将牛奶递给身边的儿子丁喝。甲见状忙说"他喝过了,不用喝了",然后就走开了。丁喝了毒牛奶后死亡。下列哪些说法是正确的?

A. 甲对丙构成故意杀人罪未遂
B. 甲对丁构成故意杀人罪既遂
C. 乙对丙构成故意杀人罪未遂
D. 乙对丁构成故意杀人罪既遂

110． 2021 回忆/单

关于侵犯财产罪的既遂和未遂,下列哪一项说法是正确的?

A. 甲盗窃电瓶车,看守人朱某在监控室发现了甲的行为,故意等甲骑走车后几分钟才追赶,并抓到甲。甲成立盗窃罪未遂
B. 乙敲诈勒索秦某,要求秦某将20万元现金放入指定的垃圾桶内,以便自己取走。秦某将20万元放入指定垃圾桶,后被清洁工捡走。秦某以为乙取走了20万元。乙成立敲诈勒索罪未遂
C. 丙在网上销售假酒,程某不知情而购买,并向支付平台支付了货款,待程某确认收货后货款会自动转入丙的账户。程某收到货后发现是假酒,便向支付平台申请退款,支付平台予以办理。丙构成诈骗罪既遂
D. 丁进入曹某家盗窃,将财物装入口袋,被两个邻居发现。两个邻居报警,并守在曹某家门口,丁无法出门。几分钟后,警察赶到,在丁的口袋里发现盗窃的财物。丁构成盗窃罪既遂

111． 2020 回忆/多

甲和乙共谋到丙家去抢劫,乙负责入户抢劫,甲负责望风。甲去望风的时候因为附近有人来往,感到害怕,打电话给乙说:"我回去了,不想抢了。"乙表示同意。甲离开后,乙继续实施抢劫。后来乙因为丙家里太穷,心生怜悯,不想抢了,也回去了。下列哪些说法是正确的?

A. 甲是犯罪未遂
B. 甲是犯罪中止
C. 所有共同犯罪中,各共犯人的犯罪停止状态必须一致
D. 乙是犯罪中止

112． 2019 回忆/多

存在以下刑法观点和相应的行为:

观点一:基于同情、后悔而放弃犯罪,可以成立犯罪中止

观点二:客观上能继续犯罪,主观上放弃犯罪,即使从伦理角度看不能继续犯罪,也能成立犯罪中止

观点三:犯罪人经过理性判断,认为不能继续犯罪而放弃犯罪,属于犯罪未遂;犯罪人基于感性因素(同情、后悔、恐惧等非理性因素)而放弃犯罪,属于犯罪中止

观点四:若从社会一般人的角度看,当时不能继续犯罪,那么可以认为,犯罪人也是在不能继续犯罪的情况下而放弃犯罪,不构成犯罪中止,而构成犯罪未遂

行为一:甲举刀砍杀乙,乙求饶:"请可怜可怜我!"甲见乙可怜而放弃犯罪

行为二:甲举刀砍杀父亲,刀已经举起,又觉得对方是亲生父亲,难以下手,便放弃犯罪

行为三:甲举刀砍杀妻子,此时年幼的孩子走进来,哀求甲不要杀妈妈。甲不忍心在孩子面前杀妻子,便放弃犯罪

行为四:甲准备朝乙开枪,警察们赶到,举枪朝向甲,要求甲住手。甲见状逃离

下列哪些说法是正确的?
A. 根据观点一,行为一成立犯罪中止
B. 根据观点二,行为二成立犯罪中止
C. 根据观点三,行为三成立犯罪未遂
D. 根据观点四,行为四成立犯罪未遂

113. 2017/2/5/单

甲冒充房主王某与乙签订商品房买卖合同,约定将王某的住房以 220 万元卖给乙,乙首付 100 万元给甲,待过户后再支付剩余的 120 万元。办理过户手续时,房管局工作人员识破甲的骗局并报警。根据司法解释,关于甲的刑事责任的认定,下列哪一选项是正确的?
A. 以合同诈骗罪 220 万元未遂论处,酌情从重处罚
B. 以合同诈骗罪 100 万元既遂论处,合同诈骗 120 万元作为未遂情节加以考虑
C. 以合同诈骗罪 120 万元未遂论处,合同诈骗 100 万元既遂的情节不再单独处罚
D. 以合同诈骗罪 100 万元既遂与合同诈骗罪 120 万元未遂并罚

114. 2016/2/15/单

甲为勒索财物,打算绑架富商之子吴某(5岁)。甲欺骗乙、丙说:"富商欠我 100 万元不还,你们帮我扣押其子,成功后给你们每人 10 万元。"乙、丙将吴某扣押,但甲无法联系上富商,未能进行勒索。三天后,甲让乙、丙将吴某释放。吴某一人在回家路上溺水身亡。关于本案,下列哪一选项是正确的?
A. 甲、乙、丙构成绑架罪的共同犯罪,但对乙、丙只能适用非法拘禁罪的法定刑
B. 甲未能实施勒索行为,属绑架未遂;甲主动让乙、丙放人,属绑架中止
C. 吴某的死亡结果应归责于甲的行为,甲成立绑架致人死亡的结果加重犯
D. 不管甲是绑架未遂、绑架中止还是绑架既遂,乙、丙均成立犯罪既遂

115. 2016/2/53/多

关于犯罪未遂的认定,下列哪些选项是正确的?
A. 甲以杀人故意将郝某推下过街天桥,见郝某十分痛苦,便拦下出租车将郝某送往医院。但郝某未受致命伤,即便不送医院也不会死亡。甲属于犯罪未遂
B. 乙持刀拦路抢劫周某。周某说"把刀放下,我给你钱"。乙信以为真,收起刀子,伸手要钱。周某乘乙不备,一脚踢倒乙后逃跑。乙属于犯罪未遂
C. 丙见商场橱柜展示有几枚金锭(30 万元/枚),打开玻璃门拿起一枚就跑,其实是值 300 元的仿制品,真金锭仍在。丙属于犯罪未遂
D. 丁资助林某从事危害国家安全的犯罪活动,但林某尚未实施相关犯罪活动即被抓获。丁属于资助危害国家安全犯罪活动罪未遂

116. 2015/2/5/单

下列哪一行为成立犯罪未遂?
A. 以贩卖为目的,在网上订购毒品,付款后尚未取得毒品即被查获
B. 国家工作人员非法收受他人给予的现金支票后,未到银行提取现金即被查获
C. 为谋取不正当利益,将价值 5 万元的财物送给国家工作人员,但第二天被退回
D. 发送诈骗短信,受骗人上当后汇出 5 万元,但因误操作汇到无关第三人的账户

117. 2015/2/6/单

甲以杀人故意放毒蛇咬乙,后见乙痛苦不堪,心生悔意,便开车送乙前往医院。途中等红灯时,乙声称其实自己一直想死,突然跳车逃走,三小时后死亡。后查明,只要当时送医院就不会死亡。关于本案,下列哪一选项是正确的?
A. 甲不对乙的死亡负责,成立犯罪中止
B. 甲未能有效防止死亡结果发生,成立犯罪既遂
C. 死亡结果不能归责于甲的行为,甲成立犯罪未遂
D. 甲未能阻止乙跳车逃走,应以不作为的故意杀人罪论处

118. 2014/2/9/单

甲架好枪支准备杀乙,见已患绝症的乙跟跄走来,顿觉可怜,认为已无杀害必要。甲收起枪支,但不小心触动扳机,乙中弹死亡。关于甲的行为定性,下列哪一选项是正确的?
A. 仅构成故意杀人罪(既遂)
B. 仅构成过失致人死亡罪
C. 构成故意杀人罪(中止)、过失致人死亡罪
D. 构成故意杀人罪(未遂)、过失致人死亡罪

119. 2014/2/53/多

甲为杀乙,对乙下毒。甲见乙中毒后极度痛苦,顿生怜意,开车带乙前往医院。但因车速过快,车右侧撞上电线杆,坐在副驾驶位的乙被撞死。关于本案的分析,下列哪些选项是正确的?
A. 如认为乙的死亡结果应归责于驾车行为,则甲

的行为成立故意杀人中止
B. 如认为乙的死亡结果应归责于投毒行为,则甲的行为成立故意杀人既遂
C. 只要发生了构成要件的结果,无论如何都不可能成立中止犯,故甲不成立中止犯
D. 只要行为人真挚地防止结果发生,即使未能防止犯罪结果发生的,也应认定为中止犯,故甲成立中止犯

120． 2014/2/54/单

下列哪一选项中的甲属于犯罪未遂?①

A. 甲让行贿人乙以乙的名义办理银行卡,存入50万元,乙将银行卡及密码交给甲。甲用该卡时,忘记密码,不好意思再问乙。后乙得知甲被免职,将该卡挂失取回50万元
B. 甲、乙共谋傍晚杀丙,甲向乙讲解了杀害丙的具体方法。傍晚乙如约到达现场,但甲却未去。乙按照甲的方法杀死丙
C. 乙欲盗窃汽车,让甲将用于盗窃汽车的钥匙放在乙的信箱。甲同意,但错将钥匙放入丙的信箱,后乙用其他方法将车盗走
D. 甲、乙共同杀害丙,以为丙已死,甲随即离开现场。一个小时后,乙在清理现场时发现丙未死,持刀杀死丙

121． 2013/2/54/多

关于故意犯罪形态的认定,下列哪些选项是正确的?

A. 甲绑架幼女乙后,向其父勒索财物。乙父佯装不管乙安危,甲只好将乙送回。甲虽未能成功勒索财物,但仍成立绑架罪既遂
B. 甲抢夺乙价值1万元项链时,乙紧抓不放,甲只抢得半条项链。甲逃走60余米后,觉得半条项链无用而扔掉。甲的行为未得逞,成立抢夺罪未遂
C. 乙欲盗汽车,向甲借得盗车钥匙。乙盗车时发现该钥匙不管用,遂用其他工具盗得汽车。乙属于盗窃罪既遂,甲属于盗窃罪未遂
D. 甲在珠宝柜台偷拿一枚钻戒后迅速逃离,慌乱中在商场内摔倒。保安扶起甲后发现其盗窃行为并将其控制。甲未能离开商场,属于盗窃罪未遂

122． 2012/2/8/单

甲欲杀乙,将乙打倒在地,掐住脖子致乙深度昏迷。30分钟后,甲发现乙未死,便举刀刺乙,第一刀刺中乙腹,第二刀扎在乙的皮带上,刺第三刀时刀柄折断。甲长叹"你命太大,整不死你,我服气了",遂将乙送医,乙得以保命。经查,第一刀致乙

重伤。关于甲犯罪形态的认定,下列哪一选项是正确的?

A. 故意杀人罪的未遂犯
B. 故意杀人罪的中止犯
C. 故意伤害罪的既遂犯
D. 故意杀人罪的不能犯

123． 2012/2/53/多

因乙移情别恋,甲将硫酸倒入水杯带到学校欲报复乙。课间,甲、乙激烈争吵,甲欲以硫酸泼乙,但情急之下未能拧开杯盖,后甲因追乙离开教室。丙到教室,误将甲的水杯当作自己的杯子,拧开杯盖时硫酸淋洒一身,灼成重伤。关于本案,下列哪些选项是错误的?

A. 甲未能拧开杯盖,其行为属于不可罚的不能犯
B. 对丙的重伤,甲构成过失致人重伤罪
C. 甲的行为和丙的重伤之间没有因果关系
D. 甲对丙的重伤没有故意、过失,不需要承担刑事责任

124． 2012/2/54/多

关于犯罪停止形态的论述,下列哪些选项是正确的?

A. 甲(总经理)召开公司会议,商定逃税。甲指使财务人员黄某将1笔500万元的收入在申报时予以隐瞒,但后来黄某又向税务机关如实申报,缴纳应缴税款。单位属于犯罪未遂,黄某属于犯罪中止
B. 乙抢夺邹某现金20万元,后发现全部是假币。乙构成抢夺罪既遂
C. 丙以出卖为目的,偷盗婴儿后,惧怕承担刑事责任,又将婴儿送回原处。丙构成拐卖儿童罪既遂,不构成犯罪中止
D. 丁对仇人胡某连开数枪均未打中,胡某受惊心脏病突发死亡。丁成立故意杀人罪既遂

125． 2011/2/54/多

下列哪些选项不构成犯罪中止?

A. 甲收买1名儿童打算日后卖出。次日,看到拐卖儿童犯罪分子被判处死刑的新闻,偷偷将儿童送回家
B. 乙使用暴力绑架被害人后,被害人反复向乙求情,乙释放了被害人
C. 丙加入某恐怖组织并参与了一次恐怖活动,后经家人规劝退出该组织
D. 丁为国家工作人员,挪用公款3万元用于孩

---

① 原为多选题,根据新的命题观点答案有变化,调整为单选题。

子学费,4个月后主动归还

126． 2010/2/5/单

甲与一女子有染,其妻乙生怨。某日,乙将毒药拌入菜中意图杀甲。因久等未归且又惧怕法律制裁,乙遂打消杀人恶念,将菜倒掉。关于乙的行为,下列哪一选项是正确的?
A. 犯罪预备
B. 犯罪预备阶段的犯罪中止
C. 犯罪未遂
D. 犯罪实行阶段的犯罪中止

127． 2010/2/57/多

关于犯罪中止,下列哪些选项是正确的?
A. 甲欲杀乙,埋伏在路旁开枪射击但未打中乙。甲枪内尚有子弹,但担心杀人后被判处死刑,遂停止射击。甲成立犯罪中止
B. 甲入户抢劫时,看到客厅电视正在播放庭审纪实片,意识到犯罪要受刑罚处罚,于是向被害人赔礼道歉后离开。甲成立犯罪中止
C. 甲潜入乙家原打算盗窃巨额现金,入室后发现大量珠宝,便放弃盗窃现金的意思,仅窃取了珠宝。对于盗窃现金,甲成立犯罪中止
D. 甲向乙的饮食投放毒药后,乙呕吐不止,甲顿生悔意急忙开车送乙去医院,但由于交通事故耽误一小时,乙被送往医院时死亡。医生证明,早半小时送到医院乙就不会死亡。甲的行为仍然成立犯罪中止

128． 2009/2/5/单

甲因父仇欲重伤乙,将乙推倒在地举刀欲砍,乙慌忙抵挡喊着说:"是丙逼我把你家老汉推下粪池的,不信去问丁。"甲信以为真,遂松开乙,乙趁机逃走。关于本案,下列哪一选项是正确的?
A. 甲不成立故意伤害罪
B. 甲成立故意伤害罪中止
C. 甲的行为具有正当性
D. 甲成立故意伤害罪未遂(不能犯)

129． 2009/2/52/多

甲欲枪杀仇人乙,但早有防备的乙当天穿着防弹背心,甲的子弹刚好打在防弹背心上,乙毫发无损。甲见状一边逃离现场,一边气呼呼地大声说:"我就不信你天天穿防弹背心,看我改天不收拾你!"关于本案,下列哪些选项是正确的?
A. 甲构成故意杀人中止
B. 甲构成故意杀人未遂
C. 甲的行为具有导致乙死亡的危险,应当成立犯罪

D. 甲不构成犯罪

130． 2008/2/6/单

甲潜入乙的住宅盗窃,将乙的皮箱(内有现金3万元)扔到院墙外,准备一会儿翻墙出去再捡。偶尔经过此处的丙发现皮箱无人看管,遂将其拿走,据为己有。15分钟后,甲来到院墙外,发现皮箱已无踪影。对于甲、丙行为的定性,下列哪一选项是正确的?
A. 甲成立盗窃罪(既遂),丙无罪
B. 甲成立盗窃罪(未遂),丙成立盗窃罪(既遂)
C. 甲成立盗窃罪(既遂),丙成立侵占罪
D. 甲成立盗窃罪(未遂),丙成立侵占罪

专题五　共同犯罪

考点14　共同犯罪的成立与共同正犯

131． 2023 回忆/单

下列乙的行为中,哪一项与甲构成共同犯罪?
A. 甲实施盗窃,乙在外面帮忙望风,甲盗得财物后离开,甲对乙的望风并不知情,且望风期间未发生任何事情
B. 甲为中转自己拐卖的妇女,向乙交代实情并请其收留自己和妇女两天,乙同意并提供住处
C. 乙明知甲在境外实施电信诈骗,仍为其烧香祈福
D. 甲正在实施寻衅滋事犯罪,乙用摄像机拍摄进行网络直播

132． 2018 回忆/单

赵某、钱某、孙某、李某四人合谋加害刘某,但四人未商议具体分工和计划,刘某最终死亡。经查明,赵某和钱某使用木棒殴打刘某,孙某使用拳头殴打刘某,李某手持铁棒在旁助威。刘某因头部受致命伤而死亡,但无法确认何人所为。以下哪一项说法是正确的?
A. 因无法确认何人所致命伤,故四人无需对刘某死亡负刑事责任
B. 根据共同犯罪的原则,四人均需对刘某死亡负刑事责任
C. 孙某使用拳头殴打刘某,不足以致死,故不对刘某死亡负刑事责任
D. 李某手持铁棒在旁助威,故不对刘某死亡负刑事责任

133． 2017/2/6/单

甲欲前往张某家中盗窃。乙送甲一把擅自配制的张家房门钥匙,并告甲说,张家装有防盗

设备,若钥匙打不开就必须放弃盗窃,不可入室。甲用钥匙开张家房门,无法打开,本欲依乙告诫离去,但又不甘心,思量后破窗进入张家窃走数额巨大的财物。关于本案的分析,下列哪一选项是正确的?

A. 乙提供钥匙的行为对甲成功实施盗窃起到了促进作用,构成盗窃罪既遂的帮助犯

B. 乙提供的钥匙虽未起作用,但对甲实施了心理上的帮助,构成盗窃罪既遂的帮助犯

C. 乙欲帮助甲实施盗窃行为,因意志以外的原因未能得逞,构成盗窃罪的帮助犯未遂

D. 乙的帮助行为的影响仅延续至甲着手开门盗窃时,故乙成立盗窃罪未遂的帮助犯

134. 2017/2/7/单

甲欲杀丙,假意与乙商议去丙家"盗窃",由乙在室外望风,甲照办。甲进入丙家将丙杀害,出来后骗乙说未窃得财物。乙信以为真,悻然离去。关于本案的分析,下列哪一选项是正确的?

A. 甲欺骗乙望风,构成间接正犯。间接正犯不影响对共同犯罪的认定,甲、乙构成故意杀人罪的共犯

B. 乙企图帮助甲实施盗窃行为,却因意志以外的原因未能得逞,故对乙应以盗窃罪的帮助犯未遂论处

C. 对甲应以故意杀人罪论处,对乙以非法侵入住宅罪论处。两人虽然罪名不同,但仍然构成共同犯罪

D. 乙客观上构成故意杀人罪的帮助犯,但因其仅有盗窃故意,故应在盗窃罪法定刑的范围内对其量刑

135. 2017/2/91/任

某地政府为村民发放扶贫补贴,由各村村委会主任审核本村申请材料并分发补贴款。某村村委会主任王某、会计刘某以及村民陈某合谋伪造申请材料,企图每人套取 5 万元补贴款。王某任期届满,周某继任村委会主任后,政府才将补贴款拨到村委会。周某在分发补贴款时,发现了王某、刘某和陈某的企图,便只发给三人各 3 万元,将剩余 6 万元据为己有。三人心知肚明,但不敢声张。(事实一)

后周某又想私自非法获取土地征收款,欲找县土局局长张某帮忙,遂送给县工商局局长李某 10 万元,托其找张某说情。李某与张某不熟,送 5 万元给县财政局局长胡某,让胡某找张某。胡某找到张某后,张某碍于情面,违心答应,但并未付诸行动。(事实二)

周某为感谢胡某,从村委会账户取款 20 万元购买玉器,并指使会计刘某将账做平。周某将玉器送给胡某时,被胡某拒绝。周某只好将玉器退还商家,将退款 20 万元返还至村委会账户,并让刘某再次平账。(事实三)

关于事实三的分析,下列选项正确的是:

A. 周某挪用村委会 20 万元购买玉器行贿,属挪用公款进行非法活动,构成挪用公款罪

B. 周某使用村委会 20 万元购买玉器,属贪污行为,但后又将 20 万元还回,构成犯罪中止

C. 刘某第一次帮周某将账面做平,属于帮周某成功实施犯罪行为,与周某构成共同犯罪

D. 刘某第二次帮周某将账面做平,属于作假证明掩护周某的犯罪行为,构成包庇罪

136. 2016/2/7/单

甲、乙、丙共同故意伤害丁,丁死亡。经查明,甲、乙都使用铁棒,丙未使用任何凶器;尸体上除一处致命伤外,再无其他伤害;可以肯定致命伤不是丙造成的,但不能确定是甲造成还是乙造成的。关于本案,下列哪一选项是正确的?

A. 因致命伤不是丙造成的,尸体上也没有其他伤,故丙不成立故意伤害罪

B. 对甲与乙虽能认定为故意伤害罪,但不能认定为故意伤害(致死)罪

C. 甲、乙成立故意伤害(致死)罪,丙成立故意伤害罪但不属于伤害致死

D. 认定甲、乙、丙均成立故意伤害(致死)罪,与存疑时有利于被告的原则并不矛盾

137. 2015/2/7/单

15 周岁的甲非法侵入某尖端科技研究所的计算机信息系统,18 周岁的乙对此知情,仍应甲的要求为其编写侵入程序。关于本案,下列哪一选项是错误的?

A. 如认为责任年龄、责任能力不是共同犯罪的成立条件,则甲、乙成立共犯

B. 如认为甲、乙成立共犯,则乙成立非法侵入计算机信息系统罪的从犯

C. 不管甲、乙是否成立共犯,都不能认为乙成立非法侵入计算机信息系统罪的间接正犯

D. 由于甲不负刑事责任,对乙应按非法侵入计算机信息系统罪的片面共犯论处

138. 2015/2/56/多

甲在乙骑摩托车必经的偏僻路段精心设置路障,欲让乙摔死。丙得知甲的杀人计划后,诱骗仇人丁骑车经过该路段,丁果真摔死。关于本案,下列哪些选项是正确的?

A. 甲的行为和丁死亡之间有因果关系,甲有罪

B. 甲的行为属对象错误,构成故意杀人罪既遂

C. 丙对自己的行为无认识错误,构成故意杀人

罪既遂

D. 丙利用甲的行为造成丁死亡,可能成立间接正犯

139. 2014/2/10/单

关于共同犯罪的论述,下列哪一选项是正确的?

A. 无责任能力者与有责任能力者共同实施危害行为的,有责任能力者均为间接正犯
B. 持不同犯罪故意的人共同实施危害行为的,不可能成立共同犯罪
C. 在片面的对向犯中,双方都成立共同犯罪
D. 共同犯罪是指二人以上共同故意犯罪,但不能据此否认片面的共犯

140. 2012/2/9/单

甲(15周岁)求乙(16周岁)为其抢夺作接应,乙同意。某夜,甲抢夺被害人的手提包(内有1万元现金),将包扔给乙,然后吸引被害人跑开。乙害怕坐牢,将包扔在草丛中,独自离去。关于本案,下列哪一选项是错误的?

A. 甲不满16周岁,不构成抢夺罪
B. 甲与乙构成抢夺罪的共犯
C. 乙不构成抢夺罪的间接正犯
D. 乙成立抢夺罪的中止犯

141. 2012/2/55/多

下列哪些选项中的双方行为人构成共同犯罪?

A. 甲见卖淫秽影碟的小贩可怜,给小贩1000元,买下200张淫秽影碟
B. 乙明知赵某已结婚,仍与其领取结婚证
C. 丙送给国家工作人员10万元钱,托其将儿子录用为公务员
D. 丁帮助组织卖淫的王某招募、运送卖淫女

142. 2011/2/55/多

关于共同犯罪的判断,下列哪些选项是正确的?

A. 甲教唆赵某入户抢劫,但赵某接受教唆后实施拦路抢劫。甲是抢劫罪的共犯
B. 乙为吴某入户盗窃望风,但吴某入户后实施抢劫行为。乙是盗窃罪的共犯
C. 丙以为钱某要杀害他人为其提供了杀人凶器,但钱某仅欲伤害他人而使用了丙提供的凶器。丙对钱某造成的伤害结果不承担责任
D. 丁知道孙某想偷车,便将盗车钥匙给孙某,后又在孙某盗车前要回钥匙,但孙某用其他方法盗窃了轿车。丁对孙某的盗车不承担责任

143. 2010/2/2/单

看守所值班武警甲擅离职守,在押的犯罪嫌疑人乙趁机逃走,但刚跑到监狱外的树林即被抓回。关于本案,下列哪一选项是正确的?

A. 甲主观上是过失,乙是故意
B. 甲、乙是事前无通谋的共犯
C. 甲构成私放在押人员罪
D. 乙不构成脱逃罪

144. 2010/2/6/单

关于共同犯罪,下列哪一选项是正确的?

A. 甲、乙应当预见但没有预见山下有人,共同推下山上一块石头砸死丙。只有认定甲、乙成立共同过失犯罪,才能对甲、乙以过失致人死亡罪论处
B. 甲明知乙犯故意杀人罪而为乙提供隐藏处和财物。甲、乙构成共同犯罪
C. 交警甲故意为乙实施保险诈骗提供虚假鉴定结论。甲、乙构成共同犯罪
D. 公安人员甲向犯罪分子乙通风报信助其逃避处罚。甲、乙成立共同犯罪

145. 2008/2/7/单

甲、乙夫妇因8岁的儿子严重残疾,生活完全不能自理而非常痛苦。一天,甲往儿子要喝的牛奶里放入"毒鼠强"时被乙看到,乙说:"这是毒药吧,你给他喝呀?"见甲不说话,乙叹了口气后就走开了。毒死儿子后,甲、乙二人一起掩埋尸体并对外人说儿子因病而死。关于甲、乙行为的定性,下列哪一选项是正确的?

A. 甲与乙构成故意杀人的共同犯罪
B. 甲构成故意杀人罪,乙构成包庇罪
C. 甲构成故意杀人罪,乙构成遗弃罪
D. 甲构成故意杀人罪,乙无罪

考点15 共犯人的分类及其刑事责任

146. 2019 回忆/多

甲男喝醉酒后,女友乙要求甲开车送其回家。甲男表示自己醉酒了,不能开车,但是拗不过乙的坚持,只好同意。甲男驾车有十公里时,由于醉酒原因,不慎撞伤行人丙,致其重伤。下列哪些说法是正确的?

A. 甲构成危险驾驶罪
B. 乙构成危险驾驶罪(教唆犯)
C. 甲构成交通肇事罪
D. 乙构成交通肇事罪(教唆犯)

147. 2013/2/9/单

《刑法》第29条第1款规定:"教唆他

人犯罪的,应当按照他在共同犯罪中所起的作用处罚。教唆不满十八周岁的人犯罪的,应当从重处罚。"对于本规定的理解,下列哪一选项是错误的?
A. 无论是被教唆人接受教唆实施了犯罪,还是二人以上共同故意教唆他人犯罪,都能适用该款前段的规定
B. 该款规定意味着教唆犯也可能是从犯
C. 唆使不满14周岁的人犯罪因而属于间接正犯的情形时,也应适用该款后段的规定
D. 该款中的"犯罪"并无限定,既包括一般犯罪,也包括特殊身份的犯罪,既包括故意犯罪,也包括过失犯罪

148． 2009/2/6/单
关于教唆犯,下列哪一选项是正确的?
A. 甲唆使不满16周岁的乙强奸妇女丙,但乙只是抢夺了丙的财物一万元后即离开现场,甲应成立强奸罪、抢夺罪的教唆犯
B. 教唆犯不可能是实行犯,但可能是帮助犯
C. 教唆他人吸食、注射毒品的,成立吸食、注射毒品罪的教唆犯
D. 有的教唆犯是主犯,但所有的帮助犯都是从犯

149． 2008/2/91/任
四位学生在课堂上讨论共同犯罪时先后发表了以下观点,其中正确的选项是:
A. 甲:对于犯罪集团的首要分子,应当按照集团所犯的全部罪行处罚,即应当对集团成员所实施的全部犯罪承担刑事责任
B. 乙:在共同犯罪中起主要作用的是主犯,对于犯罪集团首要分子以外的主犯,应当按照其所参与的或者组织、指挥的全部犯罪处罚;对从犯的处罚应当轻于主犯,所以,对于从犯不得按照其所参与的全部犯罪处罚
C. 丙:犯罪集团的首要分子都是主犯,但聚众犯罪的首要分子不一定是主犯,因为聚众犯罪不一定成立共同犯罪
D. 丁:一开始被犯罪集团胁迫参加犯罪,但在着手实行后,非常积极,成为主要的实行人之一,在共同犯罪中起主要作用的,应认定为主犯

考点16 共犯的特殊问题:承继的共犯、片面的共犯、共犯与犯罪形态、共犯与身份、共犯与认识错误

150． 2019回忆/多
乙请甲为自己的盗窃望风,仅要求甲看到主人丙回家就电话告知他。乙在户内盗窃时,甲看到丙回家,使用暴力阻拦,将丙打成重伤。乙顺利窃得4000元后出门,甲告知乙自己殴打了丙,乙没表示异议。甲乙一同离去。下列哪些说法是正确的?
A. 若承认片面共同正犯,则对甲应以抢劫罪(致人重伤)论处,对乙以盗窃罪论处
B. 若承认片面共同正犯,则根据"部分实行、全部负责"原则,对甲乙二人均以抢劫罪(致人重伤)论处
C. 若否认片面共同正犯,则甲既构成故意伤害罪,又构成盗窃罪的帮助犯,择一重罪论处
D. 若否认片面共同正犯,则甲既构成故意伤害罪,又构成盗窃罪的帮助犯,数罪并罚

151． 2018回忆/多
关于共犯理论,下列哪些说法是正确的?
A. 虽然自杀不构成犯罪,但教唆精神病患者自杀应构成故意杀人罪的间接正犯
B. 在共同犯罪中,可能存在部分共犯人成立既遂,部分共犯人成立中止的情形
C. 共犯人中有人产生同一犯罪构成内的认识错误,可能会影响其他共犯人的犯罪形态
D. 犯罪集团中的组织者、领导者,其他共同犯罪中的组织者、指挥者,均需全部罪行负责

152． 2017/2/54/多
甲知道乙计划前往丙家抢劫,为帮助乙取得财物,便暗中先赶到丙家,将丙打昏后离去(丙受轻伤)。乙来到丙家时,发现丙已昏迷,以为是丙疾病发作晕倒,遂从丙家取走价值5万元的财物。关于本案的分析,下列哪些选项是正确的?
A. 若承认片面共同正犯,甲对乙的行为负责,对甲应以抢劫罪论处,对乙以盗窃罪论处
B. 若承认片面共同正犯,根据部分实行全部责任原则,对甲、乙二人均应以抢劫罪论处
C. 若否定片面共同正犯,甲既构成故意伤害罪,又构成盗窃罪,应从一重罪论处
D. 若否定片面共同正犯,乙无须对甲的故意伤害行为负责,对乙应以盗窃罪论处

153． 2013/2/55/多
关于共同犯罪,下列哪些选项是正确的?
A. 乙因妻丙外遇而决意杀之。甲对此不知晓,出于其他原因怂恿乙杀丙。后乙杀害丙。甲不构成故意杀人罪的教唆犯
B. 乙基于敲诈勒索的故意恐吓丙,在丙交付财物时,知情的甲中途加入帮乙取得财物。甲构成敲诈勒索罪的共犯
C. 乙、丙在五金店门前互殴,店员甲旁观。乙边

打边掏钱向甲买一羊角锤。甲递锤时对乙说"你打伤人可与我无关"。乙用该锤将丙打成重伤。卖羊角锤是甲的正常经营行为,甲不构成故意伤害罪的共犯

D. 甲极力劝说丈夫乙(国家工作人员)接受丙的贿赂,乙坚决反对,甲自作主张接受该笔贿赂。甲构成受贿罪的间接正犯

154． 2009/2/7/单

甲、乙共谋行抢。甲在偏僻巷道的出口望风,乙将路人丙的书包(内有现金一万元)一把夺下转身奔逃,丙随后追赶,欲夺回书包。甲在丙跑过巷道口时突然伸腿将丙绊倒,丙倒地后摔成轻伤,甲、乙乘机逃脱。甲、乙的行为构成何罪?

A. 甲、乙均构成抢夺罪
B. 甲、乙均构成抢劫罪
C. 甲构成抢劫罪,乙构成抢夺罪
D. 甲构成故意伤害罪,乙构成抢夺罪

155． 2009/2/51/多

甲欲去乙的别墅盗窃,担心乙别墅结构复杂难以找到贵重财物,就请熟悉乙家的丙为其标图。甲入室后未使用丙提供的图纸就找到乙价值100万元的珠宝,即携珠宝逃离现场。关于本案,下列哪些说法是正确的?

A. 甲构成盗窃罪,入户盗窃是法定的从重处罚情节
B. 丙不构成犯罪,因为客观上没能为甲提供实质的帮助
C. 即便甲未使用丙提供的图纸,丙也构成盗窃罪的共犯
D. 甲、丙构成盗窃罪的共犯,甲是主犯,丙是帮助犯

156． 2008/2/19/单

甲与乙共谋盗窃汽车,甲将盗车所需的钥匙交给乙。但甲后来向乙表明放弃犯罪之意,让乙还回钥匙。乙对甲说:"你等几分钟,我用你的钥匙配制一把钥匙后再还给你",甲要回了自己原来提供的钥匙。后乙利用自己配制的钥匙盗窃了汽车(价值5万元)。关于本案,下列哪一选项是正确的?

A. 甲的行为属于盗窃中止
B. 甲的行为属于盗窃预备
C. 甲的行为属于盗窃未遂
D. 甲与乙构成盗窃罪(既遂)的共犯

157． 2008/2/94/任

甲手持匕首寻找抢劫目标时,突遇精神病人丙持刀袭击。丙追赶甲一死胡同,甲迫于无奈,与丙搏斗,将其打成重伤。此后,甲继续寻找目标,见到丁后便实施暴力,用匕首将其刺成重伤,使之丧失反抗能力,此时甲的朋友乙驾车正好经过此地,见状后下车和甲一起取走丁的财物(约2万元),然后逃跑,丁因伤势过重不治身亡。关于乙与甲一起取走丁的财物的行为,下列选项正确的是:

A. 乙与甲成立抢劫罪的共同犯罪
B. 甲的行为构成抢劫罪,乙的行为属于抢夺罪,两者在抢夺罪这一重合犯罪之内成立共同犯罪,即成立抢夺罪的共同犯罪
C. 乙既不对丁的重伤承担刑事责任,也不对丁的死亡承担刑事责任
D. 乙不对丁的死亡承担刑事责任,但应对丁的重伤承担刑事责任

专题六 单位犯罪

考点17 单位犯罪

158． 2020 回忆/单

关于行为主体,下列哪一项说法是正确的?

A. 单位分支机构或内设机构不是独立法人单位,不能成为单位犯罪的主体
B. 犯罪集团和聚众犯罪的首要分子是一种特殊的身份犯
C. 已满14周岁不满16周岁的未成年人在绑架过程中杀害被绑架人的,对杀人行为承担刑事责任,对绑架行为不承担刑事责任
D. 单位犯罪本质上是单位主管人员与其他直接责任人员构成的特殊的共同犯罪

159． 2019 回忆/多

甲电器公司与其子公司乙物流公司涉嫌共同非法吸收公众存款5亿元。关于单位犯罪,下列哪些说法是正确的?

A. 如果甲电器公司能成立单位犯罪,那么乙物流公司实施违法行为且获得违法所得,就可认为乙物流公司构成单位犯罪
B. 如果甲电器公司能构成单位犯罪,但无法认定乙物流公司构成单位犯罪,那么可以将乙物流公司中按照甲电器公司的要求实施犯罪行为的人员作为其他直接责任人员,追究其自然人的刑事责任
C. 如果乙物流公司构成单位犯罪,但无法认定甲电器公司构成单位犯罪,那么可以追究甲电器公司中直接责任人员的自然人犯罪,并且该直接责任人员与乙物流公司可以构成共同犯罪
D. 如果因证据问题不能认定乙物流公司、甲电

器公司构成单位犯罪,那么可以追究两公司的直接责任人员的刑事责任

160． 2015/2/54/多

关于单位犯罪,下列哪些选项是正确的?

A．就同一犯罪而言,单位犯罪与自然人犯罪的既遂标准完全相同

B．《刑法》第一百七十条未将单位规定为伪造货币罪的主体,故单位伪造货币的,相关自然人不构成犯罪

C．经理赵某为维护公司利益,召集单位员工殴打法院执行工作人员,拒不执行生效判决的,成立单位犯罪

D．公司被吊销营业执照后,发现其曾销售伪劣产品 20 万元。对此,应追究相关自然人销售伪劣产品罪的刑事责任

161． 2010/2/53/多

关于单位犯罪,下列哪些选项是错误的?

A．单位只能成为故意犯罪的主体,不能成为过失犯罪的主体

B．单位犯罪时,单位本身与直接负责的主管人员、直接责任人员构成共同犯罪

C．对单位犯罪一般实行双罚制,但在实行单罚制时,只对单位处以罚金,不处罚直接负责的主管人员与直接责任人员

D．对单位犯罪只能适用财产刑,既可能判处罚金,也可能判处没收财产

162． 2009/2/20/单

何经理为了销售本公司经营的医疗器械,安排公司监事刘某在与某市立医院联系销售业务过程中,按销售金额 25%的比例给医院四位正、副院长回扣共计 25 万余元。本案中,该公司提供回扣的行为构成何罪?

A．行贿罪
B．对非国家工作人员行贿罪
C．单位行贿罪
D．对单位行贿罪

专题七　罪数形态

考点18 罪数

163． 2019 回忆/单

关于罪数的处理,下列哪一项说法是正确的?

A．"二人以上轮奸"只是强奸罪的法定刑升格条件,与强奸罪的关系不是特别法条与一般法条的关系

B．甲发现自己盗窃到的是一件仿真品(价值4000 元),冒充真品以 2 万元卖给他人。甲的变卖行为是不可罚的事后行为

C．钱某分别实施了两次入户抢劫,一次持枪抢劫。钱某分别触犯了抢劫罪的加重犯,应数罪并罚

D．周某抢劫了陈某的财物后,担心暴露,杀害了陈某。周某构成抢劫罪致人死亡和故意杀人罪的想象竞合

164． 2017/2/8/单

关于罪数的判断,下列哪一选项是正确的?

A．甲为冒充国家机关工作人员招摇撞骗而盗窃国家机关证件,并持该证件招摇撞骗。甲成立盗窃国家机关证件罪和招摇撞骗罪,数罪并罚

B．乙在道路上醉酒驾驶机动车,行驶 20 公里后,不慎撞死路人张某。因已发生实害结果,乙不构成危险驾驶罪,仅构成交通肇事罪

C．丙以欺诈手段骗取李某的名画。李某发觉受骗,要求丙返还,丙施以暴力迫使李某放弃。丙构成诈骗罪与抢劫罪,数罪并罚

D．已婚的丁明知杨某是现役军人的配偶,却仍然与之结婚。丁构成重婚罪与破坏军婚罪的想象竞合犯

165． 2016/2/11/单

关于法条关系,下列哪一选项是正确的(不考虑数额)?

A．即使认为盗窃与诈骗是对立关系,一行为针对同一具体对象(同一具体结果)也完全可能同时触犯盗窃罪与诈骗罪

B．即使认为故意杀人与故意伤害是对立关系,故意杀人罪与故意伤害罪也存在法条竞合关系

C．如认为法条竞合仅限于侵害一犯罪客体的情形,冒充警察骗取数额巨大的财物时,就会形成招摇撞骗罪与诈骗罪的法条竞合

D．即便认为贪污罪和挪用公款罪是对立关系,若行为人使用公款赌博,在不能查明其是否具有归还公款的意思时,也能认定构成挪用公款罪

166． 2016/2/13/单

陈某欲制造火车出轨事故,破坏轨道时将螺栓砸飞,击中在附近玩耍的幼童,致其死亡。

陈某的行为被及时发现,未造成火车倾覆、毁坏事故。关于陈某的行为性质,下列哪一选项是正确的?
A. 构成破坏交通设施罪的结果加重犯
B. 构成破坏交通设施罪的基本犯与故意杀人罪的想象竞合犯
C. 构成破坏交通设施罪的基本犯与过失致人死亡罪的想象竞合犯
D. 构成破坏交通设施罪的结果加重犯与过失致人死亡罪的想象竞合犯

167. 2016/2/54/多
关于罪数,下列哪些选项是正确的(不考虑数额或情节)?
A. 甲使用变造的货币购买商品,触犯使用假币罪与诈骗罪,构成想象竞合犯
B. 乙走私毒品,又走私假币构成犯罪的,以走私毒品罪和走私假币罪实行数罪并罚
C. 丙先后三次侵入军人家中盗窃军人制服,后身穿军人制服招摇撞骗。对丙应按牵连犯从一重罪处罚
D. 丁明知黄某在网上开设赌场,仍为其提供互联网接入服务。丁触犯开设赌场罪与帮助信息网络犯罪活动罪,构成想象竞合犯

168. 2015/2/3/单
警察带着警犬(价值3万元)追捕逃犯甲。甲枪中只有一发子弹,认识到开枪既可能只打死警察(希望打死警察),也可能只打死警犬,但一枪同时打中二者,导致警察受伤、警犬死亡。关于甲的行为定性,下列哪一选项是错误的?
A. 如认为甲只有一个故意,成立故意杀人罪未遂
B. 如认为甲有数个故意,成立故意杀人罪未遂与故意毁坏财物罪,数罪并罚
C. 如甲仅打中警犬,应以故意杀人罪未遂论处
D. 如甲未打中任何目标,应以故意杀人罪未遂论处

169. 2015/2/8/单
关于结果加重犯,下列哪一选项是正确的?
A. 故意杀人包含了故意伤害,故意杀人罪实际上是故意伤害罪的结果加重犯
B. 强奸罪、强制猥亵妇女罪的犯罪客体相同,强奸、强制猥亵行为致妇女重伤的,均成立结果加重犯
C. 甲将乙拘禁在宾馆20楼,声称只要乙还债就放人。乙无力还债,深夜跳楼身亡。甲的行为不成立非法拘禁罪的结果加重犯
D. 甲以胁迫手段抢劫乙时,发现仇人丙路过,于是立即杀害丙。甲在抢劫过程中杀害他人,因抢劫致人死亡包括故意致人死亡,故甲成立抢劫致人死亡的结果加重犯

170. 2015/2/9/单
甲窃得一包冰毒后交乙代为销售,乙销售后得款3万元与甲平分。关于本案,下列哪一选项是错误的?
A. 甲的行为触犯盗窃罪与贩卖毒品罪
B. 甲贩卖毒品的行为侵害了新的法益,应与盗窃罪实行并罚
C. 乙的行为触犯贩卖毒品罪、非法持有毒品罪、转移毒品罪与掩饰、隐瞒犯罪所得罪
D. 对乙应以贩卖毒品罪一罪论处

171. 2013/2/10/单
关于罪数判断,下列哪一选项是正确的?
A. 冒充警察招摇撞骗,骗取他人财物的,适用特别法条以招摇撞骗罪论处
B. 冒充警察实施抢劫,同时构成抢劫罪与招摇撞骗罪,属于想象竞合犯,从一重罪论处
C. 冒充军人进行诈骗,同时构成诈骗罪与冒充军人招摇撞骗罪的,从一重罪论处
D. 冒充军人劫持航空器的,成立冒充军人招摇撞骗罪与劫持航空器罪,实行数罪并罚

172. 2013/2/56/多
关于想象竞合犯的认定,下列哪些选项是错误的?
A. 甲向乙购买危险物质,商定4000元成交。甲先后将2000元现金和4克海洛因(折抵现金2000元)交乙后收货。甲的行为成立非法买卖危险物质罪与贩卖毒品罪的想象竞合犯,从一重罪论处
B. 甲女、乙男分手后,甲向乙索要青春补偿费未果,将其骗至别墅,让人看住乙。甲给乙母打电话,声称如不给30万元就准备收尸。甲成立非法拘禁罪和绑架罪的想象竞合犯,应以绑架罪论处
C. 甲为劫财在乙的茶水中投放2小时后起作用的麻醉药,随后离开乙家。2小时后甲回来,见乙不在(乙喝下该茶水后因事外出),便取走乙2万元现金。甲的行为成立抢劫罪与盗窃罪的想象竞合犯
D. 国家工作人员甲收受境外组织的3万美元后,将国家秘密非法提供给该组织。甲的行为成立受贿罪与为境外非法提供国家秘密罪的想象竞合犯

173． 2012/2/21/单

下列哪一行为应以玩忽职守罪论处？
A. 法官执行判决时严重不负责任，因未履行法定执行职责，致当事人利益遭受重大损失
B. 检察官讯问犯罪嫌疑人甲，甲要求上厕所，因检察官违规打开械具后未跟随，致甲在厕所翻窗逃跑
C. 值班警察与女友电话聊天时接到杀人报警，又闲聊10分钟后才赶往现场，因延迟出警，致被害人被杀、歹徒逃走
D. 市政府基建负责人因听信朋友介绍，未经审查便与对方签订建楼合同，致被骗300万元

174． 2011/2/56/多

关于罪数的认定，下列哪些选项是错误的？
A. 引诱幼女卖淫后，又容留该幼女卖淫的，应认定为引诱、容留卖淫罪
B. 既然对绑架他人后故意杀害他人的不实行数罪并罚，那么对绑架他人后伤害他人的就更不能实行数罪并罚
C. 发现盗得的汽车质量有问题而将汽车推下山崖的，成立盗窃罪与故意毁坏财物罪，应当实行并罚
D. 明知在押犯脱逃后去杀害证人而私放，该犯果真将证人杀害的，成立私放在押人员罪与故意杀人罪，应当实行并罚

175． 2010/2/55/多

下列哪些情形属于吸收犯？
A. 制造枪支、弹药后又持有、私藏所制造的枪支、弹药的
B. 盗窃他人汽车后，谎称所盗汽车为自己的汽车出卖他人的
C. 套取金融机构信贷资金后又高利转贷他人的
D. 制造毒品后又持有该毒品的

176． 2010/2/58/多

下列哪些情形不能数罪并罚？
A. 投保人甲，为了骗取保险金杀害被保险人
B. 十五周岁的甲，盗窃时拒捕杀死被害人
C. 司法工作人员甲，刑讯逼供致被害人死亡
D. 运送他人偷越国（边）境的甲，遇到检查将被运送人推进大海溺死

177． 2009/2/58/多

下列哪些情形可以成立抢劫致人死亡？
A. 甲冬日深夜抢劫王某财物，为压制王某的反抗，将其刺成重伤并取财后离去。三小时后，王某被冻死
B. 乙抢劫妇女高某财物，路人曾某上前制止，乙用自制火药枪将曾某打死
C. 丙和贺某共同抢劫严某财物，严某边呼救边激烈反抗。丙拔刀刺向严某，严某躲闪，丙将同伙贺某刺死
D. 丁盗窃邱某家财物准备驾车离开时被邱某发现，邱某站在车前阻止丁离开，丁开车将邱某撞死后逃跑

178． 2008/2/8/单

关于罪数的说法，下列哪一选项是错误的？
A. 甲在车站行窃时盗得一提包，回家一看才发现提包内仅有一支手枪。因为担心被人发现，甲便将手枪藏在浴缸下。甲非法持有枪支的行为，不属于不可罚的事后行为
B. 乙抢夺他人手机，并将该手机变卖，乙的行为构成抢夺罪和掩饰、隐瞒犯罪所得罪，应当数罪并罚
C. 丙非法行医3年多，导致1人死亡、1人身体残疾。丙的行为既是职业犯，也是结果加重犯
D. 丁在绑架过程中，因被害人反抗而将其杀死，对丁不应当以绑架罪和故意杀人罪实行并罚

专题八 刑罚种类

考点19 主刑

179． 2016/2/8/单

《刑法》第64条前段规定："犯罪分子违法所得的一切财物，应当予以追缴或者责令退赔"。关于该规定的适用，下列哪一选项是正确的？
A. 甲以赌博为业，但手气欠佳输掉200万元。输掉的200万元属于赌资，应责令甲全额退赔
B. 乙挪用公款炒股获利500万元用于购买房产（案发时贬值为300万元），应责令乙退赔500万元
C. 丙向国家工作人员李某行贿100万元。除向李某追缴100万元外，还应责令丙退赔100万元
D. 丁与王某共同窃取他人财物30万元。因二人均应对30万元负责，故应向二人各追缴30万元

180． 2016/2/9/单

关于职业禁止，下列哪一选项是正确的？

A. 利用职务上的便利实施犯罪的，不一定都属于"利用职业便利"实施犯罪
B. 行为人违反职业禁止的决定，情节严重的，应以拒不执行判决、裁定罪定罪处罚
C. 判处有期徒刑并附加剥夺政治权利，同时决定职业禁止的，在有期徒刑与剥夺政治权利均执行完毕后，才能执行职业禁止
D. 职业禁止的期限均为3年至5年

181. 2012/2/2/单

甲与乙女恋爱。乙因甲伤残提出分手，甲不同意，拉住乙不许离开，遭乙痛骂拒绝。甲绝望大喊："我得不到你，别人也休想"，连捅十几刀，致乙当场惨死。甲逃跑数日后，投案自首，有悔罪表现。关于本案的死刑适用，下列哪一说法符合法律实施中的公平正义理念？

A. 根据《刑法》规定，当甲的杀人行为被评价为"罪行极其严重"时，可判处甲死刑
B. 从维护《刑法》权威考虑，无论甲是否存在从轻情节，均应判处甲死刑
C. 甲轻率杀人，为严防效尤，即使甲自首悔罪，也应判处死刑立即执行
D. 应当充分考虑并尊重网民呼声，以此决定是否判处甲死刑立即执行

182. 2012/2/11/单

《刑法》第49条规定：_____的时候不满18周岁的人和_____的时候怀孕的妇女，不适用死刑。_____的时候已满75周岁的人，不适用死刑，但_____的除外。下列哪一选项与题干空格内容相匹配？

A. 犯罪——审判——犯罪——故意犯罪致人死亡
B. 审判——审判——审判——故意犯罪致人死亡
C. 审判——审判——审判——以特别残忍手段致人死亡
D. 犯罪——审判——审判——以特别残忍手段致人死亡

183. 2012/2/56/多

关于禁止令，下列哪些选项是错误的？

A. 甲因盗掘古墓葬罪被判刑7年，在执行5年后被假释，法院裁定假释时，可对甲宣告禁止令
B. 乙犯合同诈骗罪被判处缓刑，因附带民事赔偿义务尚未履行，法院可在禁止令中禁止其进入高档饭店消费
C. 丙因在公共厕所猥亵儿童被判处缓刑，法院可同时宣告禁止其进入公共厕所

D. 丁被判处管制，同时被禁止接触同案犯，禁止令的期限应从管制执行完毕之日起计算

184. 2009/2/11/单

关于犯罪数额的计算，下列哪一选项是正确的？

A. 甲15周岁时携带凶器抢夺他人财物价值3万元；17周岁时抢劫他人财物价值2万元。甲的犯罪数额是5万元
B. 乙收受贿赂15万元，将其中3万元作为单位招待费使用。乙的犯罪数额是12万元
C. 丙第一次诈骗6万元，第二次诈骗12万元，但用其中6万元补偿第一次诈骗行为被害人的全部损失。丙的犯罪数额是6万元
D. 丁盗窃他人价值6000元的手机，在销赃时夸大手机功能将其以1万元卖出。丁除成立盗窃罪外，还成立诈骗罪，诈骗数额是1万元

考点20 附加刑

185. 2010/2/56/多

关于没收财产，下列哪些选项是错误的？

A. 甲受贿100万元，巨额财产来源不明200万元，甲被判处死刑并处没收财产。甲被没收财产的总额至少应为300万元
B. 甲抢劫他人汽车被判处死刑并处没收财产。该汽车应上缴国库
C. 甲因走私罪被判处无期徒刑并处没收财产。此前所负赌债，经债权人请求应予偿还
D. 甲因受贿罪被判有期徒刑十年并处没收财产30万元，因妨害清算罪被判有期徒刑三年并处罚金二万元。没收财产和罚金应当合并执行

186. 2009/2/9/多

关于没收财产，下列哪些选项是不正确的？①

A. 甲抢劫数额巨大，对其可以判处罚金一万元并处没收财产
B. 乙犯诈骗罪被判处没收全部财产时，法院对乙未满18周岁的子女应当保留必需的生活费用，对乙的成年家属不必考虑
C. 丙盗窃珍贵文物情节严重，即便其没有可供执行的财产，亦应当判处没收财产
D. 丁为治病向李某借款五万元，一年后丁因犯罪被判处没收财产。无论李某是否提出请求，一旦法院发现该债务存在，就应当判决以没收的财产偿还

---

① 原为单选题，根据新法答案有变化，改编为多选题。

专题九 刑罚裁量

考点21 量刑情节

187． 2017/2/10/单

王某多次吸毒,某日下午在市区超市门口与同居女友沈某发生争吵。沈某欲离开,王某将其按倒在地,用菜刀砍死。后查明:王某案发时因吸毒出现精神病性障碍,导致辨认控制能力减弱。关于本案的刑罚裁量,下列哪一选项是错误的?

A. 王某是偶犯,可酌情从轻处罚
B. 王某刑事责任能力降低,可从轻处罚
C. 王某在公众场合持刀行凶,社会影响恶劣,可从重处罚
D. 王某与被害人存在特殊身份关系,可酌情从轻处罚

考点22 累犯

188． 2020回忆/多

甲因故意杀人罪被判了有期徒刑6年,执行3年之后被假释。假释考验期满之后,又犯了盗窃罪。盗窃罪本身应判处有期徒刑5年(不考虑累犯情节)。此时,原审法院将其前罪故意杀人罪改判为过失致人死亡罪,并判处有期徒刑1年。下列哪些选项的说法是正确的?

A. 甲成立累犯
B. 因为前罪是过失犯罪,所以甲不成立累犯
C. 应将过失致人死亡罪和盗窃罪数罪并罚,确定判处的刑罚。再减去已经实际执行的刑罚(3年有期徒刑),即甲还需要执行的刑罚
D. 直接将盗窃罪所判处的刑罚,减去被错误执行的刑罚,所剩3年有期徒刑为甲还需要执行的刑罚

189． 2015/2/10/单

关于累犯,下列哪一选项是正确的?

A. 对累犯和犯罪集团的积极参加者,不适用缓刑
B. 对累犯,如假释后对所居住的社区无不良影响的,法院可决定假释
C. 对被判处无期徒刑的累犯,根据犯罪情节等情况,法院可同时决定对其限制减刑
D. 犯恐怖活动犯罪被判处有期徒刑4年,刑罚执行完毕后的第12年又犯黑社会性质的组织犯罪的,成立累犯

190． 2010/2/8/单

关于累犯,下列哪一判断是正确的?

A. 甲因抢劫罪被判处有期徒刑十年,并被附加剥夺政治权利三年。甲在附加刑执行完毕之日起五年之内又犯罪。甲成立累犯
B. 甲犯抢夺罪于2005年3月假释出狱,考验期为剩余的二年刑期。甲从假释考验期满之日起五年内再故意犯重罪。甲成立累犯
C. 甲犯危害国家安全罪五年徒刑期满,六年后又犯杀人罪。甲成立累犯
D. 对累犯可以从重处罚

191． 2009/2/10/单

关于累犯,下列哪一选项是正确的?

A. 甲因故意伤害罪被判七年有期徒刑,刑期自1990年8月30日至1997年8月29日止。甲于1995年5月20日被假释,于1996年8月25日犯交通肇事罪。甲构成累犯
B. 乙因盗窃罪被判三年有期徒刑,2002年3月25日刑满释放,2007年3月20日因犯盗窃罪被判有期徒刑四年。乙构成累犯
C. 丙因危害国家安全罪被判处五年有期徒刑,1996年4月21日刑满释放,2006年4月20日再犯同罪。丙不构成累犯
D. 丁因失火罪被判处三年有期徒刑,刑期自1995年5月15日至1998年5月14日。丁于1998年5月15日在出狱回家途中故意犯伤害罪。丁构成累犯

考点23 自首与立功

192． 2023回忆/多

关于立功,下列哪些说法是正确的?

A. 张某在取保候审期间,利用网络教唆陈某贩卖毒品,然后联系公安机关将陈某抓获。张某不构成立功
B. 李某在服刑期间,其家人在监狱外购买他人发明成果,并以李某名义申请并获得了该项发明专利。李某不构成立功
C. 王某因行贿罪被抓,其交代了刘某向他索贿的事实。对王某应同时适用坦白与立功
D. 钱某贩卖毒品被抓,检举并揭发了其上家周某贩卖毒品的事实。钱某构成立功

193． 2022回忆/多

张某涉嫌诈骗罪被抓获归案,在刑事拘留期间潜逃。在潜逃期间,裴某向张某称自己有他人犯罪的线索,愿以3万元卖给张某。张某遂花3万元买到该犯罪线索。张某打电话将该犯罪线索提供给公安机关。该犯罪线索是某国有公司总经理的受贿事实,经查证属实。然后张某自动投案,如实供述了诈骗罪和潜逃的事实。下列哪些说法是正确的?

A. 张某的潜逃行为构成脱逃罪
B. 张某提供犯罪线索的行为不构成立功

C. 张某自动投案,如实供述,针对诈骗罪成立自首
D. 张某自动投案,如实供述,针对脱逃罪成立自首

194. 2017/2/9/单
关于自首,下列哪一选项是正确的?
A. 甲绑架他人作为人质并与警察对峙,经警察劝说放弃了犯罪。甲是在"犯罪过程中"而不是"犯罪以后"自动投案,不符合自首条件
B. 乙交通肇事后留在现场救助伤员,并报告交管部门发生了事故。交警到达现场询问时,乙否认了自己的行为。乙不成立自首
C. 丙故意杀人后如实交代了自己的客观罪行,司法机关根据其交代认定其主观罪过为故意,丙辩称其为过失。丙不成立自首
D. 丁犯罪后,仅因形迹可疑而被盘问、教育,便交代了自己所犯罪行,但拒不交代真实身份。丁不属于如实供述,不成立自首

195. 2015/2/11/单
下列哪一选项成立自首?
A. 甲挪用公款后主动向单位领导承认了全部犯罪事实,并请求单位领导不要将自己移送司法机关
B. 乙涉嫌贪污被检察院讯问时,如实供述将该笔公款分给了国有单位职工,辩称其行为不是贪污
C. 丙参与共同盗窃后,主动投案并供述其参与盗窃的具体情况。后查明,系因分赃太少、得知举报有奖才投案
D. 丁因纠纷致程某轻伤后,报警说自己伤人了。报警后见程某举拳冲过来,丁以暴力致其死亡,并逃离现场

196. 2014/2/12/单
甲(民营企业销售经理)因合同诈骗罪被捕。在侦查期间,甲主动供述曾向国家工作人员乙行贿9万元,司法机关遂对乙进行追诉。后查明,甲的行为属于单位行贿,行贿数额尚未达到单位行贿罪的定罪标准。甲的主动供述构成下列哪一量刑情节?
A. 坦白　　　　B. 立功
C. 自首　　　　D. 准自首

197. 2012/2/57/多
下列哪些选项不构成立功?
A. 甲是唯一知晓同案犯裴某手机号的人,其主动供述裴某手机号,侦查机关据此采用技术侦查手段将裴某抓获
B. 乙因购得境外人士赵某的海洛因被抓获后,按司法机关要求向赵某发短信"报平安",并表示还要购买毒品,赵某因此未离境,等待乙时被抓获
C. 丙被抓获后,通过律师转告其父想办法协助司法机关抓捕同案犯,丙父最终找到同案犯藏匿地点,协助侦查机关将其抓获
D. 丁被抓获后,向侦查机关提供同案犯的体貌特征,同案犯由此被抓获

198. 2009/2/53/多
关于自首中的"如实供述",下列哪些选项是错误的?
A. 甲自动投案后,如实交代自己的杀人行为,但拒绝说明凶器藏匿地点的,不成立自首
B. 乙犯有故意伤害罪、抢夺罪,自动投案后,仅如实供述抢夺行为,对伤害行为一直主张自己是正当防卫的,仍然可以成立自首
C. 丙虽未自动投案,但办案机关所掌握线索针对的贪污事实不成立,在此范围外丙交代贪污罪行的,应当成立自首
D. 丁自动投案并如实供述自己的罪行后又翻供,但在二审判决前又如实供述的,应当认定为自首

考点24 数罪并罚

199. 2017/2/55/多
关于数罪并罚,下列哪些选项是正确的?
A. 甲犯某罪被判处有期徒刑2年,犯另一罪被判处拘役6个月。对甲只需执行有期徒刑
B. 乙犯某罪被判处有期徒刑2年,犯另一罪被判处管制1年。对乙应在有期徒刑执行完毕后,继续执行管制
C. 丙犯某罪被判处有期徒刑6年,执行4年后发现应被判处拘役的漏罪。数罪并罚后,对丙只需再执行尚未执行的2年有期徒刑
D. 丁犯某罪被判处有期徒刑6年,执行4年后被假释,在假释考验期内犯应被判处1年管制的新罪。对丁再执行2年有期徒刑后,执行1年管制

200. 2016/2/55/多
判决宣告以前一人犯数罪,数罪中有判处(1)和(2)的,执行(3);数罪中所判处的(4),仍须执行。将下列哪些选项内容填入以上相应括号内是正确的?
A. (1)死刑(2)有期徒刑(3)死刑(4)罚金
B. (1)无期徒刑(2)拘役(3)无期徒刑(4)没收财产

C. (1)有期徒刑(2)拘役(3)有期徒刑(4)附加刑
D. (1)拘役(2)管制(3)拘役(4)剥夺政治权利

201． 2012/2/12/单

甲因走私武器被判处15年有期徒刑，剥夺政治权利5年；因组织他人偷越国境被判处14年有期徒刑，并处没收财产5万元，剥夺政治权利3年；因骗取出口退税被判处10年有期徒刑，并处罚金20万元。关于数罪并罚，下列哪一选项符合《刑法》规定？

A. 决定判处甲有期徒刑35年，没收财产25万元，剥夺政治权利8年
B. 决定判处甲有期徒刑20年，罚金25万元，剥夺政治权利8年
C. 决定判处甲有期徒刑25年，没收财产5万元，罚金20万元，剥夺政治权利6年
D. 决定判处甲有期徒刑23年，没收财产5万元，罚金20万元，剥夺政治权利8年

202． 2011/2/57/多

关于数罪并罚，下列哪些选项是符合《刑法》规定的？

A. 甲在判决宣告以前犯抢劫罪、盗窃罪与贩卖毒品罪，分别被判处13年、8年、15年有期徒刑。法院数罪并罚决定执行18年有期徒刑
B. 乙犯抢劫罪、盗窃罪分别被判处13年、6年有期徒刑，数罪并罚决定执行18年有期徒刑。在执行5年后，发现乙在判决宣告前还犯有贩卖毒品罪，应当判处15年有期徒刑。法院数罪并罚决定应当执行19年有期徒刑，已经执行的刑期，计算在新判决决定的刑期之内
C. 丙犯抢劫罪、盗窃罪分别被判处13年、8年有期徒刑，数罪并罚决定执行18年有期徒刑。在执行5年后，丙又犯故意伤害罪，被判处15年有期徒刑。法院在15年以上20年以下决定应当判处16年有期徒刑，已经执行的刑期，不计算在新判决决定的刑期之内
D. 丁在判决宣告前犯有3罪，被分别判处罚金3万元、7万元和没收全部财产。法院不仅要合并执行罚金10万元，而且要没收全部财产

考点25 缓刑

203． 2017/2/56/多

关于缓刑的适用，下列哪些选项是错误的？

A. 甲犯抢劫罪，所适用的是"三年以上十年以下有期徒刑"的法定刑，缓刑只适用于被判处拘役或者3年以下有期徒刑的罪犯，故对甲不得判处缓刑
B. 乙犯故意伤害罪与代替考试罪，分别被判处6个月拘役与1年管制。由于管制不适用缓刑，对乙所判处的拘役也不得适用缓刑
C. 丙犯为境外非法提供情报罪，被单处剥夺政治权利，执行完毕后又犯帮助恐怖活动罪，被判处拘役6个月。对丙不得宣告缓刑
D. 丁17周岁时犯抢劫罪被判处有期徒刑5年，刑满释放后的第4年又犯盗窃罪，应当判处有期徒刑2年。对丁不得适用缓刑

204． 2015/2/59/多

关于缓刑的适用，下列哪些选项是正确的？

A. 甲犯重婚罪和虐待罪，数罪并罚后也可能适用缓刑
B. 乙犯遗弃罪被判处管制1年，即使犯罪情节轻微，也不能宣告缓刑
C. 丙犯绑架罪但有立功情节，即使该罪的法定最低刑为5年有期徒刑，也可能适用缓刑
D. 丁17岁时因犯放火罪被判处有期徒刑5年，23岁时又犯伪证罪，仍有可能适用缓刑

205． 2013/2/11/单

被宣告_____的犯罪分子，在_____考验期内犯新罪或者发现判决宣告以前还有其他罪没有判决的，应当撤销_____，对新犯的罪或者新发现的罪作出判决，把前罪和后罪所判处的刑罚，依照《刑法》第69条的规定，决定执行的刑罚。

关于三个空格的填充内容，下列哪一选项是正确的？

A. 均应填"假释"
B. 均应填"缓刑"
C. 既可均填"假释"，也可均填"缓刑"
D. 既不能均填"假释"，也不能均填"缓刑"

206． 2011/2/10/单

关于缓刑的适用，下列哪一选项是错误的？

A. 被宣告缓刑的犯罪分子，在考验期内再犯罪的，应当数罪并罚，且不得再次宣告缓刑
B. 对于被宣告缓刑的犯罪分子，可以同时禁止其从事特定活动，进入特定区域、场所，接触特定的人
C. 对于黑社会性质组织的首要分子，不得适用缓刑
D. 被宣告缓刑的犯罪分子，在考验期内由公安机关考查，所在单位或者基层组织予以配合

207. (2008/2/9/单)

徐某因犯故意伤害罪,于 2007 年 11 月 21 日被法院判处有期徒刑 1 年,缓期 2 年执行。在缓刑考验期限内,徐某伙同他人无故殴打学生傅某,致傅某轻微伤。当地公安局于 2008 年 4 月 3 日决定对徐某行政拘留 15 日,并于当日开始执行该行政拘留决定。行政拘留结束后,法院撤销对徐某的缓刑,决定收监执行。关于本案,下列哪一选项是正确的?

A. 徐某被行政拘留的 15 天可以折抵刑期
B. 徐某被行政拘留的 15 天不应当折抵刑期
C. 应当将 1 年有期徒刑与 15 天的拘留按照限制加重原则实行并罚
D. 15 天的行政拘留应当被 1 年有期徒刑吸收

专题十 刑罚执行

考点26 减刑与假释

208. (2017/2/11/单)

在符合"执行期间,认真遵守监规,接受教育改造"的前提下,关于减刑、假释的分析,下列哪一选项是正确的?

A. 甲因爆炸罪被判处有期徒刑 12 年,已服刑 10 年,确有悔改表现,无再犯危险。对甲可以假释
B. 乙因行贿罪被判处有期徒刑 9 年,已服刑 5 年,确有悔改表现,无再犯危险。对乙可优先适用假释
C. 丙犯贪污罪被判处无期徒刑,拒不交代贪污款去向,一直未退赃。丙已服刑 20 年,确有悔改表现,无再犯危险。对丙可假释
D. 丁因盗窃罪被判处有期徒刑 5 年,已服刑 3 年,一直未退赃。丁虽在服刑中有重大技术革新,成绩突出,对其也不得减刑

209. (2015/2/12/单)

关于假释的撤销,下列哪一选项是错误的?

A. 被假释的犯罪分子,在假释考验期内犯新罪的,应撤销假释,按照先减后并的方法实行并罚
B. 被假释的犯罪分子,在假释考验期内严重违反假释监督管理规定,即使假释考验期满后才被发现,也应撤销假释
C. 在假释考验期内,发现被假释的犯罪分子在判决宣告前还有同种罪未判决的,应撤销假释
D. 在假释考验期满后,发现被假释的犯罪分子在判决宣告前有他罪未判决的,应撤销假释,数罪并罚

210. (2014/2/11/单)

甲因在学校饭堂投毒被判处 8 年有期徒刑。服刑期间,甲认真遵守监规,接受教育改造,确有悔改表现。关于甲的假释,下列哪一说法是正确的?

A. 可否假释,由检察机关决定
B. 可否假释,由执行机关决定
C. 服刑 4 年以上才可假释
D. 不得假释

211. (2014/2/55/多)

关于刑罚的具体运用,下列哪些选项是错误的?

A. 甲 1998 年因间谍罪被判处有期徒刑 4 年。2010 年,甲因参加恐怖组织罪被判处有期徒刑 8 年。甲构成累犯
B. 乙因倒卖文物罪被判处有期徒刑 1 年,罚金 5000 元;因假冒专利罪被判处有期徒刑 2 年,罚金 5000 元。对乙数罪并罚,决定执行有期徒刑 2 年 6 个月,罚金 1 万元。此时,即使乙符合缓刑的其他条件,也不可对乙适用缓刑
C. 丙因无钱在网吧玩游戏而抢劫,被判处有期徒刑 1 年缓刑 1 年,并处罚金 2000 元,同时禁止丙在 12 个月内进入网吧。若在考验期限内,丙仍常进网吧,情节严重,则应对丙撤销缓刑
D. 丁系特殊领域专家,因贪污罪被判处有期徒刑 8 年。丁遵守监规,接受教育改造,有悔改表现,无再犯危险。1 年后,因国家科研需要,经最高法院核准,可假释丁

212. (2013/2/57/多)

关于减刑、假释的适用,下列哪些选项是错误的?

A. 对所有未被判处死刑的犯罪分子,如认真遵守监规,接受教育改造,确有悔改表现,或者有立功表现的,均可减刑
B. 无期徒刑减为有期徒刑的刑期,从裁定被执行之日起计算
C. 被宣告缓刑的犯罪分子,不符合"认真遵守监规,接受教育改造"的减刑要件,不能减刑
D. 在假释考验期限内犯新罪,假释考验期满后才发现的,不得撤销假释

213. (2010/2/10/单)

关于减刑,下列哪一选项是正确的?

A. 减刑只适用于被判处拘役、有期徒刑、无期徒刑和死缓的犯罪分子
B. 对一名服刑犯人的减刑不得超过三次，否则有损原判决的权威性
C. 被判处无期徒刑的罪犯减刑后，实际执行时间可能超过十五年
D. 对被判处无期徒刑、死缓的罪犯的减刑，需要报请高级法院核准

214. 2009/2/12/单
关于假释，下列哪一选项是错误的？
A. 甲系被假释的犯罪分子，即便其在假释考验期内再犯新罪，也不构成累犯
B. 乙系危害国家安全的犯罪分子，对乙不能假释
C. 丙因犯罪被判处有期徒刑二年，缓刑三年。缓刑考验期满后，发现丙在缓刑考验期内的第七个月犯有抢劫罪，应当判处有期徒刑八年，数罪并罚决定执行九年。丙服刑六年时，因有悔罪表现而被裁定假释
D. 丁犯抢劫罪被判有期徒刑九年，犯寻衅滋事罪被判有期徒刑五年，数罪并罚后，决定执行有期徒刑十三年，对丁可以假释

215. 2008/2/57/多
关于假释，下列哪些选项是错误的？
A. 被判处有期徒刑的犯罪分子，执行原判刑期的二分之一，如果符合假释条件的，可以假释；如果有特殊情况，经高级人民法院核准，可以不受上述执行刑期的限制
B. 被假释的犯罪分子，在假释考验期内，遵守了各种相关规定，没有再犯新罪，也没有发现以前还有其他罪没有判决的，假释考验期满，剩余刑罚就不再执行
C. 被假释的犯罪分子，在假释考验期限内犯新罪的，应当撤销假释，按照先并后减的方法实行数罪并罚
D. 对于因杀人、绑架等暴力性犯罪判处10年以上有期徒刑的犯罪分子，不得假释；即使他们被减刑后，剩余期限低于10年有期徒刑，也不得假释

专题十一 刑罚消灭

考点27 追诉时效

216. 2018回忆/单
关于追诉期限的表述，下列哪一选项是正确的？
A. 追诉期限为15年的共同犯罪案件，有的犯罪人被追究刑事责任，未被立案侦查的共犯人，在追诉期满后可以立案追究其刑事责任
B. 在共同犯罪案件中，在追诉期限内又犯新罪的共犯人，其前罪的追诉期限从犯后罪之日起重新计算，其他未犯新罪的共犯人的追诉期限也应一并中断
C. 国家工作人员在工作中严重失职，玩忽职守，多年后才发生致使国家利益遭受重大损失的危害结果，其追诉期限应当自重大损失的结果发生之日起计算
D. 法定最高刑为10年以上有期徒刑的故意犯罪，经过15年后，司法机关认为犯罪分子罪行严重，具有极大社会危险性的，应当立案追究其刑事责任

217. 2016/2/10/单
关于追诉时效，下列哪一选项是正确的？
A. 《刑法》规定，法定最高刑为不满5年有期徒刑的，经过5年不再追诉。危险驾驶罪的法定刑为拘役，不能适用该规定计算危险驾驶罪的追诉时效
B. 在共同犯罪中，对主犯与从犯适用不同的法定刑时，应分别计算各自的追诉时效，不得按照主犯适用的法定刑计算从犯的追诉期限
C. 追诉时效实际上属于刑事诉讼的内容，刑事诉讼采取从新原则，故对刑法所规定的追诉时效，不适用从旧兼从轻原则
D. 刘某故意杀人后逃往国外18年，在国外因伪造私人印章（在我国不构成犯罪）被通缉时潜回国内。4年后，其杀人案件被公安机关发现。因追诉时效中断，应追诉刘某故意杀人的罪行

218. 2015/2/60/多
关于追诉时效，下列哪些选项是正确的？
A. 甲犯劫持航空器罪，即便经过30年，也可能被追诉
B. 乙于2013年1月10日挪用公款5万元用于结婚，2013年7月10日归还。对乙的追诉期限应从2013年1月10日起计算
C. 丙于2000年故意轻伤李某，直到2008年李某才报案，但公安机关未立案。2014年，丙因他事被抓。不能追诉丙故意伤害的刑事责任
D. 丁与王某共同实施合同诈骗犯罪。在合同诈骗罪的追诉期届满前，王某单独实施抢夺罪。对丁合同诈骗罪的追诉时效，应从王某犯抢夺罪之日起计算

219. 2014/2/56/多

1999年11月,甲(17周岁)因邻里纠纷,将邻居杀害后逃往外地。2004年7月,甲诈骗他人5000元现金。2014年8月,甲因扒窃3000元现金,被公安机关抓获。在讯问阶段,甲主动供述了杀人、诈骗罪行。关于本案的分析,下列哪些选项是错误的?

A. 前罪的追诉期限从犯后罪之日起计算,甲所犯三罪均在追诉期限内
B. 对甲所犯的故意杀人罪、诈骗罪与盗窃罪应分别定罪量刑后,实行数罪并罚
C. 甲如实供述了公安机关尚未掌握的罪行,成立自首,故对盗窃罪可从轻或者减轻处罚
D. 甲审判时已满18周岁,虽可适用死刑,但鉴于其有自首表现,不应判处死刑

220. 2009/2/55/多

1980年初,张某强奸某妇女并将其杀害。1996年末,张某因酒后驾车致人重伤。两案在2007年初被发现。关于张某的犯罪行为,下列哪些选项是错误的?

A. 应当以强奸罪、故意杀人罪和交通肇事罪追究其刑事责任,数罪并罚
B. 应当以强奸罪追究其刑事责任
C. 应当以故意杀人罪追究其刑事责任
D. 不应当追究任何刑事责任

专题十二　罪刑各论概说

考点28　分论概说

221. 2011/2/58/多

关于《刑法》分则条文的理解,下列哪些选项是错误的?

A. 即使没有《刑法》第二百六十九条的规定,对于犯盗窃罪,为毁灭罪证而当场使用暴力的行为,也要认定为抢劫罪
B. 即使没有《刑法》第二百六十七条第二款的规定,对于携带凶器抢夺的行为也应认定为抢劫罪
C. 即使没有《刑法》第一百九十六条第三款的规定,对于盗窃信用卡并在ATM取款的行为,也能认定为盗窃罪
D. 即使没有《刑法》第一百九十八条第四款的规定,对于保险事故的鉴定人故意提供虚假的证明文件为他人实施保险诈骗提供条件的,也应当认定为保险诈骗罪的共犯

专题十三　危害国家安全罪

考点29　危害国家安全罪

222. 2012/2/14/单

甲系海关工作人员,被派往某国考察。甲担心自己放纵走私被查处,拒不归国。为获得庇护,甲向某国难民署提供我国从未对外公布且影响我国经济安全的海关数据。关于本案,下列哪一选项是错误的?

A. 甲构成叛逃罪
B. 甲构成为境外非法提供国家秘密、情报罪
C. 对甲不应数罪并罚
D. 即使《刑法》分则对叛逃罪未规定剥夺政治权利,也应对甲附加剥夺1年以上5年以下政治权利

223. 2009/2/13/单

某国间谍戴某,结识了我某国家机关机要员黄某。戴某谎称来华投资建厂需了解政策动向,让黄某借工作之便为其搞到密级为"机密"的《内参报告》四份。戴某拿到文件后送给黄某一部手机,并为其子前往某国留学提供了六万元资金。对黄某的行为如何定罪处罚?

A. 资助危害国家安全犯罪活动罪、非法获取国家秘密罪,数罪并罚
B. 为境外窃取、刺探、收买、非法提供国家秘密、情报罪与受贿罪,数罪并罚
C. 非法获取国家秘密罪、受贿罪,数罪并罚
D. 故意泄露国家秘密罪、受贿罪,从一重罪处断

224. 2002/2/11/单

某国家机关工作人员甲借到M国探亲的机会滞留不归。一年后甲受雇于M国的一个专门收集有关中国军事情报的间谍组织,随后受该组织的指派潜回中国,找到其在某军区参谋部工作的战友乙,以1万美元的价格从乙手中购买了3份军事机密材料。对甲的行为应如何处理?

A. 以叛逃罪论处
B. 以叛逃罪和间谍罪论处
C. 以间谍罪论处
D. 以非法获取军事秘密罪论处

专题十四　危害公共安全罪

考点30　危害公共安全罪

225. 2022回忆/单

下列哪一情形构成以危险方法危害公

共安全罪？
  A. 甲在公交车上因为玩手机错过了下车时间,与司机发生争吵,抢夺司机方向盘
  B. 乙从住宅区楼上向下投掷正在燃烧的蜂窝煤
  C. 丙为了杀戊,改装了戊的摩托车,戊骑上摩托车撞死了人
  D. 丁在公交车上与司机争吵打斗,导致与其他车辆相撞

226．2022 回忆/多

关于醉酒驾驶,下列哪些说法是正确的？
  A. 乙向甲说明自己要参加酒会,向甲借车,甲予以出借。乙在酒会上喝醉酒,仍然驾车回家。甲成立危险驾驶罪的帮助犯
  B. 因为天冷,甲酒后发动汽车取暖,等待妻子来开车回家。甲不构成危险驾驶罪
  C. 甲和妻子乙一起喝酒,乙突发心脏病,旁边无人会开车,救护车也无法及时赶到,甲遂醉酒开车送乙去医院。甲不构成危险驾驶罪
  D. 甲和同事乙一起吃饭,乙喝了酒,甲未喝酒。饭后甲开车送乙回家,途中乙执意要开车,于是甲便停车,双方交换位置后由乙开车。甲不构成危险驾驶罪

227．2020 回忆/多

下列哪些行为构成以危险方法危害公共安全犯罪？
  A. 甲把蜂窝煤点燃从高处扔向人群,引发火灾,导致多人伤亡
  B. 乘客乙在乘坐公交车时,与司机徐某发生争吵,在车辆行驶过程中,抢夺司机徐某手中的方向盘,导致车辆失控而撞死多人
  C. 公交车汽车司机丙与乘客孟某发生争吵,在遭受孟某的辱骂后,丙置行驶中的车辆于不顾,离开方向盘和乘客孟某扭打,导致交通事故,致多人伤亡
  D. 丁把机动车道上的窨井盖偷走,路过车辆与其他车辆相撞,发生严重交通事故,导致多人伤亡

228．2018 回忆/多

甲是某汽车修理店老板,为了让司机们前来补胎,在高速公路路口撒许多铁钉,致使许多车辆爆胎,险些发生重大事故。有些司机来到甲的修理店补胎,但不知道是甲撒的铁钉。下列哪些说法是正确的？
  A. 甲构成破坏交通设施罪
  B. 甲构成破坏交通工具罪
  C. 甲构成故意毁坏财物罪
  D. 甲欺骗司机来补胎,构成诈骗罪

229．2017/2/12/单

关于危害公共安全罪的认定,下列哪一选项是正确的？
  A. 猎户甲合法持有猎枪,猎枪被盗后没有及时报告,造成严重后果。甲构成丢失枪支不报罪
  B. 乙故意破坏旅游景点的缆车的关键设备,致数名游客从空中摔下。乙构成破坏交通设施罪
  C. 丙吸毒后驾车将行人撞成重伤(负主要责任),但毫无觉察,驾车离去。丙构成交通肇事罪
  D. 丁被空姐告知"不得打开安全门",仍拧开安全门,致飞机不能正点起飞。丁构成破坏交通工具罪

230．2017/2/57/多

下列哪些行为构成投放危险物质罪？
  A. 甲故意非法开启实验室装有放射性物质的容器,致使多名实验人员遭受辐射
  B. 乙投放毒害性、放射性、传染病病原体之外的其他有害物质,危害公共安全
  C. 丙欲制造社会恐慌气氛,将食品干燥剂粉末冒充炭疽杆菌,大量邮寄给他人
  D. 丁在食品中违法添加易使人形成瘾癖的罂粟壳粉末,食品在市场上极为畅销

231．2016/2/12/单

甲对拆迁不满,在高速公路中间车道用树枝点燃一个焰高约 20 厘米的火堆,将其分成两堆后离开。火堆很快就被通行车辆轧灭。关于本案,下列哪一选项是正确的？
  A. 甲的行为成立放火罪
  B. 甲的行为成立以危险方法危害公共安全罪
  C. 如认为甲的行为不成立放火罪,那么其行为也不可能成立以危险方法危害公共安全罪
  D. 行为危害公共安全,但不构成放火、决水、爆炸等犯罪的,应以以危险方法危害公共安全罪论处

232．2016/2/56/多

乙成立恐怖组织并开展培训活动,甲为其提供资助。受培训的丙、丁为实施恐怖活动准备凶器。因案件被及时侦破,乙、丙、丁未能实施恐怖活动。关于本案,下列哪些选项是正确的？
  A. 甲构成帮助恐怖活动罪,不再适用《刑法》总则关于从犯的规定
  B. 乙构成组织、领导恐怖组织罪

C. 丙、丁构成准备实施恐怖活动罪
D. 对丙、丁定罪量刑时,不再适用《刑法》总则关于预备犯的规定

233. 甲将私家车借给无驾照的乙使用。乙夜间驾车与其叔丙出行,途中遇刘某过马路,不慎将其撞成重伤,车辆亦受损。丙下车查看情况,对乙谎称自己留下打电话叫救护车,让乙赶紧将车开走。乙离去后,丙将刘某藏匿在草丛中离开。刘某因错过抢救时机身亡。(事实一)

为逃避刑事责任,乙找到有驾照的丁,让丁去公安机关"自首",谎称案发当晚是丁驾车。丁照办。公安机关找甲取证时,甲想到若说是乙造成事故,自己作为被保险人就无法从保险公司获得车损赔偿,便谎称当晚将车借给了丁。(事实二)

后甲找到在私营保险公司当定损员的朋友陈某,告知其真相,请求其帮忙向保险公司申请赔偿。陈某遂向保险公司报告说是丁驾车造成事故,并隐瞒其他不利于甲的事实。甲顺利获得7万元保险赔偿。(事实三)

请回答第(1)~(3)题。

(1) 2016/2/86/任
关于事实一的分析,下列选项正确的是:
A. 乙交通肇事后逃逸致刘某死亡,构成交通肇事逃逸致人死亡
B. 乙交通肇事且致使刘某死亡,构成交通肇事罪与过失致人死亡罪,数罪并罚
C. 丙与乙都应对刘某的死亡负责,构成交通肇事罪的共同正犯
D. 丙将刘某藏匿致使其错过抢救时机身亡,构成故意杀人罪

(2) 2016/2/87/任
关于事实二的分析,下列选项错误的是:
A. 伪证罪与包庇罪是相互排斥的关系,甲不可能既构成伪证罪又构成包庇罪
B. 甲的主观目的在于骗取保险金,没有妨害司法的故意,不构成妨害司法罪
C. 乙唆使丁代替自己承担交通肇事的责任,就此构成教唆犯
D. 丁的"自首"行为干扰了司法机关的正常活动,触犯包庇罪

(3) 2016/2/88/任
关于事实三的分析,下列选项正确的是:
A. 甲对发生的保险事故编造虚假原因,骗取保险金,触犯保险诈骗罪
B. 甲既触犯保险诈骗罪,又触犯诈骗罪,由于两罪性质不同,应数罪并罚
C. 陈某未将保险金据为己有,因欠缺非法占有目的不构成职务侵占罪
D. 陈某与甲密切配合,骗取保险金,两人构成保险诈骗罪的共犯

234. 2015/2/13/单
下列哪一行为应以危险驾驶罪论处?
A. 醉酒驾驶机动车,误将红灯看成绿灯,撞死2名行人
B. 吸毒后驾驶机动车,未造成人员伤亡,但危及交通安全
C. 在驾驶汽车前吃了大量荔枝,被交警以呼气式酒精检测仪测试到酒精含量达到醉酒程度
D. 将汽车误停在大型商场地下固定卸货车位,后在醉酒时将汽车从地下三层开到地下一层的停车位

235. 2014/2/13/单
乙(15周岁)在乡村公路驾驶机动车时过失将吴某撞成重伤。乙正要下车救人,坐在车上的甲(乙父)说:"别下车!前面来了许多村民,下车会有麻烦。"乙便驾车逃走,吴某因流血过多而亡。关于本案,下列哪一选项是正确的?
A. 因乙不成立交通肇事罪,甲也不成立交通肇事罪
B. 对甲应按交通肇事罪的间接正犯论处
C. 根据司法实践,对甲应以交通肇事罪论处
D. 根据刑法规定,甲、乙均不成立犯罪

236. 2014/2/57/多
关于危害公共安全罪的论述,下列哪些选项是正确的?
A. 甲持有大量毒害性物质,乙持有大量放射性物质,甲用部分毒害性物质与乙交换了部分放射性物质。甲、乙的行为属于非法买卖危险物质
B. 吸毒者甲用毒害性物质与贩毒者乙交换毒品。甲、乙的行为属于非法买卖危险物质,乙的行为另触犯贩卖毒品罪
C. 依法配备公务用枪的甲,将枪赠与他人。甲的行为构成非法出借枪支罪
D. 甲父去世前告诉甲"咱家院墙内埋着5支枪",甲说"知道了",但此后甲什么也没做。甲的行为构成非法持有枪支罪

237. 2013/2/12/单
甲在建筑工地开翻斗车。某夜,甲开

车时未注意路况,当场将工友乙撞死、丙撞伤。甲背丙去医院,想到会坐牢,遂将丙弃至路沟后逃跑。丙不得救治而亡。关于本案,下列哪一选项是错误的?
A. 甲违反交通运输管理法规,因而发生重大事故,致人死伤,触犯交通肇事罪
B. 甲在作业中违反安全管理规定,发生重大伤亡事故,触犯重大责任事故罪
C. 甲不构成交通肇事罪与重大责任事故罪的想象竞合犯
D. 甲为逃避法律责任,将丙带离事故现场后遗弃,致丙不得救治而亡,还触犯故意杀人罪

238. 甲于某晚9时驾驶货车在县城主干道超车时,逆行进入对向车道,撞上乙驾驶的小轿车,乙被卡在车内无法动弹,乙车内黄某当场死亡、胡某受重伤。后查明,乙无驾驶资格,事发时略有超速,且未采取有效制动措施。(事实一)

甲驾车逃逸。急救人员5分钟后赶到现场,胡某因伤势过重被送医院后死亡。(事实二)

交警对乙车进行切割,试图将乙救出。此时,醉酒后的丙(血液中的酒精含量为152mg/100ml)与丁各自驾驶摩托车"飙车"经过此路段。(事实三)

丙发现乙车时紧急刹车,摩托车侧翻,猛烈撞向乙车左前门一侧,丙受重伤。20分钟后,交警将乙抬出车时,发现其已死亡。现无法查明乙被丙撞击前是否已死亡,也无法查明乙被丙撞击前所受创伤是否为致命伤。(事实四)

丁离开现场后,找到无业人员王某,要其假冒飙车者去公安机关投案。(事实五)

王某虽无替丁顶罪的意思,但仍要丁给其5万元酬劳,否则不答应丁的要求,丁只好付钱。王某第二天用该款购买100克海洛因藏在家中,用于自己吸食。5天后,丁被司法机关抓获。(事实六)

请回答第(1)~(6)题。

(1) 2013/2/86/任
关于事实一的分析,下列选项错误的是:
A. 甲违章驾驶,致黄某死亡、胡某重伤,构成交通肇事罪
B. 甲构成以危险方法危害公共安全罪和交通肇事罪的想象竞合犯
C. 甲对乙车内人员的死伤,具有概括故意
D. 乙违反交通运输管理法规,致同车人黄某当场死亡、胡某重伤,构成交通肇事罪

(2) 2013/2/87/任
关于事实二的分析,下列选项正确的是:
A. 胡某的死亡应归责于甲的肇事行为

B. 胡某的死亡应归责于甲的逃逸行为
C. 对甲应适用交通肇事"因逃逸致人死亡"的法定刑
D. 甲交通肇事后逃逸,如数日后向警方投案如实交代罪行的,成立自首

(3) 2013/2/88/任
关于事实三的定性,下列选项正确的是:
A. 丙、丁均触犯危险驾驶罪,属于共同犯罪
B. 丙构成以危险方法危害公共安全罪,丁构成危险驾驶罪
C. 丙、丁虽构成共同犯罪,但对丙结合事实四应按交通肇事罪定罪处罚,对丁应按危险驾驶罪定罪处罚
D. 丙、丁未能完成预定的飙车行为,但仍成立犯罪既遂

(4) 2013/2/89/任
关于事实四乙死亡的因果关系的判断,下列选项错误的是:
A. 甲的行为与乙死亡之间,存在因果关系
B. 丙的行为与乙死亡之间,存在因果关系
C. 处置现场的警察的行为与乙死亡之间,存在因果关系
D. 乙自身的过失行为与本人死亡之间,存在因果关系

(5) 2013/2/90/任
关于事实五的定性,下列选项错误的是:
A. 丁指使王某作伪证,构成妨害作证罪的教唆犯
B. 丁构成包庇罪的教唆犯
C. 丁的教唆行为属于教唆未遂,应以未遂犯追究刑事责任
D. 对丁的妨害作证行为与包庇行为应从一重罪处罚

(6) 2013/2/91/任
关于事实六的定性,下列选项错误的是:
A. 王某乘人之危索要财物,构成敲诈勒索罪
B. 丁基于不法原因给付5万元,故王某不构成诈骗罪
C. 王某购买毒品的数量大,为对方贩卖毒品起到了帮助作用,构成贩卖毒品罪的共犯
D. 王某将毒品藏在家中的行为,不构成窝藏毒品罪

239. 2012/2/15/单
下列哪一行为成立以危险方法危害公

共安全罪？
  A. 甲驾车在公路转弯处高速行驶,撞翻相向行驶车辆,致2人死亡
  B. 乙驾驶越野车在道路上横冲直撞,撞翻数辆他人所驾汽车,致2人死亡
  C. 丙醉酒后驾车,刚开出10米就撞死2人
  D. 丁在繁华路段飙车,2名老妇受到惊吓致心脏病发作死亡

240． 2012/2/58/多
警察甲为讨好妻弟乙,将公务用枪私自送乙把玩,丙乘乙在人前炫耀枪支时,偷取枪支送交派出所,揭发乙持枪的犯罪事实。关于本案,下列哪些选项是正确的?
  A. 甲私自出借枪支,构成非法出借枪支罪
  B. 乙非法持有枪支,构成非法持有枪支罪
  C. 丙构成盗窃枪支罪
  D. 丙揭发乙持枪的犯罪事实,构成刑法上的立功

241． 2010/2/11/单
甲将邻居交售粮站的稻米淋洒农药,取出部分作饵料,毒死麻雀后售与饭馆,非法获利5,000元。关于甲行为的定性,下列哪一选项是正确的?
  A. 构成故意毁坏财物罪
  B. 构成以危险方法危害公共安全罪和盗窃罪
  C. 仅构成以危险方法危害公共安全罪
  D. 构成投放危险物质罪和销售有毒、有害食品罪

242． 2010/2/12/单
某施工工地升降机操作工刘某未注意下方有人即按启动按钮,造成维修工张某当场被挤压身亡。刘某报告事故时隐瞒了自己按下启动按钮的事实。关于刘某行为的定性,下列哪一选项是正确的?
  A. (间接)故意杀人罪
  B. 过失致人死亡罪
  C. 谎报安全事故罪
  D. 重大责任事故罪

243． 2008/2/10/单
甲到本村乙家买柴油时,因屋内光线昏暗,甲欲点燃打火机看油量。乙担心引起火灾,上前阻止。但甲坚持说柴油见火不会燃烧,仍然点燃了打火机,结果引起油桶燃烧,造成火灾,导致甲、乙一旁观看的丙被火烧伤,乙、丙经抢救无效死亡。后经检测,乙储存的柴油闪点不符合标准。甲的行为构成何罪?
  A. 危险物品肇事罪
  B. 失火罪
  C. 放火罪
  D. 重大责任事故罪

244． 2008/2/60/多
甲曾向乙借款9000元,后不想归还借款,便预谋毒死乙。甲将注射了"毒鼠强"的白条鸡挂在乙家门上,乙怀疑白条鸡有毒未食用。随后,甲又乘去乙家串门之机,将"毒鼠强"投放到乙家米袋内。后乙和其妻子、女儿喝过米汤中毒,乙死亡,其他人经抢救脱险。关于甲的行为,下列哪些选项是错误的?
  A. 构成投放危险物质罪
  B. 构成投放危险物质罪与抢劫罪的想象竞合犯
  C. 构成投放危险物质罪与故意杀人罪的想象竞合犯
  D. 构成抢劫罪与故意杀人罪的吸收犯

专题十五　破坏社会主义市场经济秩序罪

考点31　生产、销售伪劣商品罪

245． 2021 回忆/多
关于药品犯罪的认定,下列哪些说法是正确的?
  A. 生产、销售、提供假药罪是抽象危险犯,生产、销售、提供劣药罪是具体危险犯
  B. 生产、销售国务院药品监督管理部门禁止使用的药品的,构成生产、销售假药罪
  C. 药品使用单位或其人员销售、提供假药给他人的,成立销售、提供假药罪
  D. 擅自进口有疗效的药品在国内销售的,不成立销售假药罪,但可以成立妨害药品管理罪

246． 2016/2/57/多
关于生产、销售伪劣商品罪,下列哪些选项是正确的?
  A. 甲既生产、销售劣药,对人体健康造成严重危害,同时又生产、销售假药的,应实行数罪并罚
  B. 乙为提高猪肉的瘦肉率,在饲料中添加"瘦肉精"。由于生猪本身不是食品,故乙不构成生产有毒、有害食品罪
  C. 丙销售不符合安全标准的饼干,足以造成严重食物中毒事故,但销售金额仅有500元。对丙应以销售不符合安全标准的食品罪论处
  D. 丁明知香肠不符合安全标准,足以造成严重食源性疾患,但误以为没有毒害而销售,事实上香肠中掺有有毒的非食品原料。对丁应以

销售不符合安全标准的食品罪论处

247． 2014/2/58/多

关于生产、销售伪劣商品罪,下列哪些判决是正确的?

A. 甲销售的假药无批准文号,但颇有疗效,销售金额达500万元,如按销售假药处理会导致处罚较轻,法院以销售伪劣产品罪定罪处罚

B. 甲明知病死猪肉有害,仍将大量收购的病死猪肉,冒充合格猪肉在市场上销售。法院以销售有毒、有害食品罪定罪处罚

C. 甲明知贮存的苹果上使用了禁用农药,仍将苹果批发给零售商。法院以销售有毒、有害食品罪定罪处罚

D. 甲以为是劣药而销售,但实际上销售了假药,且对人体健康造成严重危害。法院以销售劣药罪定罪处罚

248． 2013/2/58/单

关于生产、销售伪劣商品罪,下列哪一选项是正确的?①

A. 甲未经批准进口一批药品销售给医院。虽该药品质量合格,甲的行为仍构成销售假药罪

B. 甲大量使用禁用农药种植大豆。甲的行为属于"在生产的食品中掺入有毒、有害的非食品原料",构成生产有毒、有害食品罪

C. 甲将纯净水掺入到工业酒精中,冒充白酒销售。甲的行为不属于"在生产、销售的食品中掺入有毒、有害的非食品原料",不成立生产、销售有毒、有害食品罪

D. 甲利用"地沟油"大量生产"食用油"后销售。因不能查明"地沟油"的具体毒害成分,对甲的行为不能以生产、销售有毒、有害食品罪论处

249． 2009/2/56/多

刘某专营散酒收售,农村小卖部为其供应对象。刘某从他人处得知某村办酒厂生产的散酒价格低廉,虽掺有少量有毒物质,但不会致命,遂大量购进并转销给多家小卖部出售,结果致许多饮者中毒甚至双眼失明。下列哪些选项是正确的?

A. 造成饮用者中毒的直接责任人是某村办酒厂,应以生产和销售有毒、有害食品罪追究其刑事责任;刘某不清楚酒的有毒成分,可不负刑事责任

B. 对刘某应当以生产和销售有毒、有害食品罪追究刑事责任

C. 应当对构成犯罪者并处罚金或没收财产

D. 村办酒厂和刘某构成共同犯罪

考点32 走私罪

250． 2020回忆/多

关于走私的认定,下列哪些选项是正确的?

A. 甲以传播为目的,在家中登录境外网站,下载淫秽影片,发给几位朋友观看,甲构成走私淫秽物品罪

B. 乙向境外网站购买枪支,邮寄到境内家中,乙构成走私武器罪

C. 丙不知道法律是否允许公民携带黄金出境,将贴身佩戴的小金佛吊坠放在行李里带出国,构成走私贵重金属罪

D. 丁携带假币前往公海出售,没有卖掉,又带回境内,构成走私假币罪

251． 2015/2/61/多

下列哪些行为(不考虑数量),应以走私普通货物、物品罪论处?

A. 将白银从境外走私进入中国境内

B. 走私国家禁止进出口的旧机动车

C. 走私淫秽物品,有传播目的但无牟利目的

D. 走私无法组装并使用(不属于废物)的弹头、弹壳

252． 2011/2/11/单

关于走私犯罪,下列哪一选项是正确的?

A. 甲误将淫秽光盘当作普通光盘走私入境。虽不构成走私淫秽物品罪,但如按照普通光盘计算,其偷逃应缴税额较大时,应认定为走私普通货物、物品罪

B. 乙走私大量弹头、弹壳。由于弹头、弹壳不等于弹药,故乙不成立走私弹药罪

C. 丙走私枪支入境后非法出卖。此情形属于吸收犯,按重罪吸收轻罪的原则论处

D. 丁走私武器时以暴力抗拒缉私。此情形属于牵连犯,从一重罪论处

考点33 妨害对公司、企业的管理秩序罪

253． 2020回忆/单

甲本无意竞拍土地,但在得知报名参加竞拍会有人收购其竞拍资格后,就让自己的公司报名参加某市自然资源局组织的土地竞拍。甲的公司连续报名参加两次竞拍,果然有人收购其竞拍资格,获利600万元。第三次因无公司参与竞拍,甲自己退出了竞拍。甲的行为构成何罪?

---

① 原为多选题,根据新法答案有变化,调整为单选题。

· 40 ·

A. 串通投标罪
B. 强迫交易罪
C. 非法经营罪
D. 非国家工作人员受贿罪

254． 2013/2/13/单

甲向乙借款 50 万元注册成立 A 公司，乙与甲约定在 A 公司取得营业执照的第二天，乙的 B 公司向 A 公司借款 50 万元。A 公司取得营业执照后，由甲经手将 A 公司 50 万元借给 B 公司。关于甲的行为性质，下列哪一选项是正确的？

A. 虚报注册资本罪
B. 虚假出资罪
C. 抽逃出资罪
D. 无罪

255． 2013/2/20/多

国有 A 公司总经理甲发现 A 公司将从 B 公司购进的货物转手卖给某公司时，A 公司即可赚取 300 万元。甲便让其妻乙注册成立 C 公司，并利用其特殊身份，让 B 公司与 A 公司解除合同后，再将货物卖给 C 公司。C 公司由此获得 300 万元利润。关于甲的行为定性，下列哪些选项是正确的？①

A. 贪污罪
B. 为亲友非法牟利罪
C. 诈骗罪
D. 非法经营同类营业罪

考点34 破坏金融管理秩序罪

256． 2022 回忆/多

关于洗钱罪，下列哪些说法是错误的？

A.《刑法修正案（十一）》删除了洗钱罪关于"明知"的表述，这表明洗钱罪可以由过失构成
B. 诈骗罪、盗窃罪等财产犯罪的行为人自己实施洗钱行为，不可能构成洗钱罪
C. 洗钱罪的上游犯罪未经审判确定有罪，不得审判洗钱罪
D. 上游犯罪超过追诉时效，洗钱罪没有超过追诉时效的，可以追究洗钱罪的刑事责任

257． 2021 回忆/多

关于洗钱罪，下列哪些说法是正确的？

A. 甲欲向张某行贿，张某让甲直接将贿赂款汇到其境外的账户，甲照办。甲构成行贿罪与洗钱罪的想象竞合犯
B. 乙协助贩毒分子将贩毒所得赃款汇到境外，成立洗钱罪与转移毒赃罪的想象竞合犯
C. 贩毒分子丙将自己贩毒所得赃款汇到境外，成立洗钱罪与转移毒赃罪的想象竞合犯
D. 犯受贿罪的国家工作人员丁将受贿款汇到境外的，应以受贿罪与洗钱罪实行数罪并罚

258． 2016/2/14/单

甲急需 20 万元从事养殖，向农村信用社贷款时被信用社主任乙告知，一个身份证只能贷款 5 万元，再借几个身份证可多贷。甲用自己的名义贷款 5 万元，另借用 4 个身份证贷款 20 万元，但由于经营不善，不能归还本息。关于本案，下列哪一选项是正确的？

A. 甲构成贷款诈骗罪，乙不构成犯罪
B. 甲构成骗取贷款罪，乙不构成犯罪
C. 甲构成骗取贷款罪，乙构成违法发放贷款罪
D. 甲不构成骗取贷款罪，乙构成违法发放贷款罪

259． 2015/2/15/单

下列哪一行为不成立使用假币罪（不考虑数额）？

A. 用假币缴纳罚款
B. 用假币兑换外币
C. 在朋友结婚时，将假币塞进红包送给朋友
D. 与网友见面时，显示假币以证明经济实力

260． 2013/2/14/单

关于货币犯罪，下列哪一选项是错误的？

A. 伪造货币罪中的"货币"，包括在国内流通的人民币、在国内可兑换的境外货币，以及正在流通的境外货币
B. 根据《刑法》规定，伪造货币并出售或者运输伪造的货币的，依照伪造货币罪从重处罚。据此，行为人伪造美元，并运输他人伪造的欧元的，应按伪造货币罪从重处罚
C. 将低额美元的纸币加工成高额英镑的纸币的，属于伪造货币
D. 对人民币真币加工处理，使 100 元面额变为 50 元面额的，属于变造货币

261． 2011/2/12/单

关于洗钱罪的认定，下列哪一选项是错误的？

A.《刑法》第一百九十一条虽未明文规定侵犯财产罪是洗钱罪的上游犯罪，但是，黑社会性质组织实施的侵犯财产罪，依然是洗钱罪的上游犯罪
B. 将上游的毒品犯罪所得误认为是贪污犯罪所得而实施洗钱行为的，不影响洗钱罪的成立

---

① 原为单选题，根据命题观点答案有变化，调整为多选题。

C. 上游犯罪事实上可以确认,因上游犯罪人死亡依法不能追究刑事责任的,不影响洗钱罪的认定

D. 单位贷款诈骗应以合同诈骗罪论处,合同诈骗罪不是洗钱罪的上游犯罪。为单位贷款诈骗所得实施洗钱行为的,不成立洗钱罪

262. 2011/2/59/多

关于货币犯罪的认定,下列哪些选项是正确的?

A. 以使用为目的,大量印制停止流通的第三版人民币的,不成立伪造货币罪

B. 伪造正在流通但在我国尚无法兑换的境外货币的,成立伪造货币罪

C. 将白纸冒充假币卖给他人的,构成诈骗罪,不成立出售假币罪

D. 将一半真币与一半假币拼接,制造大量半真半假面额 100 元纸币的,成立变造货币罪

263. 2010/2/13/单

关于货币犯罪,下列哪一选项是正确的?

A. 以货币碎片为材料,加入其他纸张,制作成假币的,属于变造货币

B. 将金属货币熔化后,制作成较薄的、更多的金属货币的,属于变造货币

C. 将伪造的货币赠与他人的,属于使用假币

D. 运输假币并使用假币的,按运输假币罪从重处罚

264. 甲、乙预谋修车后以假币骗付。某日,甲、乙在某汽修厂修车后应付款 4,850 元,按照预谋甲将 4,900 元假币递给乙清点后交给修理厂职工丙,丙说:"修得不错,零钱不用找了",甲、乙随即上车。丙发现货币有假大叫"别走",甲迅即启动驶向厂门,丙扑向甲车前风挡,抓住雨刮器。乙对甲说:"太危险,快停车",甲仍然加速,致丙摔成重伤。

请回答(1)~(4)题。

(1) 2010/2/91/任

甲、乙用假币支付修车费被识破后开车逃跑的行为应定的罪名是:

A. 持有、使用假币罪
B. 诈骗罪
C. 抢夺罪
D. 抢劫罪

(2) 2010/2/92/任

对于丙的重伤,甲的罪过形式是:

A. 故意 　　　　B. 有目的的故意
C. 过失 　　　　D. 无认识的过失

(3) 2010/2/93/任

关于致丙重伤的行为,下列选项错误的是:

A. 乙明确叫甲停车,可以成立犯罪中止

B. 甲、乙构成故意伤害的共同犯罪

C. 甲的行为超出了共同犯罪故意,对于丙的重伤后果,乙不应当负责

D. 乙没有实施共同伤害行为,不构成犯罪

(4) 2010/2/94/任

对甲的定罪,下列选项错误的是:

A. 抢夺罪、故意伤害罪
B. 诈骗罪、以危险方法危害公共安全罪
C. 持有、使用假币罪、交通肇事罪
D. 抢劫罪、故意伤害罪

265. 2009/2/61/多

甲发现某银行的 ATM 机能够存入编号以"HD"开头的假币,于是窃取了三张借记卡,先后两次采取存入假币取出真币的方法,共从 ATM 机内获取 6000 元人民币。甲的行为构成何罪?

A. 使用假币罪 　　B. 信用卡诈骗罪
C. 盗窃罪 　　　　D. 以假币换取货币罪

266. 2008/2/11/单

X 公司系甲、乙二人合伙依法注册成立的公司,以钢材批发零售为营业范围。丙因自己的公司急需资金,便找到甲、乙借款,承诺向 X 公司支付高于银行利息五个百分点的利息,并另给甲、乙个人好处费。甲、乙见有利可图,即以购买钢材为由,以 X 公司的名义向某银行贷款 1000 万元,贷期半年。甲、乙将贷款按约定的利息标准借与丙,丙给甲、乙各 10 万元的好处费。半年后,丙将借款及利息还给 X 公司,甲、乙即向银行归还本息。关于甲、丙行为的定性,下列哪一选项是正确的?

A. 甲、乙构成高利转贷罪,丙无罪

B. 甲、乙构成骗取贷款罪,丙无罪

C. 甲、乙构成高利转贷罪、非国家工作人员受贿罪,丙构成对非国家工作人员行贿罪

D. 甲、乙构成骗取贷款罪、非国家工作人员受贿罪,丙构成对非国家工作人员行贿罪

考点35 金融诈骗罪

267. 2017/2/14/单

关于诈骗犯罪的论述,下列哪一选项是正确的(不考虑数额)?

A. 与银行工作人员相勾结,使用伪造的银行存单,骗取银行巨额存款的,只能构成票据诈骗罪,不构成金融凭证诈骗罪

B. 单位以非法占有目的骗取银行贷款的,不能

以贷款诈骗罪追究单位的刑事责任,但可以该罪追究策划人员的刑事责任
C. 购买意外伤害保险,制造自己意外受重伤假象,骗取保险公司巨额保险金的,仅构成保险诈骗罪,不构成合同诈骗罪
D. 签订合同时并无非法占有目的,履行合同过程中才产生非法占有目的,后收受被害人货款逃匿的,不构成合同诈骗罪

268. 2017/2/58/多

关于信用卡诈骗罪,下列哪些选项是错误的?

A. 以非法占有目的,用虚假身份证明骗领信用卡后又使用该卡的,应以妨害信用卡管理罪与信用卡诈骗罪并罚
B. 根据司法解释,在自动柜员机(ATM机)上擅自使用他人信用卡的,属于冒用他人信用卡的行为,构成信用卡诈骗罪
C. 透支时具有归还意思,透支后经发卡银行两次催收,超过3个月仍不归还的,属于恶意透支,成立信用卡诈骗罪
D.《刑法》规定,盗窃信用卡并使用的,以盗窃罪论处。与此相应,拾得信用卡并使用的,就应以侵占罪论处

269. 2015/2/57/多

甲和女友乙在网吧上网时,捡到一张背后写有密码的银行卡。甲持卡去ATM机取款,前两次取出5000元。在准备再次取款时,乙走过来说:"注意,别出事",甲答:"马上就好。"甲又分两次取出6000元,并将该6000元递给乙。乙接过钱后站了一会儿说:"我走了,小心点。"甲接着又取出7000元。关于本案,下列哪些选项是正确的?

A. 甲拾得他人银行卡并在ATM机上使用,根据司法解释,成立信用卡诈骗罪
B. 对甲前两次取出5000元的行为,乙不负刑事责任
C. 乙接过甲取出的6000元,构成掩饰、隐瞒犯罪所得罪
D. 乙虽未持银行卡取款,也构成犯罪,犯罪数额是1.3万元

270. 2013/2/15/单

甲、乙为朋友。乙出国前,将自己的借记卡(背面写有密码)交甲保管。后甲持卡购物,将卡中1.3万元用完。乙回国后发现卡里没钱,便问甲是否用过此卡,甲否认。关于甲的行为性质,下列哪一选项是正确的?

A. 侵占罪　　　　B. 信用卡诈骗罪
C. 诈骗罪　　　　D. 盗窃罪

271. 2010/2/14/单

张某窃得同事一张银行借记卡及身份证,向丈夫何某谎称路上所拾。张某与何某根据身份证号码试出了借记卡密码,持卡消费5000元。关于本案,下列哪一说法是正确的?

A. 张某与何某均构成盗窃罪
B. 张某与何某均构成信用卡诈骗罪
C. 张某构成盗窃罪,何某构成信用卡诈骗罪
D. 张某构成信用卡诈骗罪,何某不构成犯罪

272. 2009/2/15/单

甲将自己的汽车藏匿,以汽车被盗为由向保险公司索赔。保险公司认为该案存有疑点,随即报警。在掌握充分证据后,侦查机关安排保险公司向甲"理赔"。甲到保险公司二楼财务室领取20万元赔偿金后,刚走到一楼即被守候的多名侦查人员抓获。关于甲的行为,下列哪一选项是正确的?

A. 保险诈骗罪未遂
B. 保险诈骗罪既遂
C. 保险诈骗罪预备
D. 合同诈骗罪

考点36　危害税收征管罪

273. 2017/2/13/单

甲系外贸公司总经理,在公司会议上拍板:为物尽其用,将公司以来料加工方式申报进口的原材料剩料在境内销售。该行为未经海关许可,应缴税款90万元,公司亦未补缴。关于本案,下列哪一选项是正确的?

A. 虽未经海关许可,但外贸公司擅自销售原材料剩料的行为发生在我国境内,不属于走私行为
B. 外贸公司的销售行为有利于物尽其用,从利益衡量出发,应认定存在超法规的犯罪排除事由
C. 外贸公司采取隐瞒手段不进行纳税申报,逃避缴纳税款数额较大且占应纳税额的10%以上,构成逃税罪
D. 如海关下达补缴通知后,外贸公司补缴应纳税款,缴纳滞纳金,接受行政处罚,则不再追究外贸公司的刑事责任

274. 2012/2/61/多

①纳税人逃税,经税务机关依法下达追缴通知后,补缴应纳税款,缴纳滞纳金,已受行政处罚的,一律不予追究刑事责任
②纳税人逃避缴纳欠税,经税务机关依法下达追缴通知后,补缴应纳税款,缴纳滞纳金,已受行政处罚的,应减轻或者免除处罚

③纳税人以暴力方法拒不缴纳税款,后主动补缴应纳税款,缴纳滞纳金,已受行政处罚的,不予追究刑事责任

④扣缴义务人逃税,经税务机关依法下达追缴通知后,补缴应纳税款,缴纳滞纳金,已受行政处罚的,不予追究刑事责任

关于上述观点的正误判断,下列哪些选项是错误的?

A. 第①句正确,第②③④句错误
B. 第①②句正确,第③④句错误
C. 第①③句正确,第②④句错误
D. 第①②③句正确,第④句错误

275． 2009/2/54/多

关于刑事责任的追究,下列哪些选项是正确的?

A. 甲非法从事资金支付结算业务,构成非法吸收公众存款罪
B. 乙采取欺骗手段进行虚假纳税申报,逃避缴纳税款1000万元,但经税务机关依法下达追缴通知后,补缴了应纳税款。即便乙拒绝缴纳滞纳金,也不应当再对其追究刑事责任
C. 丙明知某某实施高利转贷行为获利200万元,而为其提供资金账户的,构成洗钱罪
D. 丁组织多名男性卖淫,由于《刑法》第三百五十八条并未限定组织卖淫罪中的被组织者是妇女,对丁应当追究刑事责任

276． 2008/2/59/多

关于骗取出口退税罪和虚开增值税发票罪的说法,下列哪些选项是正确的?

A. 甲公司具有进出口经营权,明知他人意欲骗取国家出口退税款,仍违反国家规定允许他人自带客户、自带货源、自带汇票并自行报关,骗取国家出口退税款。对甲公司应以骗取出口退税罪论处
B. 乙公司虚开用于骗取出口退税的发票,并利用该虚开的发票骗取数额巨大的出口退税,其行为构成虚开用于骗取出口退税发票罪与骗取出口退税罪,实行数罪并罚
C. 丙公司缴纳200万元税款后,以假报出口的手段,一次性骗取国家出口退税款400万元,丙公司的行为分别构成逃税罪与骗取出口退税罪,实行数罪并罚
D. 丁公司虚开增值税专用发票并骗取国家税款,数额特别巨大,情节特别严重,给国家利益造成特别重大损失。对丁公司应当以虚开增值税专用发票罪论处

考点37 侵犯知识产权罪

277． 2009/2/14/单

赵某多次临摹某著名国画大师的一幅名画,然后署上该国画大师姓名并加盖伪造印鉴,谎称真迹售得收入六万元。对赵某的行为如何定罪处罚?

A. 按诈骗罪和侵犯著作权罪,数罪并罚
B. 按侵犯著作权罪处罚
C. 按生产、销售伪劣产品罪处罚
D. 按非法经营罪处罚

278． 2005/2/94/任

甲公司拥有某项独家技术,每年为公司带来100万元利润,故对该技术严加保密。乙公司经理丙为获得该技术,带人将甲公司技术员丁在其回家路上强行拦截并推入丙的汽车,对丁说如果他提供该技术资料就给他2万元,如果不提供就将他嫖娼之事公之于众。丁同意配合。次日丁向丙提供了该技术资料,并获得2万元报酬。丙的行为构成:

A. 强迫交易罪　　B. 敲诈勒索罪
C. 绑架罪　　　　D. 侵犯商业秘密罪

考点38 扰乱市场秩序罪

279． 2018回忆/单

科研人员甲持有某上市公司股票,与该公司经理赵某因爱生恨。甲发现该公司出售的保健品没有任何保健功效(事实的确如此),为避免个人损失,将持有的60万元股票出售,后在互联网上公布该保健品无效的信息,并公布该公司经理为赵某,由此导致该股价大跌。该公司迫于压力,将赵某开除。下列哪一选项是正确的?

A. 甲公布赵某个人信息的行为,构成侵犯公民个人信息罪
B. 甲公布保健品无功效,不构成损害商品声誉罪
C. 甲在公布信息之前卖掉股票,构成内幕交易罪
D. 由于股价下跌,甲构成破坏生产经营罪

280． 2014/2/14/单

关于破坏社会主义市场经济秩序罪的认定,下列哪一选项是错误的?

A. 采用运输方式将大量假币运到国外,应以走私假币罪定罪量刑
B. 以暴力、胁迫手段强迫他人借贷,情节严重的,触犯强迫交易罪
C. 未经批准,擅自发行、销售彩票的,应以非法经营罪定罪处罚
D. 为项目筹集资金,向亲戚宣称有高息理财产品,以委托理财方式吸收10名亲戚300万元资金,构成非法吸收公众存款罪

281． 甲在国外旅游，见有人兜售高仿真人民币，用1万元换取10万元假币，将假币夹在书中寄回国内。（事实一）

赵氏调味品公司欲设加盟店，销售具有注册商标的赵氏调味品，派员工赵某物色合作者。甲知道自己不符加盟条件，仍找到赵某送其2万元真币和10万元假币，请其帮忙加盟事宜。赵某与甲签订开设加盟店的合作协议。（事实二）

甲加盟后，明知伪劣的"一滴香"调味品含有害非法添加剂，但因该产品畅销，便在"一滴香"上贴上赵氏调味品的注册商标私自出卖，前后共卖出5万多元"一滴香"。（事实三）

张某到加盟店欲批发1万元调味品，见甲态度不好表示不买了。甲对张某拳打脚踢，并说"涨价2000元，不付款休想走"。张某无奈付款1.2万元买下调味品。（事实四）

甲以银行定期存款4倍的高息放贷，很快赚了钱。随后，四处散发宣传单，声称为加盟店筹资，承诺3个月后还款并支付银行定期存款2倍的利息。甲从社会上筹得资金1000万，高利贷出，赚取息差。（事实五）

甲资金链断裂无法归还借款，但仍继续扩大宣传，又吸纳社会资金2000万元，以后期借款归还前期借款。后因亏空巨大，甲将余款500万元交给其子，跳楼自杀。（事实六）

请回答第(1)~(6)题。

(1) 2012/2/86/任

关于事实一的分析，下列选项正确的是：

- A. 用1万元真币换取10万元假币，构成购买假币罪
- B. 扣除甲的成本1万元，甲购买假币的数额为9万元
- C. 在境外购买人民币假币，危害我国货币管理制度，应适用保护管辖原则审理本案
- D. 将假币寄回国内，属于走私假币，构成走私假币罪

(2) 2012/2/87/任

关于事实二的定性，下列选项正确的是：

- A. 甲将2万元真币送给赵某，构成行贿罪
- B. 甲将10万假币冒充真币送给赵某，不构成诈骗罪
- C. 赵某收受甲的财物，构成非国家工作人员受贿罪
- D. 赵某被甲欺骗而订立合同，构成签订合同失职被骗罪

(3) 2012/2/88/任

关于事实三的定性，下列选项正确的是：

- A. 在"一滴香"上擅自贴上赵氏调味品注册商标，构成假冒注册商标罪
- B. 因"一滴香"含有害人体的添加剂，甲构成销售有毒、有害食品罪
- C. 卖出5万多元"一滴香"，甲触犯销售伪劣产品罪
- D. 对假冒注册商标行为与出售"一滴香"行为，应数罪并罚

(4) 2012/2/89/任

关于事实四甲的定性，下列选项正确的是：

- A. 应以抢劫罪论处
- B. 应以寻衅滋事罪论处
- C. 应以敲诈勒索罪论处
- D. 应以强迫交易罪论处

(5) 2012/2/90/任

关于事实五的定性，下列选项正确的是：

- A. 以同期银行定期存款4倍的高息放贷，构成非法经营罪
- B. 甲虽然虚构事实吸纳巨额资金，但不构成诈骗罪
- C. 甲非法吸纳资金，构成非法吸收公众存款罪
- D. 对甲应以非法经营罪和非法吸收公众存款罪进行数罪并罚

(6) 2012/2/91/任

关于事实六的定性，下列选项正确的是：

- A. 甲以非法占有为目的，非法吸纳资金，构成集资诈骗罪
- B. 甲集资诈骗的数额为2000万元
- C. 根据《刑法》规定，集资诈骗数额特别巨大的，可判处死刑
- D. 甲已死亡，导致刑罚消灭，法院对余款500万元不能进行追缴

专题十六 侵犯公民人身权利、民主权利罪

考点39 侵犯公民生命、健康权利的犯罪

282．2017/2/15/单

关于侵犯公民人身权利的犯罪，下列哪一选项是正确的？

A. 甲对家庭成员负有扶养义务而拒绝扶养,故意造成家庭成员死亡。甲不构成遗弃罪,成立不作为的故意杀人罪
B. 乙闯入银行营业厅挟持客户王某,以杀害王某相要挟,迫使银行职员交给自己20万元。乙不构成抢劫罪,仅成立绑架罪
C. 丙为报复周某,花5000元路费将周某12岁的孩子带至外地,以2000元的价格卖给他人。丙虽无获利目的,也构成拐卖儿童罪
D. 丁明知工厂主熊某强迫工人劳动,仍招募苏某等人前往熊某工厂做工。丁未亲自强迫苏某等人劳动,不构成强迫劳动罪

283． 2016/2/58/多
关于侵犯公民人身权利罪的认定,下列哪些选项是正确的?
A. 甲征得17周岁的夏某同意,摘其一个肾脏后卖给他人,所获3万元全部交给夏某。甲的行为构成故意伤害罪
B. 乙将自己1岁的女儿出卖,获利6万元用于赌博。对乙出卖女儿的行为,应以遗弃罪追究刑事责任
C. 丙为索债将吴某绑于地下室。吴某挣脱后,驾车离途中发生交通事故死亡。丙的行为不属于非法拘禁致人死亡
D. 丁和朋友为寻求刺激,在大街上追逐、拦截两位女生。丁的行为构成强制侮辱罪

284． 2015/2/16/单
甲以伤害故意砍乙两刀,随即心生杀意又砍两刀,但四刀中只有一刀砍中乙并致其死亡,且无法查明由前后四刀中的哪一刀造成死亡。关于本案,下列哪一选项是正确的?
A. 不管是哪一刀造成致命伤,都应认定为一个故意杀人罪既遂
B. 不管是哪一刀造成致命伤,只能分别认定为故意伤害罪既遂与故意杀人罪未遂
C. 根据日常生活经验,应推定是后两刀中的一刀造成致命伤,故应认定为故意伤害罪未遂与故意杀人罪既遂
D. 根据存疑时有利于被告人的原则,虽可分别认定为故意伤害罪未遂与故意杀人罪未遂,但杀人与伤害不是对立关系,故可按故意伤害(致死)罪处理本案

285． 2014/2/15/单
关于故意杀人罪、故意伤害罪的判断,下列哪一选项是正确的?
A. 甲的父亲乙身患绝症,痛苦不堪。甲根据乙的请求,给乙注射过量镇定剂致乙死亡。乙的同意是真实的,对甲的行为不应以故意杀人罪论处
B. 甲因口角,捅乙数刀,乙死亡。如甲不顾乙的死伤,则应按实际造成的死亡结果认定甲构成故意杀人罪,因为死亡与伤害结果都在甲的犯意之内
C. 甲谎称乙的女儿丙需要移植肾脏,让乙捐肾给丙。乙同意,但甲将乙的肾脏摘出后移植给丁。因乙同意捐献肾脏,甲的行为不成立故意伤害罪
D. 甲征得乙(17周岁)的同意,将乙的左肾摘出,移植给乙崇拜的歌星。乙的同意有效,甲的行为不成立故意伤害罪

286． 2012/2/16/单
下列哪一行为不应以故意伤害罪论处?
A. 监狱监管人员吊打被监管人,致其骨折
B. 非法拘禁被害人,大力反扭被害人胳膊,致其胳膊折断
C. 经本人同意,摘取17周岁少年的肾脏1只,支付少年5万元补偿费
D. 黑社会成员因违反帮规,在其同意之下,被截断1截小指头

287． 2011/2/13/单
关于自伤,下列哪一选项是错误的?
A. 军人在战时自伤身体、逃避军事义务的,成立战时自伤罪
B. 帮助有责任能力成年人自伤的,不成立故意伤害罪
C. 受益人唆使60周岁的被保险人自伤、骗取保险金的,成立故意伤害罪与保险诈骗罪
D. 父母故意不救助自伤的12周岁儿子而致其死亡的,视具体情形成立故意杀人罪或者遗弃罪

288． 2011/2/14/单
关于故意伤害罪与组织出卖人体器官罪,下列哪一选项是正确的?
A. 非法经营尸体器官买卖的,成立组织出卖人体器官罪
B. 医生明知是未成年人,虽征得其同意而摘取其器官的,成立故意伤害罪
C. 组织他人出卖人体器官并不从中牟利的,不成立组织出卖人体器官罪
D. 组织者出卖一个肾脏获15万元,欺骗提供者说只卖了5万元的,应认定为故意伤害罪

289. 2008/2/61/多

关于侵犯人身权利犯罪的说法,下列哪些选项是错误的?

A. 私营矿主甲以限制人身自由的方法强迫农民工从事危重矿井作业,并雇用打手对农民工进行殴打,致多人伤残。甲的行为构成非法拘禁罪与故意伤害罪,应当实行并罚

B. 砖窑主乙长期非法雇佣多名不满16周岁的未成年人从事超强度体力劳动,并严重忽视生产作业安全,致使一名未成年人因堆砌的成品砖倒塌而被砸死。对乙的行为应以雇用童工从事危重劳动罪从重处罚

C. 丙以介绍高薪工作的名义从外地将多名成年男性农民工骗至砖窑主王某的砖窑场,以每人1000元的价格卖给王某从事强迫劳动。由于《刑法》仅规定了拐卖妇女、儿童罪,所以,对于丙的行为,无法以犯罪论处

D. 拘留所的监管人员对被监管人进行体罚虐待,致人死亡的,以故意杀人罪论处,不实行数罪并罚

考点40 侵犯性权利的犯罪

290. 2023 回忆/多

甲男为强奸乙女对其实施暴力行为,练过散打的乙将甲制服后欲将其扭送至公安机关,甲男为逃跑掏出弹簧刀将乙女捅成重伤。下列哪些说法是正确的?

A. 甲男以奸淫为目的实施了暴力行为,导致了乙女重伤的加重结果,因为结果加重犯没有未遂,因此对甲应认定为强奸既遂

B. 犯盗窃罪为抗拒抓捕而当场使用暴力致人重伤的,应以抢劫罪致人重伤论处,但不能比照此规定对甲认定为强奸罪致人重伤

C. 根据刑法理论通说,在强奸罪的实行行为中致人重伤的,应当以强奸罪致人重伤论处,因此对甲应以强奸罪致人重伤论处

D. 甲带着奸淫目的实施暴力行为,但是因意志以外的原因未能得逞,以未遂论处,与故意伤害罪数罪并罚

291. 2007/2/12/多

关于强奸罪及相关犯罪的判断,下列哪些选项是正确的?①

A. 甲欲强奸某妇女遭到激烈反抗,一怒之下卡住该妇女喉咙,致其死亡后实施奸淫行为。甲的行为构成强奸罪的结果加重犯

B. 乙为迫使妇女王某卖淫而将王某强奸,对乙的行为应以强奸罪与强迫卖淫罪实行数罪并罚

C. 丙在组织他人偷越国(边)境过程中,强奸了被组织的妇女李某。丙的行为虽然触犯了组织他人偷越国(边)境罪与强奸罪,但只能以组织他人偷越国(边)境罪定罪量刑

D. 丁在拐卖妇女的过程中,强行奸淫了该妇女。丁的行为虽然触犯了拐卖妇女罪与强奸罪,但根据刑法规定,只能以拐卖妇女罪定罪量刑

292. 2006/2/57/单

对下列哪一行为不能认定为强奸罪?②

A. 拐卖妇女的犯罪分子奸淫被拐卖的妇女的

B. 甲利用职权、从属关系,以胁迫手段奸淫现役军人的妻子的

C. 利用迷信奸淫妇女的

D. 组织卖淫的犯罪分子强奸妇女后迫使其卖淫的

考点41 侵犯妇女、儿童利益的犯罪

293. 2021 回忆/任

关于拐卖妇女罪,下列说法正确的是:

A. 甲欲拐卖妇女,将妇女控制后没有找到买家。甲构成拐卖妇女罪的未遂

B. 乙欲拐卖妇女,将妇女控制后没有找到买家,便与妇女以夫妻名义共同生活。乙构成拐卖妇女罪

C. 丙收买被拐卖的妇女后,将其关押,后又将其卖掉。对丙仅以拐卖妇女罪论处

D. 丁欲收买一女为妻。陈某为被拐卖的妇女,愿意卖身脱离险地,丁遂向其支付30万元将其带回家。丁构成收买被拐卖的妇女罪

294. 2013/2/16/单

关于侮辱罪与诽谤罪的论述,下列哪一选项是正确的?

A. 为寻求刺激在车站扒光妇女衣服,引起他人围观的,触犯强制猥亵、侮辱罪,未触犯侮辱罪

B. 为报复妇女,在大街上边打妇女边骂"狐狸精",情节严重的,应以侮辱罪论处,不以诽谤罪论处

C. 捏造他人强奸妇女的犯罪事实,向公安局和媒体告发,意图使他人受刑事追究,情节严重的,触犯诬告陷害罪,未触犯诽谤罪

D. 侮辱罪、诽谤罪属于亲告罪,未经当事人告诉,一律不得追究被告人的刑事责任

---

① 原为单选题,根据新法答案有变化,调整为多选题。

② 原为多选题,根据新法答案有变化,调整为单选题。

295. 2013/2/59/多

关于侵犯人身权利罪，下列哪些选项是错误的？

A. 医生甲征得乙（15周岁）同意，将其肾脏摘出后移植给乙的叔叔丙。甲的行为不成立故意伤害罪

B. 丈夫甲拒绝扶养因吸毒而缺乏生活能力的妻子乙，致乙死亡。因吸毒行为违法，乙的死亡只能由其本人负责，甲的行为不成立遗弃罪

C. 乙盗窃甲价值4000余元财物，甲向派出所报案被拒后，向县公安局告发乙抢劫价值4000余元财物。公安局立案后查明了乙的盗窃事实。对甲的行为不应以诬告陷害罪论处

D. 成年妇女甲与13周岁男孩乙性交，因性交不属于猥亵行为，甲的行为不成立猥亵儿童罪

296. 甲花4万元收买被拐卖妇女周某做智障儿子的妻子，周某不从，伺机逃走。甲为避免人财两空，以3万元将周某出卖。（事实一）

乙收买周某，欲与周某成为夫妻，周某不从，乙多次暴力强行与周某发生性关系。（事实二）

……

请回答(1)、(2)题。

（1） 2011/2/88/任

关于事实一的定性，下列选项正确的是：

A. 甲行为应以收买被拐卖的妇女罪与拐卖妇女罪实行并罚

B. 甲虽然实施了收买与拐卖二个行为，但由于二个行为具有牵连关系，对甲仅以拐卖妇女罪论处

C. 甲虽然实施了收买与拐卖二个行为，但根据《刑法》的特别规定，对甲仅以拐卖妇女罪论处

D. 由于收买与拐卖行为侵犯的客体相同，而且拐卖妇女罪的法定刑较重，对甲行为仅以拐卖妇女罪论处，也能做到罪刑相适应

（2） 2011/2/89/任

关于事实二的定性，下列选项错误的是：

A. 乙行为成立收买被拐卖的妇女罪与强奸罪，应当实行并罚

B. 乙行为仅成立收买被拐卖的妇女罪，因乙将周某当作妻子，故周某不能成为乙的强奸对象

C. 乙行为仅成立收买被拐卖的妇女罪，因乙将周某当作妻子，故缺乏强奸的故意

D. 乙行为仅成立强奸罪，因乙收买周某就是为了使周某成为妻子，故收买行为是强奸罪的预备行为

297. 2010/2/61/多

甲欲绑架女大学生乙卖往外地，乙强烈反抗，甲将乙打成重伤，并多次对乙实施强制猥亵行为。甲尚未将乙卖出便被公安人员抓获。关于甲行为的定性和处罚，下列哪些判断是错误的？

A. 构成绑架罪、故意伤害罪与强制猥亵、侮辱罪，实行并罚

B. 构成拐卖妇女罪、故意伤害罪、强制猥亵、侮辱罪，实行并罚

C. 构成拐卖妇女罪、强制猥亵、侮辱罪，实行并罚

D. 构成拐卖妇女罪、强制猥亵、侮辱罪，实行并罚，但由于尚未出卖，对拐卖妇女罪应适用未遂犯的规定

298. 2008/2/13/单

甲得知乙一直在拐卖妇女，便对乙说："我的表弟丙没有老婆，你有合适的就告诉我一下"。不久，乙将拐骗的两名妇女带到甲家，甲与丙将其中一名妇女买下给丙做妻。关于本案，下列哪一选项是错误的？

A. 乙构成拐卖妇女罪

B. 甲构成拐卖妇女罪的共犯

C. 甲构成收买被拐卖的妇女罪

D. 丙构成收买被拐卖的妇女罪

考点42 非法拘禁罪与绑架罪

299. 2020回忆/多

下列哪些选项不属于绑架罪中的"杀害被绑架人"？

A. 以勒索财物为目的控制被害人之后，故意伤害被害人，被害人因重伤而死亡

B. 绑架被害人之后，为防止被害人出声，用毛巾塞住其嘴后离开，被害人窒息死亡

C. 为勒索财物而着手绑架被害人，遭到被害人的激烈反抗，用绳子直接勒死被害人

D. 取得赎金后，已经释放被害人，因担心被害人报警，开车追了3公里，杀死被害人

300. 2014/2/16/单

甲男（15周岁）与乙女（16周岁）因缺钱，共同绑架富商之子丙，成功索得50万元赎金。甲担心丙将来可能认出他们，提议杀丙，乙同意。乙给甲一根绳子，甲用绳子勒死丙。关于本案的分析，下列哪一选项是错误的？

A. 甲、乙均触犯故意杀人罪，因而对故意杀人罪成立共同犯罪

B. 甲、乙均触犯故意杀人罪，对甲以故意杀人

论处,但对乙应以绑架罪论处
C. 丙系死于甲之手,乙未杀害丙,故对乙虽以绑架罪定罪,但对乙不能适用"杀害被绑架人"的规定
D. 对甲以故意杀人罪论处,对乙以绑架罪论处,与二人成立故意杀人罪的共同犯罪并不矛盾

301. 2014/2/59/多
甲为要回30万元赌债,将乙扣押,但2天后乙仍无还款意思。甲等5人将乙押到一处山崖上,对乙说:"3天内让你家人送钱来,如今天不答应,就摔死你。"乙勉强说只有能力还5万元。甲刚说完"一分都不能少",乙便跳崖。众人慌忙下山找乙,发现乙已坠亡。关于甲的行为定性,下列哪些选项是错误的?
A. 属于绑架致使被绑架人死亡
B. 属于抢劫致人死亡
C. 属于不作为的故意杀人
D. 成立非法拘禁,但不属于非法拘禁致人死亡

302. 2011/2/60/多
《刑法》第二百三十八条第一款与第二款分别规定:"非法拘禁他人或者以其他方法非法剥夺他人人身自由的,处三年以下有期徒刑、拘役、管制或者剥夺政治权利。具有殴打、侮辱情节的,从重处罚。""犯前款罪,致人重伤的,处三年以上十年以下有期徒刑;致人死亡的,处十年以上有期徒刑。使用暴力致人伤残、死亡的,依照本法第二百三十四条、第二百三十二条的规定定罪处罚。"关于该条款的理解,下列选项是正确的?
A. 第一款所称"殴打、侮辱"属于法定量刑情节
B. 第二款所称"犯前款罪,致人重伤"属于结果加重犯
C. 非法拘禁致人重伤并具有侮辱情节的,适用第二款的规定,侮辱情节不再是法定的从重处罚情节
D. 第二款规定的"使用暴力致人伤残、死亡",是指非法拘禁行为之外的暴力致人伤残、死亡

303. 2010/2/16/单
甲持刀将乙逼入山中,让乙通知其母送钱赎人。乙担心其母心脏病发作,遂谎称开车撞人,需付五万元治疗费,其母信以为真。关于甲的行为性质,下列哪一选项是正确的?
A. 非法拘禁罪   B. 绑架罪
C. 抢劫罪   D. 诈骗罪

304. 2009/2/8/单
为谋财绑架他人的,在下列哪一种情形下不应当判处死刑?
A. 甲绑架并伤害被绑架人致其残疾的
B. 乙杀死人质后隐瞒事实真相向人质亲友勒索赎金10万元的
C. 丙绑架人质后害怕罪行败露杀人灭口的
D. 丁控制人质时因捆绑太紧过失致被害人死亡的

考点43 其他侵犯公民人身、民主权利犯罪

305. 2017/2/16/单
关于诬告陷害罪的认定,下列哪一选项是正确的(不考虑情节)?
A. 意图使他人受刑事追究,向司法机关诬告他人介绍卖淫的,不仅触犯诬告陷害罪,而且触犯侮辱罪
B. 法官明知被告人系被诬告,仍判决被告人有罪的,法官不仅触犯徇私枉法罪,而且触犯诬告陷害罪
C. 诬告陷害罪虽是侵犯公民人身权利的犯罪,但诬告企业犯逃税罪的,也能追究其诬告陷害罪的刑事责任
D. 15周岁的人不对盗窃负刑事责任,故诬告15周岁的人犯盗窃罪的,不能追究行为人诬告陷害罪的刑事责任

306. 2017/2/59/多
下列哪些行为构成侵犯公民个人信息罪(不考虑情节)?
A. 甲长期用高倍望远镜偷窥邻居的日常生活
B. 乙将单位数据库中病人的姓名、血型、DNA等资料,卖给某生物制药公司
C. 丙将捡到的几本通讯簿在网上卖给他人,通讯簿被他人用于电信诈骗犯罪
D. 丁将收藏的多封50年代的信封(上有收件人姓名、单位或住址等信息)高价转让他人

307. 2015/2/62/多
甲与乙(女)2012年开始同居,生有一子丙。甲、乙虽未办理结婚登记,但以夫妻名义自居,周围群众公认二人是夫妻。对甲的行为,下列哪些分析是正确的?
A. 甲长期虐待乙的,构成虐待罪
B. 甲伤害丙(致丙轻伤)时,乙不阻止的,乙构成不作为的故意伤害罪
C. 甲如与丁(女)领取结婚证后,不再与乙同居,也不抚养丙的,可能构成遗弃罪
D. 甲如与丁领取结婚证后,不再与乙同居,某日采用暴力强行与乙性交的,构成强奸罪

308. 2012/2/17/单

关于侵犯人身权利罪的论述,下列哪一选项是错误的?

A. 强行与卖淫幼女发生性关系,事后给幼女500元的,构成强奸罪

B. 使用暴力强迫单位职工以外的其他人员在采石场劳动的,构成强迫劳动罪

C. 雇用16周岁未成年人从事高空、井下作业的,构成雇用童工从事危重劳动罪

D. 收留流浪儿童后,因儿童不听话将其出卖的,构成拐卖儿童罪

309. 2012/2/60/多

关于刑讯逼供罪的认定,下列哪些选项是错误的?

A. 甲系机关保卫处长,采用多日不让小偷睡觉的方式,迫其承认偷盗事实。甲构成刑讯逼供罪

B. 乙系教师,受聘为法院人民陪审员,因庭审时被告人刘某气焰嚣张,乙气愤不过,一拳致其轻伤。乙不构成刑讯逼供罪

C. 丙系检察官,为逼取口供殴打犯罪嫌疑人郭某,致其重伤。对丙应以刑讯逼供罪论处

D. 丁系警察,讯问时佯装要实施酷刑,犯罪嫌疑人因害怕承认犯罪事实。丁构成刑讯逼供罪

310. 甲花4万元收买被拐卖妇女周某做智障儿子的妻子,周某不从,伺机逃走。甲为避免人财两空,以3万元将周某出卖。(事实一)

乙收买周某,欲与周某成为夫妻,周某不从,乙多次暴力强行与周某发生性关系。(事实二)

不久,周某谎称怀孕要去医院检查,乙信以为真,周某乘机逃走并向公安机关报案。警察丙带人先后抓获了甲、乙。讯问中,乙仅承认收买周某,拒不承认强行与周某发生性关系。丙恼羞成怒,当场将乙的一只胳膊打成重伤。乙大声呻吟,丙以为其佯装受伤不予理睬。(事实三)

深夜,丙上厕所,让门卫丁(临时工)帮忙看管乙。乙发现丁是老乡,请求丁放人。丁说:"行,但你以后如被抓住,一定要说是你自己逃走的。"乙答应后逃走,丁未阻拦。(事实四)

请回答第(1)、(2)题。

(1) 2011/2/90/任

关于事实三的定性,下列选项正确的是:

A. 丙行为是刑讯逼供的结果加重犯

B. 对丙行为应以故意伤害罪从重处罚

C. 对丙行为应以刑讯逼供罪与过失致人重伤罪实行并罚

D. 对丙行为应以刑讯逼供罪和故意伤害罪实行并罚

(2) 2011/2/91/任

关于事实四,下列选项错误的是:

A. 乙构成脱逃罪,丁不构成犯罪

B. 乙构成脱逃罪,丁构成私放在押人员罪

C. 乙离开讯问室征得了丁的同意,不构成脱逃罪,丁构成私放在押人员罪

D. 乙与丁均不构成犯罪

311. 2010/2/18/单

甲任邮政中心信函分拣组长期间,先后三次将各地退回信函数万封(约500公斤),以每公斤0.4元的价格卖给废品收购站,所得款项占为己有。关于本案,下列哪一选项是正确的?

A. 退回的信函不属于信件,甲的行为不成立侵犯通信自由罪

B. 退回的信函虽属于信件,但甲没有实施隐匿、毁弃与开拆行为,故不成立侵犯通信自由罪

C. 退回的信函处于邮政中心的管理过程中,属于公共财物,甲的行为成立贪污罪

D. 退回的信函被当作废品出卖也属于毁弃邮件,甲的行为成立私自毁弃邮件罪

专题十七 侵犯财产罪

考点44 抢劫罪与抢夺罪

312. 2023 回忆/多

关于财产犯罪,下列哪些说法是正确的?

A. 张某在肉摊小贩身后偷走小贩的剔骨刀,后张某趁乙不备,用剔骨刀割开乙的挎包背带,夺走挎包后逃走。张某构成抢夺罪

B. 徐某潜入陆某的家中偷窃珠宝,翻找过程中陆某回家,徐某为逃避抓捕,将陆某打倒后逃脱(未构成轻伤)。徐某构成抢劫罪未遂

C. 唐某为洗车店员工,在为刘某洗车过程中发现刘某汽车方向盘后和副驾上有两张彩票,遂偷走去兑奖,其中一张彩票中奖2万元,另一张未中奖。无论是哪张彩票中奖,唐某均构成盗窃既遂

D. 程某发现范某将电脑放置在商场一层维修部维修,便趁黑商场关门后前往商场门口,对门内的清洁工蒋某说维修部的电脑是自己的,让蒋某帮忙递给自己,蒋某遂将电脑交给程某。程某对蒋某构成诈骗罪

313. 2020 回忆/多

下列哪些选项中甲的行为构成抢劫致人重伤？

A. 甲抢劫乙后逃跑，被害人乙追甲，在追赶甲的过程中，摔成重伤
B. 甲抢劫丙后逃跑，丙抓住甲的手不放，甲将丙推开的过程中，过失造成丙重伤，然后逃离现场
C. 甲盗窃丁的财物后被丁发现并追赶，为了逃避追赶，甲使用暴力抗拒被害人丁的抓捕，导致被害人重伤
D. 甲在入室抢劫戊的过程中，对被害人戊实施了捆绑，逃跑时没有为戊松绑。戊爬到阳台上呼喊时，不慎摔成重伤

314. 2017/2/60/多

关于抢劫罪的认定，下列哪些选项是正确的？

A. 甲欲进王某家盗窃，正撬门时，路人李某经过。甲误以为李某是王某，会阻止自己盗窃，将李某打昏，再从王某家窃走财物。甲不构成抢劫既遂
B. 乙潜入周某家盗窃，正欲离开时，周某回家，进屋将乙堵在卧室内。乙掏出凶器对周某进行恐吓，迫使周某让其携带财物离开。乙构成入户抢劫
C. 丙窃取刘某汽车时被发现，驾刘某的汽车逃跑，刘某乘出租车追赶。途遇路人陈某过马路，丙也未减速，将陈某撞成重伤。丙构成抢劫致人重伤
D. 丁抢夺张某财物后逃跑，为阻止张某追赶，出于杀害故意向张某开枪射击。子弹未击中张某，但击中路人汪某，致其死亡。丁构成抢劫致人死亡

315. 2015/2/17/单

李某乘正在遛狗的老妇人王某不备，抢下王某装有4000元现金的手包就跑。王某让名贵的宠物狗追咬李某。李某见状在距王某50米处转身将狗踢死后逃离。王某眼见一切，因激愤致心脏病发作而亡。关于本案，下列哪一选项是正确的？

A. 李某将狗踢死，属事后抢劫中的暴力行为
B. 李某将狗踢死，属对王某以暴力相威胁
C. 李某的行为满足事后抢劫的当场性要件
D. 对李某的行为应整体上评价为抢劫罪

316. 郑某等人多次预谋通过爆炸抢劫银行运钞车。为方便跟踪运钞车，郑某等人于2012年4月6日杀害一车主，将其面包车开走(事实一)。

后郑某等人制作了爆炸装置，并多次开面包车跟踪某银行运钞车，了解运钞车到某储蓄所收款的情况。郑某等人摸清运钞车情况后，于同年6月8日将面包车推下山崖(事实二)。

同年6月11日，郑某等人将放有爆炸装置的自行车停于储蓄所门前。当运钞车停在该所门前押款人员下车提押款时(当时附近没有行人)，郑某遥控引爆爆炸装置，致2人死亡4人重伤(均为运钞人员)，运钞车中的230万元人民币被劫走(事实三)。

请回答(1)~(3)题。

(1) 2014/2/86/任

关于事实一(假定具有非法占有目的)，下列选项正确的是：

A. 抢劫致人死亡包括以非法占有为目的故意杀害他人后立即劫取财物的情形
B. 如认为抢劫致人死亡仅限于过失致人死亡，则对事实一只能认定为故意杀人罪与盗窃罪(如否认死者占有，则成立侵占罪)，实行并罚
C. 事实一同时触犯故意杀人罪与抢劫罪
D. 事实一虽是为抢劫运钞车服务的，但依然成立独立的犯罪，应适用"抢劫致人死亡"的规定

(2) 2014/2/87/任

关于事实二的判断，下列选项正确的是：

A. 非法占有目的包括排除意思与利用意思
B. 对抢劫罪中的非法占有目的应与盗窃罪中的非法占有目的作相同理解
C. 郑某等人在利用面包车后毁坏面包车的行为，不影响非法占有目的的认定
D. 郑某等人事后毁坏面包车的行为属于不可罚的事后行为

(3) 2014/2/88/任

关于事实三的判断，下列选项正确的是：

A. 虽然当时附近没有行人，郑某等人的行为仍触犯爆炸罪
B. 触犯爆炸罪与故意杀人罪的行为只有一个，属于想象竞合
C. 爆炸行为亦可成为抢劫罪的手段行为
D. 对事实三应适用"抢劫致人重伤、死亡"的规定

317. 2012/2/59/多

甲、乙等人伪装乘客登上长途车。甲用枪控制司机，令司机将车开到偏僻路段；乙等人用刀控制乘客，命乘客交出随身财物。一乘客反抗，被

乙捅成重伤。财物到手下车时,甲打死司机。关于本案,下列哪些选项是正确的?

A. 甲等人劫持汽车,构成劫持汽车罪
B. 甲等人构成抢劫罪,属于在公共交通工具上抢劫
C. 乙重伤乘客,无需以故意伤害罪另行追究刑事责任
D. 甲开枪打死司机,需以故意杀人罪另行追究刑事责任

318. 2010/2/17/单

甲欠乙十万元久不归还,乙反复催讨。某日,甲持凶器闯入乙家,殴打乙致其重伤,迫乙交出十万元欠条并在已备好的还款收条上签字。关于甲的行为性质,下列哪一选项是正确的?

A. 故意伤害罪
B. 抢劫罪
C. 非法侵入住宅罪
D. 抢夺罪

319. 2010/2/59/多

关于抢夺罪,下列哪些判断是错误的?

A. 甲驾驶汽车抢夺乙的提包,汽车能致人死亡属于凶器。甲的行为应认定为携带凶器抢夺罪
B. 甲与乙女因琐事相互厮打时,乙的耳环(价值8,000元)掉在地上。甲假装摔倒在地迅速将耳环握在手中,乙见甲摔倒便离开了现场。甲的行为成立抢夺罪
C. 甲骑着摩托车抢夺乙的背包,乙使劲抓住背包带,甲见状便加速行驶,乙被拖行十多米后松手。甲的行为属于情节特别严重的抢夺罪
D. 甲明知行人乙的提包中装有毒品而抢夺,毒品虽然是违禁品,但也是财物。甲的行为成立抢夺罪

320. 2009/2/16/单

甲长期以赌博所得为主要生活来源。某日,甲在抢劫赌徒乙的赌资得逞后,为防止乙日后报案,将其杀死。对甲的处理,下列哪一选项是正确的?

A. 应以故意杀人罪、抢劫罪并罚
B. 应以抢劫罪从重处罚
C. 应以赌博罪、抢劫罪并罚
D. 应以赌博罪、抢劫罪、故意杀人罪并罚

321. 2009/2/17/单

甲对乙使用暴力,欲将其打残。乙慌忙掏出手机准备报警,甲一把夺过手机装进裤袋乙打成重伤。甲在离开现场五公里后,把乙价值7000元的手机扔进水沟。甲的行为构成何罪?

A. 故意伤害罪、盗窃罪
B. 故意伤害罪、抢劫罪
C. 故意伤害罪、抢夺罪
D. 故意伤害罪、故意毁坏财物罪

322. 2009/2/19/单

甲、乙、丙、丁共谋诱骗黄某参赌。四人先约黄某到酒店吃饭,甲借机将安眠药放入黄某酒中,想在打牌时趁黄某不清醒合伙赢黄某的钱。但因甲投放的药品剂量偏大,饭后刚开牌局黄某就沉沉睡去,四人趁机将黄某的钱包掏空后离去。上述四人的行为构成何罪?

A. 赌博罪
B. 抢劫罪
C. 盗窃罪
D. 诈骗罪

323. 2008/2/12/单

甲持西瓜刀冲入某银行储蓄所,将刀架在储蓄所保安乙的脖子上,喝令储蓄所职员丙交出现金1万元。见丙故意拖延时间,甲便在乙的脖子上划了一刀。刚取出5万元现金的储户丁看见乙血流不止,于心不忍,就拿出1万元扔给甲,甲得款后迅速逃离。对甲的犯罪行为,下列哪一选项是正确的?

A. 抢劫罪(未遂)
B. 抢劫罪(既遂)
C. 绑架罪
D. 敲诈勒索罪

324. 2008/2/15/单

甲乘在路上行走的妇女乙不注意之际,将乙价值12000元的项链一把抓走,然后逃跑。跑了50米之后,甲以为乙的项链根本不值钱,就转身回来,跑到乙跟前,打了乙两耳光,并说:"出来混,也不知道戴条好项链",然后将项链扔给乙。对甲的行为,应当如何定性?

A. 抢夺罪(未遂)
B. 抢夺罪(中止)
C. 抢夺罪(既遂)
D. 抢劫罪(转化型抢劫)

325. 2008/2/62/多

《刑法》第二百六十九条对转化型抢劫作出了规定,下列哪些选项不能适用该规定?

A. 甲入室盗窃,被主人李某发现并追赶,甲进入李某厨房,拿出菜刀护在自己胸前,对李某说:"你千万别过来,我胆子很小。"然后,翻窗逃跑
B. 乙抢夺王某的财物,王某让狼狗追赶乙。乙为脱身,打死了狼狗
C. 丙骗取他人财物后,刚准备离开现场,骗局就被识破。被害人追赶丙。走投无路的丙从身上摸出短刀,扎在自己手臂上,并对被害人说:"你们再追,我就死在你们面前。"被害人见丙

鲜血直流,一下愣住了。丙迅速逃离现场

D. 丁在一网吧里盗窃财物并往外逃跑时,被管理人员顾某发现。丁为阻止顾某的追赶,提起网吧门边的开水壶,将开水泼在顾某身上,然后逃离现场

考点45 盗窃罪

326． 2022 回忆/多

甲将自己5000元购买的新自行车借给乙,并约定"乙如果丢失自行车,须按照三倍的价格赔偿"。几日后丙从乙处偷走该车。甲得知消息后,因能得到三倍赔偿,心中窃喜。丙得知乙需要按照三倍价格赔偿,便向乙提出"按照5000元价格将车卖给你"。乙迫于无奈,从丙处购买了该车。下列哪些说法是错误的?

A. 丙构成盗窃罪既遂
B. 丙构成盗窃罪中止
C. 丙同时构成盗窃罪和敲诈勒索罪,想象竞合,择一重罪论处
D. 丙的盗窃行为实际上不违背所有权人甲的意愿,因此不构成盗窃罪

327． 2020 回忆/任

甲、乙约定结伴爬山,在大巴上,甲看到乙睡着,将乙的手机偷出来,将乙的微信里的余额转到自己账户上,然后把乙的手机放进自己的背包,打算下车后扔掉。下车后,乙问甲看到自己的手机了吗?甲谎称是不是落在车上了。乙自认倒霉。后来,甲没有扔掉乙的手机,而是谎称手机是自己的,卖给不知情的丙。下列说法正确的是:

A. 甲对手机构成侵占罪
B. 甲对微信余额构成盗窃罪
C. 甲对手机和微信余额构成相同罪名的犯罪
D. 甲对丙构成诈骗罪

328． 2019 回忆/多

甲公司将共享单车投放在街边。下列哪些行为构成盗窃?

A. 乙将共享单车的锁拆掉,放在自家楼下,专供自己免费使用
B. 乙正常使用完共享单车后,将车停在自家楼下,方便自己下次扫码使用
C. 乙将市区的共享单车偷偷搬到偏远农村,供村民扫码使用
D. 乙将市区的共享单车偷偷搬到偏远农村,供村民免费使用

329． 2018 回忆/单

甲骑摩托车载着乙,遇到一段比较崎岖。甲下车推车,乙提出自己骑车过去,在前方等甲。甲答应,看着乙骑车前去。乙竟然骑车扬长而去。乙的行为构成何罪?

A. 诈骗罪 B. 抢夺罪
C. 盗窃罪 D. 侵占罪

330． 2017/2/17/单

郑某冒充银行客服发送短信,称张某手机银行即将失效,需重新验证。张某信以为真,按短信提示输入银行卡号、密码等信息后,又将收到的编号为135423的"验证码"输入手机页面。后张某发现,其实是将135423元汇入了郑某账户。关于本案的分析,下列哪一选项是正确的?

A. 郑某将张某作为工具加以利用,实现转移张某财产的目的,应以盗窃罪论处
B. 郑某虚构事实,对张某实施欺骗并导致张某处分财产,应以诈骗罪论处
C. 郑某骗取张某的银行卡号、密码等个人信息,应以侵犯公民个人信息罪论处
D. 郑某利用电信网络,为实施诈骗而发布信息,应以非法利用信息网络罪论处

331． 2017/2/86/任

某小区五楼刘某家的抽油烟机发生故障,王某与李某上门检测后,决定拆下搬回维修站修理。刘某同意。王某与李某搬运抽油烟机至四楼时,王某发现其中藏有一包金饰,遂暗自将之塞入衣兜。(事实一)
……
关于事实一的分析,下列选项正确的是:

A. 王某从抽油烟机中窃走金饰,破除刘某对金饰的占有,构成盗窃罪
B. 王某未经李某同意,窃取李某与其共同占有的金饰,应构成盗窃罪
C. 刘某客观上已将抽油烟机及机内金饰交给王某代为保管,王某取走金饰的行为构成侵占罪
D. 刘某将金饰遗忘在抽油烟机内,王某将其据为己有,是非法侵占他人遗忘物,构成侵占罪

332． 2016/2/59/多

下列哪些行为构成盗窃罪(不考虑数额)?

A. 酒店服务员甲在帮客人拎包时,将包中的手机放入自己的口袋据为己有
B. 客人在小饭馆吃饭时,将手机放在收银台边上充电,请服务员乙帮忙照看。乙假意答应,却将手机据为己有
C. 旅客将行李放在托运柜台旁,到相距20余米的另一柜台问事时,机场清洁工丙将该行李拿

走据为己有

D. 顾客购物时将车钥匙遗忘在收银台,收银员问是谁的,丁谎称是自己的,然后持该钥匙将顾客的车开走

333. 2016/2/18/单

乙女在路上被铁丝绊倒,受伤不能动,手中钱包(内有现金 5000 元)摔出七八米外。路过的甲捡起钱包时,乙大喊"我的钱包不要拿",甲说"你不要喊,我拿给你",乙信以为真没有再喊。甲捡起钱包后立即逃走。关于本案,下列哪一选项是正确的?

A. 甲以其他方法抢劫他人财物,成立抢劫罪
B. 甲以欺骗方法使乙信以为真,成立诈骗罪
C. 甲将乙的遗忘物据为己有,成立侵占罪
D. 只能在盗窃罪或者抢夺罪中,择一定性甲的行为

334. 2015/2/19/单

菜贩刘某将蔬菜装入袋中,放在居民小区路旁长条桌上,写明"每袋 20 元,请将钱放在铁盒内"。然后,刘某去 3 公里外的市场卖菜。小区理发店的店员经常好奇地出来看看是否有人偷菜。甲数次公开拿走蔬菜时假装往铁盒里放钱。关于甲的行为定性(不考虑数额),下列哪一选项是正确的?

A. 甲乘人不备,公然拿走刘某所有的蔬菜,构成抢夺罪
B. 蔬菜为经常出来查看的店员占有,甲构成盗窃罪
C. 甲假装放钱而实际未放钱,属诈骗行为,构成诈骗罪
D. 刘某虽距现场 3 公里,但仍占有蔬菜,甲构成盗窃罪

335. 2014/2/60/多

甲的下列哪些行为属于盗窃(不考虑数额)?

A. 某大学的学生进食堂吃饭时习惯于用手机、钱包等物占座后,再去购买饭菜。甲将学生乙用于占座的钱包拿走
B. 乙进入面馆,将手机放在大厅 6 号桌的空位上,表示占座,然后到靠近窗户的地方看看有没有更合适的座位。在 7 号桌吃面的甲将手机拿走
C. 乙将手提箱忘在出租车的后备箱。后甲搭乘该出租车时,将自己的手提箱也放进后备箱,并在下车时将乙的手提箱一并拿走
D. 乙全家外出打工,委托邻居甲照看房屋。有人来村里购树,甲将乙家山头上的树谎称为自家的树,卖给购树人,得款 3 万元

336. 2013/2/17/单

乙驾车带甲去海边游玩。到达后,乙欲游泳。甲骗乙说:"我在车里休息,把车钥匙给我。"趁乙游泳,甲将该车开往外地卖给他人。甲构成何罪?

A. 侵占罪
B. 盗窃罪
C. 诈骗罪
D. 盗窃罪与诈骗罪的竞合

337. 2013/2/60/多

甲潜入他人房间欲盗窃,忽见床上坐起一老妪,哀求其不要拿她的东西。甲不理睬而继续翻找,拿走一条银项链(价值 400 元)。关于本案的分析,下列哪些选项是正确的?

A. 甲并未采取足以压制老妪反抗的方法取得财物,不构成抢劫罪
B. 如认为区分盗窃罪与抢夺罪的关键在于是秘密取得财物还是公然取得财物,则甲的行为属于抢夺行为;如甲作案时携带了凶器,则对甲应以抢劫罪论处
C. 如采取 B 选项的观点,因甲作案时未携带凶器,也未秘密窃取财物,又不符合抢夺罪"数额较大"的要件,无法以侵犯财产罪追究甲的刑事责任
D. 如认为盗窃行为并不限于秘密窃取,则甲的行为属于入户盗窃,可按盗窃罪追究甲的刑事责任

338. 2011/2/16/单

关于盗窃罪的理解,下列哪一选项是正确的?

A. 扒窃成立盗窃罪的,以携带凶器为前提
B. 扒窃仅限于窃取他人衣服口袋内体积较小的财物
C. 扒窃时无论窃取数额大小,即使窃得一张白纸,也成立盗窃罪既遂
D. 入户盗窃成立盗窃罪的,既不要求数额较大,也不要求多次盗窃

339. 2011/2/61/多

下列哪些选项的行为人具有非法占有目的?

A. 男性基于癖好入户窃取女士内衣
B. 为了燃柴取暖而窃取他人木质家具
C. 骗取他人钢材后作为废品卖给废品回收公司
D. 杀人后为避免公安机关识别被害人身份,将被害人钱包等物丢弃

340. 2010/2/62/多

下列哪些行为属于盗窃?

A. 甲穿过铁丝网从高尔夫球场内"拾得"大量高尔夫球

B. 甲在夜间翻入公园内,从公园水池中"捞得"旅客投掷的大量硬币

C. 甲在宾馆房间"拾得"前一顾客遗忘的笔记本电脑一台

D. 甲从一辆没有关好门的小轿车内"拿走"他人公文包

341. 2009/2/18/单

甲系私营速递公司卸货员,主要任务是将公司收取的货物从汽车上卸下,再按送达地重新装车。某晚,乘公司监督人员上厕所之机,甲将客户托运的一台价值一万元的摄像机夹带出公司大院,藏在门外沟渠里,并伪造被盗现场。关于甲的行为,下列哪一选项是正确的?

A. 诈骗罪
B. 职务侵占罪
C. 盗窃罪
D. 侵占罪

342. 2008/2/16/单

某地突发百年未遇的冰雪灾害,乙离开自己的住宅躲避自然灾害。两天后,大雪压垮了乙的房屋,家中财物散落一地。灾后最先返回的邻居甲路过乙家时,将乙垮塌房屋中的2万元现金拿走。关于甲行为的定性,下列哪一选项是正确的?

A. 构成盗窃罪
B. 构成侵占罪
C. 构成抢夺罪
D. 仅成立民法上的不当得利,不构成犯罪

343. 2008/2/64/多

关于盗窃行为的定性,下列哪些选项是正确的?

A. 盗窃伪造的货币的行为,不成立盗窃罪
B. 盗窃伪造的国家机关印章的行为,不成立盗窃国家机关印章罪
C. 盗窃伪造的信用卡并使用的行为,不适用《刑法》第一百九十六条关于"盗窃信用卡并使用"的规定
D. 盗窃企业违规制造的枪支的行为,不成立盗窃枪支罪

考点46 敲诈勒索罪

344. 2011/2/15/单

甲预谋拍摄乙与卖淫女的裸照,迫使乙交付财物。一日,甲请乙吃饭,叫卖淫女丙相陪。饭后,甲将乙、丙送上车。乙、丙刚到乙宅,乙便被老板电话叫走,丙亦离开。半小时后,甲持相机闯入乙宅发现无人,遂拿走了乙的3万元现金。关于甲的行为性质,下列哪一选项是正确的?

A. 抢劫未遂与盗窃既遂
B. 抢劫既遂与盗窃既遂的想象竞合
C. 敲诈勒索预备与盗窃既遂
D. 敲诈勒索未遂与盗窃既遂的想象竞合

考点47 诈骗罪

345. 2021 回忆/任

构成诈骗罪,要求处分财物具有处分行为和处分意识。下列选项中,存在处分意识的是:

A. 甲伪造车辆凭证,以汽车作抵押向王某借款20万元,随后逃走,该汽车实际上为赵某所有

B. 乙请客吃饭,吃完后对服务员表示送朋友到门口再回来买单。服务员同意。乙到门口后趁机逃走

C. 丙用技术手段将其工厂电表上的用电量大幅调低,查表员上门查表收费时,以丙修改后的度数为标准收取了电费

D. 丁在超市购物,从一箱饮料中取出一瓶饮料,将一瓶茅台酒放入其中封好,然后拿到收银台结账。收银员以一箱饮料的价格收取了费用

346. 2019 回忆/单

甲冒充家电维修人员,想把陈某家的冰箱骗到手。某日,甲来到陈某家,开门的却是陈某家保姆,甲误把保姆当成陈某,谎称商家搞活动,正在以旧换新。保姆以为甲事前跟陈某商量好了,就把冰箱给了甲。下列哪一项说法是正确的?

A. 甲构成狭义的因果关系错误
B. 甲构成打击错误
C. 由于甲未认识到被骗对象是保姆,构成诈骗罪未遂
D. 甲构成诈骗罪既遂

347. 2018 回忆/单

乙用朋友甲的淘宝账户购买一件商品,向商家支付了货款,填写了自己的收件地址。商家发货时,想核对下收件地址,联系到了甲。甲明知是乙购买了货物,仍谎称地址错误,提供了自己的地址。商家将货物寄给了甲。下列哪一项说法是正确的?

A. 甲对乙构成盗窃罪
B. 甲对商家构成诈骗罪
C. 甲构成三角诈骗
D. 甲构成侵占罪

348. 2017/2/88/任

某小区五楼刘某家的抽油烟机发生故障,王某与李某上门检测后,决定拆下搬回维修站修理。刘某同意。王某与李某搬运抽油烟机至四楼时,王某发现其中藏有一包金饰,遂暗自将之塞入衣兜。(事实一)

王某与李某将抽油烟机搬走后,刘某想起自己此前曾将金饰藏于其中,追赶前来,见王某神情可疑,便要其返还金饰。王某为洗清嫌疑,乘乱将金饰转交李某,李某心领神会,接过金饰藏于裤兜中。刘某确定王某身上没有金饰后,转身再找李某索要。李某突然一拳击倒刘某,致其倒地重伤。李某与王某随即逃走。(事实二)

后王某建议李某将金饰出售,得款二人平分,李某同意。李某明知金饰价值1万元,却向亲戚郭某谎称金饰为朋友委托其出售的限量版,售价5万元。郭某信以为真,花5万元买下金饰。拿到钱后,李某心生贪念,对王某称金饰仅卖得1万元,分给王某5000元。(事实三)

关于事实三的分析,下列选项正确的是:
A. 李某对郭某进行欺骗,导致郭某以高价购买赃物,构成诈骗罪
B. 李某明知金饰是犯罪所得而出售,构成掩饰、隐瞒犯罪所得罪
C. 李某欺骗王某放弃对剩余2万元销赃款的返还请求,构成诈骗罪
D. 李某虽将金饰卖得5万元,但王某所犯财产犯罪的数额为1万元

349. 2016/2/17/单

关于诈骗罪的认定,下列哪一选项是正确的(不考虑数额)?
A. 甲利用信息网络,诱骗他人点击虚假链接,通过预先植入的木马程序取得他人财物。即使他人不知点击链接会转移财产,甲也成立诈骗罪
B. 乙虚构可供交易的商品,欺骗他人点击付款链接,取得他人财物的,由于他人知道自己付款,故乙触犯诈骗罪
C. 丙将钱某门前停放的摩托车谎称是自己的,卖给孙某,让其骑走。丙就钱某的摩托车成立诈骗罪
D. 丁侵入银行计算机信息系统,将刘某存折中的5万元存款转入自己的账户。对丁应以诈骗罪论处

350. 2015/2/18/单

乙全家外出数月,邻居甲主动帮乙照看房屋。某日,甲谎称乙家门口的一对石狮为自家所有,将石狮卖给外地人,得款1万元据为己有。关于甲的行为定性,下列哪一选项是错误的?
A. 甲同时触犯侵占罪与诈骗罪
B. 如认为购买者无财产损失,则甲仅触犯盗窃罪
C. 如认为购买者有财产损失,则甲同时触犯盗窃罪与诈骗罪
D. 不管购买者是否存在财产损失,甲都触犯盗窃罪

351. 2015/2/63/多

下列哪些行为触犯诈骗罪(不考虑数额)?
A. 甲对李某家的保姆说:"李某现在使用的手提电脑是我的,你还给我吧。"保姆信以为真,将电脑交给甲
B. 甲对持有外币的乙说:"你手上拿的是假币,得扔掉,否则要坐牢。"乙将外币扔掉,甲乘机将外币捡走
C. 甲为灾民募捐,一般人捐款几百元。富商经过募捐地点时,甲称:"不少人都捐一、二万元,您多捐点吧。"富商信以为真,捐款2万元
D. 乙窃取摩托车,准备骑走。甲觉其可疑,装成摩托车主人的样子说:"你想把我的车骑走啊?"乙弃车逃走,甲将摩托车据为己有

352. 2014/2/19/单

乙购物后,将购物小票随手扔在超市门口。甲捡到小票,立即拦住乙说:"你怎么把我购买的东西拿走?"乙莫名其妙,甲便向乙出示小票,两人发生争执。适逢交警丙路过,乙请丙判断是非,丙让乙将商品还给甲,有口难辩的乙只好照办。关于本案的分析(不考虑数额),下列哪一选项是错误的?
A. 如认为交警丙没有处分权限,则甲的行为不成立诈骗罪
B. 如认为盗窃必须表现为秘密窃取,则甲的行为不成立盗窃罪
C. 如认为抢夺必须表现为乘人不备公然夺取,则甲的行为不成立抢夺罪
D. 甲虽未实施恐吓行为,但如乙心生恐惧而交出商品的,甲的行为构成敲诈勒索罪

353. 2013/2/61/多

关于诈骗罪的理解和认定,下列哪些选项是错误的?
A. 甲曾借给好友乙1万元。乙还款时未要回借条。一年后,甲故意拿借条要乙还款。乙明知但碍于情面,又给甲1万元。甲虽获得1万元,但不能认定为诈骗既遂

B. 甲发现乙出国后其房屋无人居住，便伪造房产证，将该房租给丙住了一年，收取租金2万元。甲的行为构成诈骗罪
C. 甲请客(餐费1万元)后，发现未带钱，便向餐厅经理谎称送走客人后再付款。经理信以为真，甲趁机逃走。不管怎样理解处分意识，对甲的行为都应以诈骗罪论处
D. 乙花2万元向甲购买假币，后发现是一堆白纸。由于购买假币的行为是违法的，乙不是诈骗罪的受害人，甲不成立诈骗罪

354. 甲将一只壶的壶底落款"民國叁年"磨去，放在自己的古玩店里出卖。某日，钱某看到这只壶，误以为是明代文物。甲见钱某询问，谎称此壶确为明代古董，钱某信以为真，按明代文物交款买走。又一日，顾客李某看上一幅标价很高的赝品，以为名家亲笔，但又心存怀疑。甲遂拿出虚假证据，证明该画为名家亲笔。李某以高价买走赝品。
请回答第(1)、(2)题。

（1） 2011/2/86/任
关于甲对钱某是否成立诈骗罪，下列选项错误的是：
A. 甲的行为完全符合诈骗罪的犯罪构成，成立诈骗罪
B. 钱某自己有过错，甲不成立诈骗罪
C. 钱某已误以为是明代古董，甲没有诈骗钱某
D. 古玩投资有风险，古玩买卖无诈骗，甲不成立诈骗罪

（2） 2011/2/87/任
关于甲对李某是否成立诈骗罪，下列选项正确的是：
A. 甲的行为完全符合诈骗罪的犯罪构成，成立诈骗罪
B. 标价高不是诈骗行为，虚假证据证明该画为名家亲笔则是诈骗行为
C. 李某已有认识错误，甲强化其认识错误的行为不是诈骗行为
D. 甲拿出虚假证据的行为与结果之间没有因果关系，甲仅成立诈骗未遂

355. 2009/2/59/多
欣欣在高某的金店选购了一条项链，高某趁欣欣接电话之际，将为其进行礼品包装的项链调换成款式相同的劣等品(两条项链差价约3000元)。欣欣回家后很快发现项链被"调包"，即返回该店要求退还，高某以发票与实物不符为由拒不退换。关于高某的行为，下列哪些说法是错误的？
A. 构成盗窃罪

B. 构成诈骗罪
C. 构成侵占罪
D. 不构成犯罪，属民事纠纷

356. 2008/2/14/单
甲在某银行的存折上有4万元存款。某日，甲将存款全部取出，但由于银行职员乙工作失误，未将存折底卡销毁。半年后，甲又去该银行办理存储业务，乙对甲说："你的4万元存款已到期。"甲听后，灵机一动，对乙谎称存折丢失。乙为甲办理了挂失手续，甲取走4万元。甲的行为构成何罪？
A. 侵占罪
B. 盗窃罪(间接正犯)
C. 诈骗罪
D. 金融凭证诈骗罪

357. 2008/2/58/多
某日，甲醉酒驾车将行人乙撞死，急忙将尸体运到X地掩埋。10天后，甲得知某单位要在X地施工，因担心乙的尸体被人发现，便将乙的尸体从X地转移至Y地。在转移尸体时，甲无意中发现了乙的身份证和信用卡。此后，甲持乙的身份证和信用卡，从银行柜台将乙的信用卡中的5万元转入自己的信用卡，并以乙的身份证办理入网手续并使用移动电话，造成电信资费损失8000余元。甲的行为构成何罪？
A. 交通肇事罪
B. 侵占罪
C. 信用卡诈骗罪
D. 诈骗罪

考点48 侵占罪与职务侵占罪

358. 2023回忆/多
国家公职人员苏某让私有企业经理万某利用职务便利报销其旅游费5万元，万某考虑到以后还需要苏某审批企业补助款的发放，便以业务费用的名目为苏某报销了旅游费。关于苏某的行为，下列哪些说法是正确的？
A. 构成贪污罪
B. 构成职务侵占罪
C. 构成受贿罪
D. 不构成犯罪

359. 2017/2/18/单
下列哪一行为成立侵占罪？
A. 张某欲向县长钱某行贿，委托甲代为将5万元贿赂款转交钱某。甲假意答应，拿到钱后据为己有
B. 乙将自己的房屋出售给赵某，虽收取房款却未进行所有权转移登记，后又将房屋出售给李某
C. 丙发现洪灾灾区的居民已全部转移，遂进入

居民房屋,取走居民来不及带走的贵重财物

D. 丁分期付款购买汽车,约定车款付清前汽车由丁使用,所有权归卖方。丁在车款付清前将车另售他人

360． 2014/2/17/单

公司保安甲在休假期内,以"第二天晚上要去医院看望病人"为由,欺骗保安乙,成功和乙换岗。当晚,甲将其看管的公司仓库内价值5万元的财物运走变卖。甲的行为构成下列哪一犯罪?

A. 盗窃罪　　　B. 诈骗罪
C. 职务侵占罪　D. 侵占罪

361． 2014/2/18/单

乙(16周岁)进城打工,用人单位要求乙提供银行卡号以便发放工资。乙忘带身份证,借用老乡甲的身份证以甲的名义办理了银行卡。乙将银行卡号提供给用人单位后,请甲保管银行卡。数月后,甲持该卡到银行柜台办理密码挂失,取出1万余元现金,拒不退还。甲的行为构成下列哪一犯罪?

A. 信用卡诈骗罪
B. 诈骗罪
C. 盗窃罪(间接正犯)
D. 侵占罪

362． 2012/2/18/单

不计数额,下列哪一选项构成侵占罪?

A. 甲是个体干洗店老板,洗衣时发现衣袋内有钱,将钱藏匿
B. 乙受公司委托外出收取货款,隐匿收取的部分货款
C. 丙下飞机时发现乘客钱包掉在座位底下,捡起钱包离去
D. 丁是宾馆前台服务员,客人将礼品存于前台让朋友自取。丁见久无人取,私吞礼品

363． 2011/2/62/多

关于侵占罪的认定(不考虑数额),下列哪些选项是错误的?

A. 甲将他人停放在车棚内未上锁的自行车骑走卖掉。甲行为构成侵占罪
B. 乙下车取自己行李时将后备厢内乘客遗忘的行李箱一并拿走变卖。乙行为构成侵占罪
C. 丙在某大学食堂将学生用于占座的手机拿走卖掉。丙行为成立侵占罪
D. 丁受托为外出邻居看房,将邻居锁在柜里的手提电脑拿走变卖。丁行为成立侵占罪

364． 2008/2/63/多

下列哪些行为应以职务侵占罪论处?

A. 甲系某村民小组的组长,利用职务上的便利,将村民小组集体财产非法据为己有,数额达到5万元
B. 乙为村委会主任,利用协助乡政府管理和发放救灾款物之机,将5万元救灾款非法据为己有
C. 丙是某国有控股公司部门经理,利用职务上的便利,将本单位的5万元公款非法据为己有
D. 丁与某私营企业的部门经理李某内外勾结,利用李某职务上的便利,共同将该单位的5万元资金非法据为己有

365． 2012/2/1/单

老板甲春节前转移资产,拒不支付农民工工资。劳动部门下达责令支付通知书后,甲故意失踪。公安机关接到报警后,立即抽调警力,迅速将甲抓获。在侦查期间,甲主动支付了所欠工资。起诉后,法院根据《刑法修正案(八)》拒不支付劳动报酬罪认定甲的行为,甲表示认罪。关于此案,下列哪一说法是错误的?

A.《刑法修正案(八)》增设拒不支付劳动报酬罪,体现了立法服务大局、保护民生的理念
B. 公安机关积极破案解决社会问题,发挥了保障民生的作用
C. 依据《刑法修正案(八)》对欠薪案的审判,体现了惩教并举,引导公民守法、社会向善的作用
D. 甲已支付所欠工资,可不再追究甲的刑事责任,以利于实现良好的社会效果

专题十八　妨害社会管理秩序罪

考点49　扰乱公共秩序罪

366． 2021 回忆/任

甲购买乙公司一批工程车辆,双方约定分期付款,乙公司先行交付车辆,等到甲付完尾款后车辆所有权归甲所有。乙公司的这些工程车辆均内置了定位监控系统,方便追踪定位车辆位置。甲找到丙,丙通过技术手段破坏了这批车辆的定位监控系统,然后将车辆变卖。下列说法正确的是:

A. 丙构成破坏计算机信息系统罪
B. 丙构成非法侵入计算机信息系统罪
C. 丙构成非法控制计算机信息系统罪
D. 甲构成侵占罪

367． 2018 回忆/多

关于组织、领导、参加黑社会性质组织罪,下列哪些说法是正确的?

A. 黑社会性质组织实施的犯罪中,组织者的刑事

责任必然大于实际实行者
B. 在组织、领导、参加黑社会性质组织罪中,行为人积极配合司法机关,对于侦破案件有重大作用的,可以认定为立功
C. 在组织、领导、参加黑社会性质组织罪中,行为人知道黑社会性质组织的规模,也知道该组织在实施违法犯罪活动,但其不认为该组织是黑社会性质组织,因此其不构成组织、领导、参加黑社会性质组织罪
D. 在组织、领导、参加黑社会性质组织罪中,组织者退出黑社会性质组织,其只对组织期间的犯罪活动负刑事责任

368. 2016/2/19/单
下列哪一行为应以妨害公务罪论处?
A. 甲与傅某相互斗殴,警察处理完毕后让各自回家。傅某当即离开,甲认为警察的处理不公平,朝警察小腿踢一脚后逃走
B. 乙夜间入户盗窃时,发现户主戴某是警察,窃得财物后正要离开时被戴某发现。为摆脱抓捕,乙对戴某使用暴力致其轻微伤
C. 丙为使其弟逃跑,将前来实施行政拘留的警察打倒在地,其弟顺利逃走
D. 丁在组织他人偷越国(边)境的过程中,以暴力方法抗拒警察检查

369. 2015/2/58/多
甲在公园游玩时遇见仇人胡某,顿生杀死胡某的念头,便欺骗随行的朋友乙、丙说:"我们追逐胡某,让他出洋相。"三人捡起木棒追逐胡某,致公园秩序严重混乱。将胡某追到公园后门偏僻处后,乙、丙因故离开。随后甲追上胡某,用木棒重击其头部,致其死亡。关于本案,下列哪些选项是正确的?
A. 甲触犯故意杀人罪与寻衅滋事罪
B. 乙、丙的追逐行为是否构成寻衅滋事罪,与该行为能否产生救助胡某的义务是不同的问题
C. 乙、丙的追逐行为使胡某处于孤立无援的境地,但无法预见甲会杀害胡某,不成立过失致人死亡罪
D. 乙、丙属寻衅滋事致人死亡,应从重处罚

370. 2014/2/20/单
首要分子甲通过手机指令所有参与者"和对方打斗时,下手重一点"。在聚众斗殴过程中,被害人被谁的行为重伤致死这一关键事实已无法查明。关于本案的分析,下列哪一选项是正确的?
A. 对甲应以故意杀人罪定罪量刑
B. 甲是教唆犯,未参与打斗,应认定为从犯
C. 所有在现场斗殴者都构成故意杀人罪
D. 对积极参加者按故意杀人罪定罪,对其他参加者按聚众斗殴罪定罪

371. 2013/2/62/多
甲、乙两村因水源发生纠纷。甲村20名村民手持铁锹等农具,在两村交界处强行修建引水设施。乙村18名村民随即赶到,手持木棍、铁锹等与甲村村民互相漫骂、互扔石块,甲村3人被砸成重伤。因警察及时疏导,两村村民才逐渐散去。关于本案,下列哪些选项是正确的?
A. 村民为争水源而斗殴,符合聚众斗殴罪的主观要件
B. 不分一般参加斗殴还是积极参加斗殴,甲、乙两村村民均触犯聚众斗殴罪
C. 因警察及时疏导,两村未发生持械斗殴,属于聚众斗殴未遂
D. 对扔石块将甲村3人砸成重伤的乙村村民,应以故意伤害罪论处

372. 2010/2/19/单
甲承租乙的房屋后,伪造身份证与房产证交与中介公司,中介公司不知有假,为其售房给不知情的丙,甲获款300万元。关于本案,下列哪一选项是错误的?
A. 甲的行为触犯了伪造居民身份证罪与伪造国家机关证件罪,同时是诈骗罪的教唆犯
B. 甲是诈骗罪、伪造居民身份证罪与伪造国家机关证件罪的正犯
C. 伪造居民身份证罪、伪造国家机关证件罪与诈骗罪之间具有牵连关系
D. 由于存在牵连关系,对甲的行为应以诈骗罪从重处罚

考点50 妨害司法罪

373. 2023 回忆/多
关于窝藏罪,下列哪些说法是正确的?
A. 陈某杀人后,甲说:"你安心逃跑,我帮你照顾你的妻子。"甲构成窝藏罪
B. 董某杀人后,本欲投案自首,乙让董某赶紧逃走,董某遂潜逃外地。乙构成窝藏罪
C. 张某杀人逃跑后,其妻丙照顾张某起居。丙不构成窝藏罪
D. 王某杀人后准备逃匿,其朋友丁为其提供管制刀具。丁不构成窝藏罪

374. 2019 回忆/多
甲于2012年借给乙90万元。一年后乙通过银行账户将90万元转给甲。因为有银行转账记录,乙未向甲要回欠条。甲将欠条涂改为2018年借

给乙90万元,并向法院起诉,要求乙还款(本息100万元)。乙以银行转账记录为证据,主张自己已经还款。法官经过调查,最终作出乙败诉的判决,判决乙应向甲还款100万元。关于本案,下列哪些说法是正确的?

A. 甲的行为构成虚假诉讼罪与诈骗罪,两罪在一审判决作出时既遂

B. 甲的行为构成诉讼诈骗,法官是受骗人,乙是受害人

C. 甲的行为构成虚假诉讼罪和诈骗罪的想象竞合

D. 法官构成民事枉法裁判罪

375． 2017/2/19/单

《刑法》第310条第1款规定了窝藏、包庇罪,第2款规定:"犯前款罪,事前通谋的,以共同犯罪论处。"《刑法》第312条规定了掩饰、隐瞒犯罪所得罪,但没有规定"事前通谋的,以共同犯罪论处。"关于上述规定,下列哪一说法是正确的?

A. 若事前通谋之罪的法定刑低于窝藏、包庇罪的法定刑,即使事前通谋的,也应以窝藏、包庇罪论处

B. 即使《刑法》第310条没有第2款的规定,对于事前通谋事后窝藏、包庇的,也应以共同犯罪论处

C. 因缺乏明文规定,事前通谋事后掩饰、隐瞒犯罪所得的,不能以共同犯罪论处

D. 事前通谋事后掩饰、隐瞒犯罪所得,属于想象竞合,应从一重罪处罚

376． 2017/2/87/任

某小区五楼刘某家的抽油烟机发生故障,王某与李某上门检测后,决定拆下搬回维修站修理。刘某同意。王某与李某搬运抽油烟机至四楼时,王某发现其中藏有一包金饰,遂暗自将之塞入衣兜。(事实一)

王某与李某将抽油烟机搬走后,刘某想起自己此前曾将金饰藏于其中,追赶前来,见王某神情可疑,便要其返还金饰。王某为洗清嫌疑,乘乱将金饰转交李某,李某心领神会,接过金饰藏于裤兜中。刘某确定王某身上没有金饰后,转身再找李某索要。李某突然一拳击倒刘某,致其倒地重伤。李某与王某随即逃走。(事实二)

……

关于事实二的分析,下列选项正确的是:

A. 李某接过金饰,协助王某拒不返还他人财物,构成侵占罪的帮助犯

B. 李某帮助王某转移犯罪所得的金饰,构成掩饰、隐瞒犯罪所得罪

C. 李某为窝藏赃物将刘某打伤,属事后抢劫,构成抢劫(致人重伤)罪

D. 王某利用李某打伤刘某的行为顺利逃走,也属事后抢劫,构成抢劫罪

377． 2016/2/20/单

甲杀丙后潜逃。为干扰侦查,甲打电话让乙将一把未留有指纹的斧头粘上丙的鲜血放到现场。乙照办后报案称,自己看到"凶手"杀害了丙,并描述了与甲相貌特征完全不同的"凶手"情况,导致公安机关长期未将甲列为嫌疑人。关于本案,下列哪一选项是错误的?

A. 乙将未留有指纹的斧头放到现场,成立帮助伪造证据罪

B. 对乙伪造证据的行为,甲不负刑事责任

C. 乙捏造事实诬告陷害他人,成立诬告陷害罪

D. 乙向公安机关虚假描述"凶手"的相貌特征,成立包庇罪

378． 2015/2/20/单

甲杀人后将凶器忘在现场,打电话告诉乙真相,请乙帮助扔掉凶器。乙随即把凶器藏在自家地窖里。数月后,甲生活无着落准备投案自首时,乙向甲汇款2万元,使其继续在外生活。关于本案,下列哪一选项是正确的?

A. 乙藏匿凶器的行为不属毁灭证据,不成立帮助毁灭证据罪

B. 乙向甲汇款2万元不属帮助甲逃匿,不成立窝藏罪

C. 乙的行为既不成立帮助毁灭证据罪,也不成立窝藏罪

D. 甲虽唆使乙毁灭证据,但不能认定为帮助毁灭证据罪的教唆犯

379． 2014/2/61/多

甲的下列哪些行为成立帮助毁灭证据罪(不考虑情节)?

A. 甲、乙共同盗窃了丙的财物。为防止公安人员提取指纹,甲在丙报案前擦掉了两人留在现场的指纹

B. 甲、乙是好友。乙的重大贪污罪行被丙发现。甲是丙的上司,为防止丙作证,将丙派往境外工作

C. 甲得知乙放火致人死亡后未清理现场痕迹,便劝说乙回到现场毁灭证据

D. 甲经过犯罪嫌疑人乙的同意,毁灭了对乙有利的无罪证据

380． 2012/2/19/单

甲路过偏僻路段,看到其友乙强奸丙的犯罪事实。甲的下列哪一行为构成包庇罪?

A. 用手机向乙通报公安机关抓捕乙的消息

60

B. 对侦查人员的询问沉默不语
C. 对侦查人员声称乙、丙系恋人,因乙另有新欢遭丙报案诬陷
D. 经法院通知,无正当理由,拒绝出庭作证

381. 2011/2/17/单
下列哪一选项的行为应以掩饰、隐瞒犯罪所得罪论处?
A. 甲用受贿所得1000万元购买了一处别墅
B. 乙明知是他人用于抢劫的汽车而更改车身颜色
C. 丙与抢劫犯事前通谋后代为销售抢劫财物
D. 丁明知是他人盗窃的汽车而为其提供伪造的机动车来历凭证

382. 2009/2/62/单
下列哪一行为构成包庇罪?①
A. 甲帮助强奸罪犯毁灭证据
B. 乙(乘人)在交通肇事后指使肇事人逃逸,致使被害人因得不到救助而死亡
C. 丙明知实施杀人、放火犯罪行为是恐怖组织所为,而作假证明予以包庇
D. 丁系歌舞厅老板,在公安机关查处卖淫嫖娼违法行为时为违法者通风报信,情节严重

383. 2009/2/63/多
甲抢劫出租车,将被害司机尸体藏入后备箱后打电话给堂兄乙,请其帮忙。乙帮助甲把尸体埋掉,并把被害司机的证件、衣物等烧掉。两天后,甲把抢来的出租车送给乙。乙的行为构成何罪?
A. 抢劫罪
B. 包庇罪
C. 掩饰、隐瞒犯罪所得罪
D. 帮助毁灭证据罪

384. 2008/2/17/单
甲欠乙10万元久拖不还,乙向法院起诉并胜诉后,甲在履行期限内仍不归还。于是,乙向法院申请强制执行。当法院的执行人员持强制执行裁定书到甲家执行时,甲率领家人手持棍棒在门口守候,并将试图进入室内的执行人员打成重伤。甲的行为构成何罪?
A. 拒不执行判决、裁定罪
B. 聚众扰乱社会秩序罪
C. 妨害公务罪
D. 故意伤害罪

考点51 妨害国(边)境管理罪

385. 2022 回忆/多
某旅游公司法定代表人朱某组织12人偷越国(边)境,朱某让下属侯某将12人带至国内边境某城市,然后将人分成两组,由荣某带领其中7人,由罗某带领其中5人,分别偷越边境。荣某带领这组人顺利偷越了边境,罗某带领的这组人尚未出境便被抓。下列哪些说法是正确的?
A. 荣某构成犯罪既遂
B. 朱某和侯某构成犯罪既遂
C. 罗某构成犯罪既遂
D. 本案应按照单位犯罪处理

考点52 妨害文物管理罪

386. 2010/2/63/多
甲盗掘国家重点保护的古墓葬,窃取大量珍贵文物,并将部分文物偷偷运往境外出售牟利。司法机关发现后,甲为毁灭罪证将剩余珍贵文物损毁。关于本案,下列哪些选项是错误的?
A. 运往境外出售与毁灭文物,属于不可罚的事后行为,对甲应以盗掘古墓葬罪、盗窃罪论处
B. 损毁文物是为自己毁灭证据的行为,不成立犯罪,对甲应以盗掘古墓葬罪、盗窃罪、走私文物罪论处
C. 盗窃文物是盗掘古墓葬罪的法定刑升格条件,对甲应以盗掘古墓葬罪、走私文物罪、故意损毁文物罪论处
D. 盗掘古墓葬罪的成立不以盗窃文物为前提,对甲应以盗掘古墓葬罪、盗窃罪、走私文物罪、故意损毁文物罪论处

考点53 危害公共卫生罪

387. 2013/2/18/单
医生甲退休后,擅自为人看病2年多。某日,甲为乙治疗,需注射青霉素。乙自述以前曾注射过青霉素,甲便未做皮试就给乙注射青霉素,乙因青霉素过敏而死亡。关于本案,下列哪一选项是正确的?
A. 以非法行医罪的结果加重犯论处
B. 以非法行医罪的基本犯论处
C. 以过失致人死亡罪论处
D. 以医疗事故罪论处

考点54 破坏环境资源保护罪

388. 2023 回忆/单
袁某身穿林业工作人员的衣服,假扮林业工作人员采伐林木,引起路人围观,但路人均认为他是工作人员,故未制止。后袁某将林木运

---

① 原为多选题,根据命题观点答案有变化,调整为单选题。

走卖掉。关于袁某的行为性质,下列哪一选项是正确的?
A. 盗窃罪　　　　B. 盗伐林木罪
C. 滥伐林木罪　　D. 诈骗罪

389． 2017/2/20/单
关于盗伐林木罪,下列哪一选项是正确的?
A. 甲盗伐本村村民张某院落外面的零星树木,如果盗伐数量较大,构成盗伐林木罪
B. 乙在林区盗伐珍贵林木,数量较大,如同时触犯其他法条构成其他犯罪,应数罪并罚
C. 丙将邻县国有林区的珍贵树木移植到自己承包的林地精心养护使之成活的,不属于盗伐林木
D. 丁在林区偷扒数量不多的具有药用价值的树皮,致使数量较大的林木枯死的,构成盗伐林木罪

390． 2013/2/19/单
甲公司竖立的广告牌被路边树枝遮挡,甲公司在未取得采伐许可的情况下,将遮挡广告牌的部分树枝砍掉,所砍树枝共计6立方米。关于本案,下列哪一选项是正确的?
A. 盗伐林木包括砍伐树枝,甲公司的行为成立盗伐林木罪
B. 盗伐林木罪是行为犯,不以破坏林木资源为要件,甲公司的行为成立盗伐林木罪
C. 甲公司不以非法占有为目的,只成立滥伐林木罪
D. 不能以盗伐林木罪判处甲公司罚金

考点55 走私、贩卖、运输、制造毒品罪

391． 2020回忆/多
关于毒品犯罪,下列哪些选项是正确的?
A. 甲想戒毒,便把自己所有的毒品给了乙,刚刚交到乙手上就被警察发现,甲构成非法持有毒品的共犯
B. 甲从卖家乙处网购少量毒品用于吸食,待甲付款后,乙将毒品运往甲的住处。甲构成运输毒品罪的共犯
C. 甲贩卖毒品给乙,交付完毕后当场被警察抓获。甲成贩卖毒品罪,乙构成非法持有毒品罪
D. 甲毒瘾发作,找毒贩乙购买毒品,毒贩乙嫌甲的购买量小而拒绝出卖。后经甲苦苦哀求,乙遂将毒品卖给甲。甲构成贩卖毒品罪的教唆犯

392． 2017/2/61/多
关于毒品犯罪,下列哪些选项是正确的?
A. 甲容留未成年人吸食、注射毒品,构成容留他人吸毒罪
B. 乙随身携带藏有毒品的行李入关,被现场查获,构成走私毒品罪既遂
C. 丙乘广州至北京的火车运输毒品,快到武汉时被查获,构成运输毒品罪既遂
D. 丁以牟利为目的容留刘某吸食毒品并向其出卖毒品,构成容留他人吸毒罪和贩卖毒品罪,应数罪并罚

393． 2016/2/61/多
关于毒品犯罪,下列哪些选项是正确的?
A. 甲无牟利目的,为江某代购仅用于吸食的毒品,达到非法持有毒品罪的数量标准。对甲应以非法持有毒品罪定罪
B. 乙为蒋某代购仅用于吸食的毒品,在交通费等必要开销之外收取了若干"劳务费"。对乙应以贩卖毒品罪论处
C. 丙与曾某互不知情,受雇于同一雇主,各自运输海洛因500克。丙将海洛因从一地运往另一地后,按雇主吩咐交给曾某,曾某再运往第三地。丙应对运输1000克海洛因负责
D. 丁盗窃他人200克毒品后,将该毒品出卖。对丁应以盗窃罪和贩卖毒品罪实行数罪并罚

394． 甲在强制戒毒所戒毒时,无法抗拒毒瘾,设法逃出戒毒所。甲径直到毒贩陈某家,以赊账方式买了少量毒品过瘾。后甲逃往乡下,告知朋友乙详情,请乙收留。乙让甲住下(事实一)。

甲对陈某的毒品动起了歪脑筋,探知陈某将毒品藏在厨房灶膛内。某夜,甲先用毒包子毒死陈某的2条看门狗(价值6000元),然后翻进陈某院墙,从厨房灶膛拿走陈某50克纯冰毒(事实二)。

甲拿出40克冰毒,让乙将40克冰毒和80克其他物质混合,冒充120克纯冰毒卖出(事实三)。

请回答第(1)~(3)题。

(1) 2014/2/89/任
关于事实一,下列选项正确的是:
A. 甲是依法被关押的人员,其逃出戒毒所的行为构成脱逃罪
B. 甲购买少量毒品是为了自吸,购买毒品的行为不构成犯罪
C. 陈某出卖毒品给甲,虽未收款,仍属于贩卖毒品既遂
D. 乙收留甲的行为构成窝藏罪

(2) 2014/2/90/任
关于事实二的判断,下列选项正确的是:
A. 甲翻墙入院从厨房取走毒品的行为,属于入户盗窃
B. 甲进入陈某厨房的行为触犯非法侵入住宅罪
C. 甲毒死陈某看门狗的行为是盗窃预备与故意毁坏财物罪的想象竞合
D. 对甲盗窃50克冰毒的行为,应以盗窃罪论处,根据盗窃情节轻重量刑

(3) 2014/2/91/任
关于事实三的判断,下列选项正确的是:
A. 甲让乙卖出冰毒应定性为甲事后处理所盗赃物,对此不应追究甲的刑事责任
B. 乙将40克冰毒掺杂、冒充120克纯冰毒卖出的行为,符合诈骗罪的构成要件
C. 甲、乙既成立诈骗罪的共犯,又成立贩卖毒品罪的共犯
D. 乙在冰毒中掺杂使假,不构成制造毒品罪

395． 2012/2/62/多
关于毒品犯罪的论述,下列哪些选项是错误的?
A. 非法买卖制毒物品的,无论数量多少,都应追究刑事责任
B. 缉毒警察掩护、包庇走私毒品的犯罪分子的,构成放纵走私罪
C. 强行给他人注射毒品,使人形成毒瘾的,应以故意伤害罪论处
D. 窝藏毒品犯罪所得的财物的,属于窝藏毒赃罪与掩饰、隐瞒犯罪所得罪的法条竞合,应以窝藏毒赃罪定罪处刑

396． 2011/2/18/单
关于非法持有毒品罪,下列哪一选项是正确的?
A. 非法持有毒品的,无论数量多少都应当追究刑事责任
B. 持有毒品不限于本人持有,包括通过他人持有
C. 持有毒品者而非所有者时,必须知道谁是所有者
D. 因贩卖而持有毒品的,应当实行数罪并罚

397． 2008/2/65/多
甲、乙均为吸毒人员,且关系密切。乙因买不到毒品,多次让甲将自己吸食的毒品转让几克给乙,甲每次均以购买价转让毒品给乙,未从中牟利。关于本案,下列哪些选项是错误的?
A. 贩卖毒品罪必须以营利为目的,故甲的行为不成立贩卖毒品罪
B. 贩卖毒品罪以获利为要件,故甲的行为不成立贩卖毒品罪
C. 甲属于无偿转让毒品,不属于贩卖毒品,故不成立贩卖毒品罪
D. 甲只是帮助乙吸食毒品,《刑法》没有将吸食毒品规定为犯罪,故甲不成立犯罪

考点56 组织、强迫、引诱、容留、介绍卖淫罪
398． 2004/2/89/任
对刑法关于组织、强迫、引诱、容留、介绍卖淫罪的规定,下列解释正确的是:
A. 引诱、容留、介绍卖淫罪,包括引诱、容留、介绍男性向同性卖淫
B. 引诱成年人甲卖淫、容留成年人乙卖淫的,成立引诱、容留卖淫罪,不实行并罚
C. 引诱幼女甲卖淫,容留幼女乙卖淫的,成立引诱幼女卖淫罪与容留卖淫罪,实行并罚
D. 引诱幼女向他人卖淫后又嫖宿该幼女的,以引诱幼女卖淫罪论处,从重处罚

考点57 制作、贩卖、传播淫秽物品罪
399． 2017/2/51/多
根据有关司法解释,关于利用互联网实施的犯罪行为,下列哪些说法是正确的?
A. 在网络上建立赌博网站的,属于开设赌场
B. 通过网络传播淫秽视频的,属于传播淫秽物品
C. 在网络上传播电子盗版书的,属于复制发行他人文字作品
D. 盗用他人网络账号、密码上网,造成他人电信资费损失的,属于盗窃他人财物

400． 2010/2/64/多
关于利用互联网传播淫秽物品牟利的犯罪,可以由哪些主体构成?
A. 网站建立者
B. 网站直接管理者
C. 电信业务经营者
D. 互联网信息服务提供者

401． 2002/2/2/单
孙某制作、复制大量的淫秽光盘,除出卖外,还多次将淫秽光盘借给许多人观看。对其行为应如何处理?
A. 以制作、复制、贩卖、传播淫秽物品牟利罪处罚
B. 以组织播放淫秽音像制品罪从重处罚
C. 以制作、复制、贩卖淫秽物品牟利罪和传播淫秽物品罪数罪并罚
D. 以传播淫秽物品罪从重处罚

专题十九 贪污贿赂罪

考点58 贪污罪

402． 2022回忆/单

甲国有公司派遣的管理人员吴某、乙建筑公司的王某和监理公司的刘某共谋，王某以虚构水泥的方式使甲公司多付款200万元给乙公司，吴某和刘某确认签字，然后王某从中取出60万元，三人各分20万元，其余140万元用于乙公司运营。关于吴某、王某和刘某三人的行为，下列哪一说法是正确的？

A．即使王某不是国家工作人员，仍然构成贪污罪，金额为200万元
B．刘某构成受贿罪，金额为20万元
C．吴某构成行贿罪，金额为40万元
D．吴某虽然不是乙公司工作人员，仍构成职务侵占罪

403． 2017/2/21/单

国有甲公司领导王某与私企乙公司签订采购合同，以10万元的价格向乙公司采购一批设备。后王某发现，丙公司销售的相同设备仅为6万元。王某虽有权取消合同，但却与乙公司老总刘某商议，由王某花6万元从丙公司购置设备交给乙公司，再由乙公司以10万元的价格卖给甲公司。经王某签字批准，甲公司将10万元货款支付给乙公司后，刘某再将10万元返给王某。刘某为方便以后参与甲公司采购业务，完全照办。关于本案的分析，下列哪一选项是正确的？

A．王某利用职务上的便利套取公款，构成贪污罪，贪污数额为10万元
B．王某利用与乙公司签订合同的机会谋取私利，应以职务侵占罪论处
C．刘某为谋取不正当利益，事后将货款交给王某，刘某行为构成贪污罪
D．刘某协助王某骗取公款，但因其并非国家工作人员，故构成诈骗罪

404． 2017/2/89/任

某地政府为村民发放扶贫补贴，由各村村委会主任审核本村申请材料并分发补贴款。某村村委会主任王某、会计刘某以及村民陈某合谋伪造申请材料，企图每人套取5万元补贴款。王某任期届满，周某继任村委会主任后，政府才将补贴款拨到村委会。周某在分发补贴款时，发现了王某、刘某和陈某的企图，便只发给三人各3万元，将剩余6万元据为己有。三人心知肚明，但不敢声张。（事实一）

……

关于事实一的分析，下列选项正确的是：

A．王某拿到补贴款时已经离任，不能认定其构成贪污罪
B．刘某参与伪造申请材料，构成贪污罪，贪污数额为3万元
C．陈某虽为普通村民，但参与他人贪污行为，构成贪污罪
D．周某擅自侵吞补贴款，构成贪污罪，贪污数额为6万元

405． 甲送给国有收费站长吴某3万元，与其约定：甲在高速公路另开出口帮货车司机逃费，吴某想办法让人对此不予查处，所得由二人分成。后甲组织数十人，锯断高速公路一侧隔离栏、填平隔离沟（恢复原状需3万元），形成一条出口。路过的很多货车司机知道经过收费站要收300元，而给甲100元即可绕过收费站继续前行。甲以此方式共得款30万元，但骗吴某仅得20万元，并按此数额分成。

请回答第（1）~（3）题。

（1）2015/2/86/任

关于甲锯断高速公路隔离栏的定性，下列分析正确的是：

A．任意损毁公私财物，情节严重，应以寻衅滋事罪论处
B．聚众锯断高速公路隔离栏，成立聚众扰乱交通秩序罪
C．锯断隔离栏的行为，即使得到吴某的同意，也构成故意毁坏财物罪
D．锯断隔离栏属破坏交通设施，在危及交通安全时，还触масла坏交通设施罪

（2）2015/2/87/任

关于甲非法获利的定性，下列分析正确的是：

A．擅自经营收费站收费业务，数额巨大，构成非法经营罪
B．即使收钱时冒充国有收费站工作人员，也不构成招摇撞骗罪
C．未使收费站工作人员基于认识错误免收司机过路费，不构成诈骗罪
D．骗吴某仅得20万元的行为，构成隐瞒犯罪所得罪

（3）2015/2/88/任

围绕吴某的行为，下列论述正确的是：

A．利用职务上的便利侵吞本应由收费站收取的费用，成立贪污罪
B．贪污数额为30万元
C．收取甲3万元，利用职务便利为甲谋利益，成

· 64 ·

立受贿罪

D. 贪污罪与受贿罪成立牵连犯,应从一重罪处断

406． 2011/2/63/多

关于贪污罪的认定,下列哪些选项是正确的?

A. 国有公司中从事公务的甲,利用职务便利将本单位收受的回扣据为己有,数额较大。甲行为构成贪污罪

B. 土地管理部门的工作人员乙,为农民多报青苗数,使其从房地产开发商处多领取20万元补偿款,自己分得10万元。乙行为构成贪污罪

C. 村民委员会主任丙,在协助政府管理土地征用补偿费时,利用职务便利将其中数额较大款项据为己有。丙行为构成贪污罪

D. 国有保险公司工作人员丁,利用职务便利编造未发生的保险事故进行虚假理赔,将骗取的5万元保险金据为己有。丁行为构成贪污罪

407． 2008/2/18/单

某国有公司出纳甲意图非法占有本人保管的公共财物,但不使用自己手中的钥匙和所知道的密码,而是使用铁棍将自己保管的保险柜打开并取走现金3万元。之后,甲伪造作案现场,声称失窃。关于本案,下列哪一选项是正确的?

A. 甲虽然是国家工作人员,但没有利用职务上的便利,故应认定为盗窃罪

B. 甲虽然没有利用职务上的便利,但也不属于将他人占有的财物转移为自己占有,故应认定为侵占罪

C. 甲将自己基于职务保管的财物据为己有,应成立贪污罪

D. 甲实际上是通过欺骗手段获得财物的,应认定为诈骗罪

考点59 挪用公款罪

408． 2021回忆/任

齐某系某国有企业财务主管,刘某怂恿齐某挪用公款300万元交自己进行投资,承诺两个月后归还本金,获利平分。齐某照办。后刘某用其中的100万元进行投资,其余200万元用于购房。两个月后,刘某将300万元归还给齐某,齐某立即归还给单位。齐某和刘某挪用公款的数额分别是:

A. 均是100万元
B. 均是300万元
C. 齐某300万元,刘某100万元
D. 齐某100万元,刘某300万元

409． 2014/2/62/多

根据《刑法》与司法解释的规定,国家工作人员挪用公款进行营利活动、数额达到1万元或者挪用公款进行非法活动、数额达到5000元的,以挪用公款罪论处。国家工作人员甲利用职务便利挪用公款1.2万元,将8000元用于购买股票、4000元用于赌博,在1个月内归还1.2万元。关于本案的分析,下列哪些选项是错误的?

A. 对挪用公款的行为,应按用途区分行为的性质与罪数;甲实施了两个挪用行为,对两个行为不能综合评价,甲的行为不成立挪用公款罪

B. 甲虽只实施了一个挪用公款行为,但由于既未达到挪用公款进行营利活动的数额要求,也未达到挪用公款进行非法活动的数额要求,故不构成挪用公款罪

C. 国家工作人员购买股票属于非法活动,故应认定甲属于挪用公款1.2万元进行非法活动,甲的行为成立挪用公款罪

D. 可将赌博行为评价为营利活动,认定甲属于挪用公款1.2万元进行营利活动,故甲的行为成立挪用公款罪

410． 2012/2/20/单

甲恳求国有公司财务主管乙,从单位挪用10万元供他炒股,并将一块名表送给乙。乙做假账将10万元交与甲,甲表示尽快归还。20日后,乙用个人财产归还单位10万元。关于本案,下列哪一选项是错误的?

A. 甲、乙勾结私自动用公款,构成挪用公款罪的共犯

B. 乙虽20日后主动归还10万元,甲、乙仍属于挪用公款罪既遂

C. 乙非法收受名表,构成受贿罪

D. 对乙不能以挪用公款罪与受贿罪进行数罪并罚

411． 2010/2/20/单

下列哪一情形不属于"挪用公款归个人使用"?

A. 国家工作人员甲,将公款借给其弟炒股

B. 国家机关工作人员甲,以个人名义将公款借给原工作过的国有企业使用

C. 某县工商局长甲,以单位名义将公款借给某公司使用

D. 某国有公司总经理甲,擅自决定以本公司名义将公款借给某国有事业单位使用,以安排其子在该单位就业

412． 2008/2/92/任

国有公司财务人员甲于 2007 年 6 月挪用单位救灾款 100 万元,供自己购买股票,后股价大跌,甲无力归还该款项。2008 年 1 月,甲挪用单位办公经费 70 万元为自己购买商品房。两周后,甲采取销毁账目的手段,使挪用的办公经费 70 万元中的 50 万元难以在单位财务账上反映出来。甲一直未归还上述所有款项。关于甲的行为定性,下列选项正确的是:

A. 甲挪用救灾款的行为,不构成挪用特定款物罪
B. 甲挪用办公经费的行为构成挪用公款罪,挪用数额为 70 万元
C. 甲挪用办公经费后销毁账目未归还的行为构成贪污罪,贪污数额为 50 万元
D. 对于甲应当以挪用公款罪、贪污罪实行并罚

考点60 贿赂类犯罪

413． 2022回忆/单

在受贿人收下银行卡后,关于受贿罪既遂、未遂的判断,下列哪一说法是正确的?

A. 如银行卡里无资金,也构成既遂
B. 如银行卡里资金是定期存款,非活期存款,构成未遂
C. 收下银行卡后就构成既遂
D. 如银行卡里有资金且可支配使用,构成既遂

414． 2021回忆/任

甲的丈夫涉嫌职务犯罪被监察机关留置。乙找到甲说:"给我 50 万元打点打点,肯定能把你丈夫捞出来。"甲遂交给乙 50 万元。实际上,乙只想用 10 万元打点关系。后乙将 40 万元用于偿还个人债务,另将 10 万元交给丙,让丙送给监察机关工作人员丁,请丁帮忙。丁当场拒收。下列说法正确的是:

A. 甲构成行贿罪既遂,数额为 50 万元
B. 乙构成诈骗罪既遂,数额为 40 万元
C. 乙和丙构成行贿罪未遂,数额为 10 万元
D. 假如丁收受 10 万元后立即上交有关机关,则乙、丙构成行贿罪既遂

415． 2020回忆/单

甲设立 A 公司,注册资本为 1000 万元,因有事相求于乙,甲提出将 10% 股权送给国家工作人员乙,乙同意并办理了注册登记。之后乙持有的股票的价格涨到了 200 万元。甲又以 600 万元的价格回购该部分股权。乙的受贿金额是多少?

A. 200 万元　　　B. 600 万元
C. 500 万元　　　D. 400 万元

416． 2020回忆/任

关于贿赂犯罪,下列说法正确的是:

A. 甲向国家工作人员乙行贿,甲带了 100 万元现金去乙的办公室,乙对甲说:"钱先放你那里吧。"甲遂将现金带回并放进自己的保险箱里,直至案发时也没有移动。甲行贿 100 万元既遂,乙受贿 100 万元既遂
B. 乙利用职务便利违法为甲开具彩票经营同意书,并欺骗甲需要支付 10 万元才能开具,甲信以为真支付 10 万元给乙。乙受贿 10 万元既遂
C. 甲向国家工作人员乙行贿,给了乙一张空白支票,支票最高金额为 999 万元,甲为确保乙能够支取,在自己相应账户上存有数千万元资金。直至案发时,乙也没有填写支票上的数字。甲行贿 999 万元既遂,乙受贿 999 万元既遂
D. 甲向国家工作人员乙行贿,给了乙一张 500 万元的银行卡,并告知其卡内余额,乙收下后,没有查看余额,也没有使用,直至案发时,卡上余额连本带息共 600 万元。甲行贿 500 万元,乙受贿 600 万元

417． 2017/2/62/多

关于受贿罪,下列哪些选项是正确的?

A. 国家工作人员明知其近亲属利用自己的职务行为受贿的,构成受贿罪
B. 国家工作人员虚假承诺利用职务之便为他人谋利,收取他人财物的,构成受贿罪
C. 国家机关工作人员实施渎职犯罪并收受贿赂,同时构成渎职罪和受贿罪的,除《刑法》有特别规定外,以渎职罪与受贿罪数罪并罚
D. 国家工作人员明知他人有请托事项而收受其财物,视为具备"为他人谋取利益"的构成要件,是否已实际为他人谋取利益,不影响受贿罪的认定

418． 2017/2/90/任

某地政府为村民发放扶贫补贴,由各村村委会主任审核本村申请材料并分发补贴款。某村村委会主任王某、会计刘某以及村民陈某合谋伪造申请材料,企图每人套取 5 万元补贴款。王某任期届满,周某继任村委会主任后,政府才将补贴款拨到村委会。周某在分发补贴款时,发现了王某、刘某和陈某的企图,便只发给三人各 3 万元,将剩余 6 万元据为己有。三人心知肚明,但不敢声张。(事实一)

后周某又想私自非法获取土地征收款,欲找县国土局局长张某帮忙,遂送给县工商局局长李某 10 万元,托其找张某说情。李某与张某不熟,送 5 万元给县财政局局长胡某,让胡某找张某。胡某找到张某后,张某碍于情面,违心答应,但并未付诸行动。(事实二)

......

关于事实二的分析,下列选项正确的是：
A. 周某为达非法目的,向国家工作人员行贿,构成行贿罪
B. 李某请托胡某帮忙,并送给胡某5万元,构成行贿罪
C. 李某未利用自身职务行为为周某谋利,但构成受贿罪既遂
D. 胡某收受李某财物进行斡旋,但未成功,构成受贿罪未遂

419. 2016/2/21/单
国家工作人员甲听到有人敲门,开门后有人扔进一个包就跑。甲发现包内有20万元现金,推测是有求于自己职务行为的乙送的。甲打电话问乙时被告知"不要问是谁送的,收下就是了"(事实上是乙安排丙送的),并重复了前几天的请托事项。甲虽不能确定是乙送的,但还是允诺为乙谋取利益。关于本案,下列哪一选项是正确的？
A. 甲没有主动索取、收受财物,不构成受贿罪
B. 甲没有受贿的直接故意,间接故意不可能构成受贿罪,故甲不构成受贿罪
C. 甲允诺为乙谋取利益与收受20万元现金之间无因果关系,故不构成受贿罪
D. 即使认为甲不构成受贿罪,乙与丙也构成行贿罪

420. 2016/2/62/多
关于贿赂犯罪的认定,下列哪些选项是正确的？
A. 甲是公立高校普通任课教师,在学校委派其招生时,利用职务便利收受考生家长10万元。甲成立受贿罪
B. 乙是国有医院副院长,收受医药代表10万元,承诺为病人开处方时多开相关药品。乙成立非国家工作人员受贿罪
C. 丙是村委会主任,在村集体企业招投标过程中,利用职务收受他人财物10万元,为其谋利。丙成立非国家工作人员受贿罪
D. 丁为国有公司临时工,与本公司办理采购业务的副总经理相勾结,收受10万元回扣归二人所有。丁构成受贿罪

421. 甲是A公司(国有房地产公司)领导,因私人事务欠蔡某600万元。蔡某让甲还钱,甲提议以A公司在售的商品房偿还债务,蔡某同意。甲遂将公司一套价值600万元的商品房过户给蔡某,并在公司财务账目上记下自己欠公司600万元。三个月后,甲将账作平,至案发时亦未归还欠款。(事实一)

A公司有工程项目招标。为让和自己关系好的私营公司老板程某中标,甲刻意安排另外两家公司与程某一起参与竞标。甲让这两家公司和程某分别制作工程预算和标书,但各方约定,若这两家公司中标,就将工程转包给程某。程某最终在A公司预算范围内以最优报价中标。为感谢甲,程某花5000元购买仿制古董赠与甲。甲以为是价值20万元的真品,欣然接受。(事实二)

甲曾因公务为A公司垫付各种费用5万元,但由于票据超期,无法报销。为挽回损失,甲指使知情的程某虚构与A公司的劳务合同并虚开发票。甲在合同上加盖公司公章后,找公司财务套取"劳务费"5万元。(事实三)

请回答第(1)~(3)题。

（1）2016/2/89/任
关于事实一的分析,下列选项正确的是：
A. 甲将商品房过户给蔡某的行为构成贪污罪
B. 甲将商品房过户给蔡某的行为构成挪用公款罪
C. 甲虚假平账,不再归还600万元,构成贪污罪
D. 甲侵占公司600万元,应与挪用公款罪数罪并罚

（2）2016/2/90/任
关于事实二的分析,下列选项正确的是：
A. 程某虽与其他公司串通参与投标,但不构成串通投标罪
B. 甲安排程某与他人串通投标,构成串通投标罪的教唆犯
C. 程某以行贿的意思向甲赠送仿制古董,构成行贿罪既遂
D. 甲以受贿的意思收下程某的仿制古董,构成受贿罪既遂

（3）2016/2/91/任
关于事实三的分析,下列选项错误的是：
A. 甲以非法手段骗取国有公司的财产,构成诈骗罪
B. 甲具有非法占有公共财物的目的,构成贪污罪
C. 程某协助甲对公司财务人员进行欺骗,构成诈骗罪与贪污罪的想象竞合犯
D. 程某并非国家工作人员,但帮助国家工作人员贪污,构成贪污罪的帮助犯

422. 2015/2/21/单
根据《刑法》规定,国家工作人员利用本人职权或者(1)形成的便利条件,通过其他(2)职

务上的行为,为请托人谋取(3),索取请托人财物或者收受请托人财物的,以(4)论处。这在刑法理论上称为(5)。将下列哪一选项内容填充到以上相应位置是正确的?
  A. (1)地位(2)国家机关工作人员(3)利益(4)利用影响力受贿罪(5)间接受贿
  B. (1)职务(2)国家工作人员(3)利益(4)受贿罪(5)斡旋受贿
  C. (1)职务(2)国家机关工作人员(3)不正当利益(4)利用影响力受贿罪(5)间接受贿
  D. (1)地位(2)国家工作人员(3)不正当利益(4)受贿罪(5)斡旋受贿

423． 2014/2/21/多
交警甲和无业人员乙勾结,让乙告知超载司机"只交罚款一半的钱,即可优先通行";司机交钱后,乙将交钱司机的车号报给甲,由在高速路口执勤的甲放行。二人利用此法共得32万元,乙留下10万元,余款归甲。关于本案的分析,下列哪些选项是正确的?①
  A. 甲、乙构成受贿罪共犯
  B. 甲、乙构成贪污罪共犯
  C. 甲、乙构成滥用职权罪共犯
  D. 乙的受贿数额是32万元

424． 2013/2/63/多
关于受贿相关犯罪的认定,下列哪些选项是正确的?
  A. 甲知道城建局长张某吸毒,以提供海洛因为条件请其关照工程招标,张某同意。甲中标后,送给张某50克海洛因。张某构成受贿罪
  B. 乙系人社局副局长,乙父让乙将不符合社保条件的几名亲戚纳入社保范围后,收受亲戚送来的3万元。乙父构成利用影响力受贿罪
  C. 国企退休厂长王某(正处级)利用其影响,让现任厂长帮忙,在本厂推销保险产品后,王某收受保险公司3万元。王某不构成受贿罪
  D. 法院院长告知某企业经理赵某"如给法院捐赠500万元办公经费,你们那个案件可以胜诉"。该企业胜诉后,给法院单位账户打入500万元。应认定法院构成单位受贿罪

425． 2011/2/19/单
大学生甲为获得公务员面试高分,送给面试官乙(某机关领导)2瓶高档白酒,乙拒绝。次日,甲再次到乙家,偷偷将一块价值1万元的金币放在茶几上离开。乙不知情,保姆以为乙知此事,将金币放入乙的柜子。对于本案,下列哪一选项是错误的?

  A. 甲的行为成立行贿罪
  B. 乙的行为不构成受贿罪
  C. 认定甲构成行贿罪与乙不构成受贿罪不矛盾
  D. 保姆的行为成立利用影响力受贿罪

426． 2010/2/65/多
关于贿赂犯罪,下列哪些选项是错误的?
  A. 国家工作人员利用职务便利,为请托人谋取利益并收受其财物而构成受贿罪的,请托人当然构成行贿罪
  B. 因被勒索给予国家工作人员以财物的,当然不构成行贿罪
  C. 行贿人在被追诉前主动交代行贿行为的,可以从轻或者减轻处罚
  D. 某国家机关利用其职权或地位形成的便利条件,通过其他国家机关的职务行为,为请托人谋取利益,索取请托人财物的,构成单位受贿罪

427． 2009/2/60/多
甲向乙行贿五万元,乙收下后顺手藏于自家沙发垫下,匆忙外出办事。当晚,丙潜入乙家盗走该五万元。事后查明,该现金全部为假币。下列哪些选项是正确的?
  A. 甲用假币行贿,其行为成立行贿罪未遂,是实行终了的未遂
  B. 丙的行为没有侵犯任何人的合法财产,不构成盗窃罪
  C. 乙虽然收受假币,但其行为仍构成受贿罪
  D. 丙的行为侵犯了乙的占有权,构成盗窃罪

428． 2009/2/64/多
根据《刑法》有关规定,下列哪些说法是正确的?
  A. 甲系某国企总经理之妻,甲让其夫借故辞退企业财务主管,而以好友陈某取而代之,陈某赠甲一辆价值12万元的轿车。甲构成犯罪
  B. 乙系已离职的国家工作人员,请接任处长为缺少资质条件的李某办理了公司登记,收取某10万元。乙构成犯罪
  C. 丙系某国家机关官员之子,利用其父管理之便,请其父下属将不合条件的某企业列入政府采购范围,收受该企业5万元。丙构成犯罪
  D. 丁系国家工作人员,在主管土地拍卖工作时向一家房地产公司通报了重要情况,使其如愿

---

① 原为单选题,根据新的命题观点答案有变化,调整为多选题。

获得黄金地块。丁退休后,该公司为表示感谢,自作主张送与丁价值5万元的按摩床。丁构成犯罪

429． 甲为某国有企业出纳,为竞争公司财务部主任职位欲向公司副总经理乙行贿。甲通过涂改账目等手段从公司提走20万元,委托总经理办公室秘书丙将15万元交给乙,并要丙在转交该款时一定要自己提升一事向乙"美言几句"。乙收下该款。8天后,乙将收受钱款一事报告了公司总经理,并将15万元交到公司纪检部门。

1个月后,甲得知公司委任其他人担任财务部主任,恼羞成怒找到乙说:"还我15万,我去把公司钱款补上。你还必须付我10万元精神损害赔偿,否则我就将你告到检察院。"乙反复向甲说明钱已上交不能退还,但甲并不相信。数日后,甲携带一桶汽油闯入乙办公室纵火,导致室内空调等财物被烧毁。

请回答(1)~(4)题。

（1）2009/2/91/任
关于甲从公司提出公款20万元并将其中一部分行贿给乙的行为,下列选项错误的是:
A. 甲构成贪污罪,数额是20万元;行贿罪与贪污罪之间是牵连关系,不再单独定罪
B. 甲构成贪污罪、行贿罪,数罪并罚,贪污数额是5万元,行贿15万元
C. 甲构成贪污罪、行贿罪,数罪并罚,贪污数额是20万元,行贿15万元
D. 甲对乙说过要"去把公司钱款补上",应当构成挪用公款罪,数额是20万元,再与行贿罪并罚

（2）2009/2/92/任
关于乙的行为,下列选项错误的是:
A. 乙构成受贿罪既遂
B. 乙构成受贿罪中止
C. 乙犯罪以后上交赃物的行为,属于酌定从轻处罚情节
D. 乙不构成犯罪

（3）2009/2/93/任
关于丙的行为,下列选项正确的是:
A. 丙构成受贿罪共犯
B. 丙构成介绍贿赂罪
C. 丙构成行贿罪共犯
D. 丙没有实行行为,不构成犯罪

（4）2009/2/94/任
关于甲得知财务部主任由他人担任后实施的行为,下列选项错误的是:
A. 甲的行为只构成放火罪

B. 甲索要10万元"精神损害赔偿"的行为不构成敲诈勒索罪
C. 甲的行为是敲诈勒索罪与放火罪的想象竞合犯
D. 甲的行为是敲诈勒索罪与放火罪的吸收犯

430． 2008/2/56/多
某国有银行行长甲指使负责贷款业务的科长乙向申请贷款的丙单位索要财物。乙将索要所获15万元中的9万元交给甲,其余6万元自己留下。后来,甲、乙均明知丙单位不具备贷款条件,仍然向丙单位贷款1000万元,使银行遭受800万元损失。对于本案,下列哪些选项是正确的?
A. 甲的受贿数额是9万元
B. 乙的受贿数额是15万元
C. 甲、乙均构成违法发放贷款罪
D. 对于甲、乙的违法发放贷款罪和受贿罪,应当数罪并罚

考点61 巨额财产来源不明罪

431． 2012/2/63/多
国家工作人员甲与民办小学教师乙是夫妻。甲、乙支出明显超过合法收入,差额达300万元。甲、乙拒绝说明财产来源。一审中,甲交代300万元系受贿所得,经查证属实。关于本案,下列哪些选项是正确的?
A. 甲构成受贿罪
B. 甲不构成巨额财产来源不明罪
C. 乙不构成巨额财产来源不明罪
D. 乙构成掩饰、隐瞒犯罪所得罪

专题二十 渎职罪

考点62 渎职罪

432． 2021 回忆/多
关于渎职犯罪,下列哪些说法是正确的?
A. 市场监管执法人员甲明知钱某生产的口罩是伪劣产品,涉嫌犯罪,仍向其通风报信,帮助其逃避处罚。甲构成包庇罪
B. 铁路警察乙发现吴某盗窃,因收了吴某的钱财,对吴某不予立案。乙构成徇私枉法罪和受贿罪,择一重罪论处
C. 监狱管理人员丙在罪犯孙某执行有期徒刑期间,利用职权私下让其回家,要求其按时返回。丙构成私放在押人员罪
D. 警察丁利用职权,使无资格获得驾驶证的周某取得驾驶证。某日,周某违章驾车,酿成车祸,致人死亡。丁构成滥用职权罪

433. 2017/2/63/多

关于渎职罪,下列哪些选项是正确的?

A. 省渔政总队验船师郑某,明知有 8 艘渔船存在套用船号等问题,按规定应注销,却为船主办理船检证书,船主领取国家柴油补贴 640 万元。郑某构成滥用职权罪

B. 刑警曾某办理冯某抢劫案,明知冯某被取保候审后未定期到派出所报到,曾某也未依法传唤冯某或将案件移送起诉或变更强制措施。期间,冯某再次犯罪。曾某构成徇私枉法罪

C. 律师于某担任被告人马某的辩护人,从法院复印马某贪污案的案卷材料,允许马某亲属朱某查阅。朱某随后游说证人,使数名证人向于某出具了虚假证明材料。于某构成故意泄露国家秘密罪

D. 公安局协警闫某,在协助抓捕行动中,向领导黑社会性质组织的李某通风报信,导致李某等主要犯罪分子潜逃。闫某构成帮助犯罪分子逃避处罚罪

434. 2016/2/63/多

关于渎职犯罪,下列哪些选项是正确的?

A. 县财政局副局长秦某工作时擅离办公室,其他办公室人员操作电炉不当,触电身亡并引发大火将办公楼烧毁。秦某触犯玩忽职守罪

B. 县卫计局执法监督大队队长武某,未能发现何某在足疗店内非法开诊所行医,该诊所开张三天即造成一患者死亡。武某触犯玩忽职守罪

C. 负责建房审批工作的干部柳某,徇情为拆迁范围内违规修建的房屋补办了建设许可证,房主凭此获得补偿款 90 万元。柳某触犯滥用职权罪

D. 县长郑某擅自允许未经环境评估的水电工程开工,导致该县水域内濒危野生鱼类全部灭绝。郑某触犯滥用职权罪

435. 朱某系某县民政局副局长,率县福利企业年检小组到同学黄某任厂长的电气厂年检时,明知该厂的材料有虚假、残疾员工未达法定人数,但朱某以该材料为准,使其顺利通过年检。为此,电气厂享受了不应享受的退税优惠政策,获取退税 300 万元。黄某动用关系,帮朱某升任民政局局长。检察院在调查朱某时发现,朱某有 100 万元财产明显超过合法收入,但其拒绝说明来源。在审查起诉阶段,朱某交代 100 万元系在澳门赌场所赢,经查证属实。

请回答第(1)~(3)题。

(1) 2015/2/89/任

关于朱某帮助电气厂通过年检的行为,下列说法正确的是:

A. 其行为与国家损失 300 万元税收之间,存在因果关系

B. 属滥用职权,构成滥用职权罪

C. 属徇私舞弊,使国家税收遭受损失,同时构成徇私舞弊不征、少征税款罪

D. 事后虽获得了利益(升任局长),但不构成受贿罪

(2) 2015/2/90/任

关于朱某 100 万元财产的来源,下列分析正确的是:

A. 其财产、支出明显超过合法收入,这是巨额财产来源不明罪的实行行为

B. 在审查起诉阶段已说明 100 万元的来源,故不能以巨额财产来源不明罪提起公诉

C. 在澳门赌博,数额特别巨大,构成赌博罪

D. 作为国家工作人员,在澳门赌博,应依属人管辖原则追究其赌博的刑事责任

(3) 2015/2/91/任

关于黄某使电气厂获取 300 万元退税的定性,下列分析错误的是:

A. 具有逃税性质,触犯逃税罪

B. 具有诈骗属性,触犯诈骗罪

C. 成立逃税罪与提供虚假证明文件罪,应数罪并罚

D. 属单位犯罪,应对电气厂判处罚金,并对黄某判处相应的刑罚

436. 2014/2/63/任

丙实施抢劫犯罪后,分管公安工作的副县长甲滥用职权,让侦办此案的警察乙想办法使丙无罪。乙明知丙有罪,但为徇私情,采取毁灭证据的手段使丙未受追诉。关于本案的分析下列哪些选项是正确的?

A. 因甲是国家机关工作人员,故甲是滥用职权罪的实行犯

B. 因甲居于领导地位,故甲是徇私枉法罪的间接正犯

C. 因甲实施了两个实行行为,故应实行数罪并罚

D. 乙的行为同时触犯徇私枉法罪与帮助毁灭证据罪、滥用职权罪,但因只有一个行为,应以徇私枉法罪论处

437. 2013/2/21/单

乙的孙子丙因涉嫌抢劫被刑拘。乙托甲设法使丙脱罪,并承诺事成后付其 10 万元。甲与

公安局副局长丁早年认识,但多年未见面。甲托丁对丙作无罪处理,丁不同意,甲便以揭发隐私要挟,丁被迫按甲的要求处理案件。后甲收到乙10万元现金。关于本案,下列哪一选项是错误的?

A. 对于"关系密切"应根据利用影响力受贿罪的实质进行解释,不能仅从形式上限定为亲朋好友
B. 根据A选项的观点,"关系密切"包括具有制约关系的情形,甲构成利用影响力受贿罪
C. 丁构成徇私枉法罪,甲构成徇私枉法罪的教唆犯
D. 甲的行为同时触犯利用影响力受贿罪与徇私枉法罪,应从一重罪论处

438. 2011/2/20/单

刘某以赵某对其犯故意伤害罪,向法院提起刑事附带民事诉讼。因赵某妹妹曾拒绝本案主审法官王某的求爱,故王某在明知证据不足、指控犯罪不能成立的情况下,毁灭赵某无罪证据,认定赵某构成故意伤害罪,并宣告免予刑罚处罚。对王某的定罪,下列哪一选项是正确的?

A. 徇私枉法罪
B. 滥用职权罪
C. 玩忽职守罪
D. 帮助毁灭证据罪

439. 2009/2/65/多

关于徇私枉法罪,下列哪些选项是正确的?

A. 甲(警察)与犯罪嫌疑人陈某曾是好友,在对陈某采取监视居住期间,故意对其放任不管,导致陈某逃匿,司法机关无法对其追诉。甲成立徇私枉法罪
B. 乙(法官)为报复被告人赵某对自己的出言不逊,故意在刑事附带民事判决中加大赵某对被害人的赔偿数额,致使赵某多付10万元。乙不成立徇私枉法罪
C. 丙(鉴定人)在收取犯罪嫌疑人盛某的钱财后,将被害人的伤情由重伤改为轻伤,导致盛某轻判。丙不成立徇私枉法罪
D. 丁(法官)为打击被告人程某,将对程某不起诉的理由从"证据不足,指控犯罪不能成立"擅自改为"可以免除刑罚"。丁成立徇私枉法罪

专题二十一 军人违反职责罪

考点63 军人违反职责罪

440. 2004/2/84/任

可能构成战时自伤罪的情况是:

A. 预备役人员张某在战时为逃避征召,自伤身体
B. 战士李某为尽早脱离战场,在敌人火力猛烈向我方阵地射击时,故意将手臂伸出掩体之外,被敌人子弹击中,无法继续作战
C. 战士王某战时奉命守卫仓库,站岗时因困倦睡着,导致仓库失窃,为了掩盖过错,他用匕首自伤身体,谎称遭到抢劫
D. 战士陈某为了立功当英雄,战时自伤身体,谎称在与偷袭的敌人交火时受伤

刑法 [考点法条]

专题一 刑法概说

考点2 刑法的基本原则

第三条 [罪刑法定原则]法律明文规定为犯罪行为的,依照法律定罪处刑;法律没有明文规定为犯罪行为的,不得定罪处刑。

第五条 [罪刑相适应原则]刑罚的轻重,应当与犯罪分子所犯罪行和承担的刑事责任相适应。

考点3 刑法的适用范围(效力)

(一)刑法的空间效力

第六条 [属地管辖]凡在中华人民共和国领域内犯罪的,除法律有特别规定的以外,都适用本法。

《刑法》

第九条 [普遍管辖]对于中华人民共和国缔结或者参加的国际条约所规定的罪行,中华人民共和国在所承担条约义务的范围内行使刑事管辖权的,适用本法。

第十一条 [享有外交特权和豁免权的外国人的刑事责任]享有外交特权和豁免权的外国人的刑事责任,通过外交途径解决。

《刑诉解释》

第六条 在国际列车上的犯罪,根据我国与相关国家签订的协定确定管辖;没有协定的,由该列车始发或者前方停靠的中国车站所在地负责审判铁路运输刑事案件的人民法院管辖。

(二)属人管辖权

第七条 [属人管辖]中华人民共和国公民在中华人民共和国领域外犯本法规定之罪的,适用本法,但是按本法规定的最高刑为三年以下有期徒刑的,可以不予追究。

中华人民共和国国家工作人员和军人在中华人民共和国领域外犯本法规定之罪的,适用本法。

(三)从旧兼从轻

第十二条 [刑法的溯及力]中华人民共和国成立以后本法施行以前的行为,如果当时的法律不认为是犯罪的,适用当时的法律;如果当时的法律认为是犯罪的,依照本法总则第四章第八节的规定应当追诉的,按照当时的法律追究刑事责任,但是如果本法不认为是犯罪或者处刑较轻的,适用本法。

本法施行以前,依照当时的法律已经作出的生效判决,继续有效。

专题二 犯罪构成

考点8 故意与过失

第十四条 [故意犯罪]明知自己的行为会发生危害社会的结果,并且希望或者放任这种结果发生,因而构成犯罪的,是故意犯罪。

故意犯罪,应当负刑事责任。

第十五条 [过失犯罪]应当预见自己的行为可能发生危害社会的结果,因为疏忽大意而没有预见,或者已经预见而轻信能够避免,以致发生这种结果的,是过失犯罪。

过失犯罪,法律有规定的才负刑事责任。

专题三 犯罪排除事由

考点10 责任阻却事由:责任年龄、能力与期待可能性

(一)刑事责任年龄

第十七条 [刑事责任年龄]已满十六周岁的人犯罪,应当负刑事责任。

已满十四周岁不满十六周岁的人,犯故意杀人、故意伤害致人重伤或者死亡、强奸、抢劫、贩卖毒品、放火、爆炸、投放危险物质罪的,应当负刑事责任。

已满十二周岁不满十四周岁的人,犯故意杀人、故意伤害罪,致人死亡或者以特别残忍手段致人重伤造成严重残疾,情节恶劣,经最高人民检察院核准追诉的,应当负刑事责任。

对依照前三款规定追究刑事责任的不满十八周岁的人,应当从轻或者减轻处罚。

因不满十六周岁不予刑事处罚的,责令其父母或者其他监护人加以管教;在必要的时候,依法进行专门矫治教育。

第十七条之一 [已满七十五周岁的人的刑事责任]已满七十五周岁的人故意犯罪的,可以从轻或者减轻处罚;过失犯罪的,应当从轻或者减轻处罚。

《未成年人刑事案件解释》

第二条 刑法第十七条规定的"周岁",按照公历的年、月、日计算,从周岁生日的第二天起算。

第三条 审理未成年人刑事案件,应当查明被告人实施被指控的犯罪时的年龄。裁判文书中应当写明被告人出生的年、月、日。

第四条 对于没有充分证据证明被告人实施被指控的犯罪时已经达到法定刑事责任年龄且确实无法查明的,应当推定其没有达到相应法定刑事责任年龄。

相关证据足以证明被告人实施被指控的犯罪时已经达到法定刑事责任年龄,但是无法准确查明被告人具体出生日期的,应当认定其达到相应法定刑事责任年龄。

第五条 已满十四周岁不满十六周岁的人实施刑法第十七条第二款规定以外的行为,如果同时触犯了刑法

· 72 ·

第十七条第二款规定的,应当依照刑法第十七条第二款的规定确定罪名,定罪处罚。

第八条 已满十六周岁不满十八周岁的人出于以大欺小、以强凌弱或者寻求精神刺激,随意殴打其他未成年人,多次对其他未成年人强拿硬要或任意损毁公私财物,扰乱学校及其他公共场所秩序,情节严重的,以寻衅滋事罪定罪处罚。

第十条 已满十四周岁不满十六周岁的人盗窃、诈骗、抢夺他人财物,为窝藏赃物、抗拒抓捕或者毁灭罪证,当场使用暴力,故意伤害致人重伤或者死亡,或者故意杀人的,应当分别以故意伤害罪或者故意杀人罪定罪处罚。

已满十六周岁不满十八周岁的人犯盗窃、诈骗、抢夺罪,为窝藏赃物、抗拒抓捕或者毁灭罪证而当场使用暴力或者以暴力相威胁的,应当依照刑法第二百六十九条的规定定罪处罚;情节轻微的,可以不按抢劫罪定罪处罚。

第十二条 行为人在达到法定刑事责任年龄前后均实施了犯罪行为,只能依法追究其达到法定刑事责任年龄后实施的犯罪行为的刑事责任。

行为人在年满十八周岁前后实施了不同种犯罪行为,对其年满十八周岁以前实施的犯罪应当依法从轻或者减轻处罚。行为人在年满十八周岁前后实施了同种犯罪行为,在量刑时应当考虑对年满十八周岁以前实施的犯罪,适当给予从轻或者减轻处罚。

第十三条 未成年人犯罪只有罪行极其严重的,才可以适用无期徒刑。对已满十四周岁不满十六周岁的人犯罪一般不判处无期徒刑。

(二)刑事责任能力

第十八条 [刑事责任能力]精神病人在不能辨认或者不能控制自己行为的时候造成危害结果,经法定程序鉴定确认的,不负刑事责任,但是应当责令他的家属或者监护人严加看管和医疗;在必要的时候,由政府强制医疗。

间歇性的精神病人在精神正常的时候犯罪,应当负刑事责任。

尚未完全丧失辨认或者控制自己行为能力的精神病人犯罪的,应当负刑事责任,但是可以从轻或者减轻处罚。

[自陷醉酒的人的刑事责任]醉酒的人犯罪,应当负刑事责任。

第十九条 [聋哑人、盲人的刑事责任]又聋又哑的人或者盲人犯罪,可以从轻、减轻或者免除处罚。

考点11 违法阻却事由之一:正当防卫与紧急避险

第二十条 [正当防卫]为了使国家、公共利益、本人或者他人的人身、财产和其他权利免受正在进行的不法侵害,而采取的制止不法侵害的行为,对不法侵害人造成损害的,属于正当防卫,不负刑事责任。

[防卫过当]正当防卫明显超过必要限度造成重大损害的,应当负刑事责任,但是应当减轻或者免除处罚。

[特殊防卫]对正在进行行凶、杀人、抢劫、强奸、绑架以及其他严重危及人身安全的暴力犯罪,采取防卫行为,造成不法侵害人伤亡的,不属于防卫过当,不负刑事责任。
[2018年回忆~防卫过当、非法拘禁罪;2013年真题~正当防卫]①

第二十一条 [紧急避险]为了使国家、公共利益、本人或者他人的人身、财产和其他权利免受正在发生的危险,不得已采取的紧急避险行为,造成损害的,不负刑事责任。

[避险过当]紧急避险超过必要限度造成不应有的损害的,应当负刑事责任,但是应当减轻或者免除处罚。

[避险主体限制]第一款中关于避免本人危险的规定,不适用于职务上、业务上负有特定责任的人。

《依法适用正当防卫制度的指导意见》

1. 把握立法精神,严格公正办案。正当防卫是法律赋予公民的权利。要准确理解和把握正当防卫的法律规定和立法精神,对于符合正当防卫成立条件的,坚决依法认定。要切实防止"谁能闹谁有理""谁死伤谁有理"的错误做法,坚决捍卫"法不能向不法让步"的法治精神。

2. 立足具体案情,依法准确认定。要立足防卫人防卫时的具体情境,综合考虑案件发生的整体经过,结合一般人在类似情境下的可能反应,依法准确把握防卫的时间、限度等条件。要充分考虑防卫人面临不法侵害时的紧迫状态和紧张心理,防止在事后以正常情况下冷静理性、客观精确的标准去评判防卫人。

3. 坚持法理统一,维护公平正义。认定是否构成正当防卫、是否防卫过当以及对防卫过当裁量刑罚时,要注重查明前因后果,分清是非曲直,确保案件处理于法有据、于理应当、于情相容,符合人民群众的公平正义观念,实现法律效果与社会效果的有机统一。

专题四 犯罪形态

考点13 犯罪预备、未遂、中止与既遂的判断

第二十二条 [犯罪预备]为了犯罪,准备工具、制造条件的,是犯罪预备。

对于预备犯,可以比照既遂犯从轻、减轻处罚或者免除处罚。

第二十三条 [犯罪未遂]已经着手实行犯罪,由于犯罪分子意志以外的原因而未得逞的,是犯罪未遂。

对于未遂犯,可以比照既遂犯从轻或者减轻处罚。
[2022年回忆~犯罪形态;2021年回忆~故意杀人罪的犯罪未遂、犯罪中止;2019年回忆~犯罪未遂、敲诈勒索罪;2011年真题~犯罪未遂、诈骗罪、敲诈勒索罪]

第二十四条 [犯罪中止]在犯罪过程中,自动放弃犯罪或者自动有效地防止犯罪结果发生的,是犯罪中止。

对于中止犯,没有造成损害的,应当免除处罚;造成损害的,应当减轻处罚。[2021年回忆~故意杀人罪的犯罪未遂、犯罪中止;2015年真题~犯罪中止、故意杀人罪]

专题五 共同犯罪

考点15 共犯人的分类及其刑事责任

第二十五条 [共同犯罪]共同犯罪是指二人以上共

---

① 主客观重点法条以灰底标注,并注明主观题考查年份及考点。

同故意犯罪。

[共同过失犯罪]二人以上共同过失犯罪,不以共同犯罪论处;应当负刑事责任的,按照他们所犯的罪分别处罚。〔2022年回忆~共同犯罪;2020年回忆~共同犯罪、滥伐林木罪、徇私枉法罪;共同犯罪、实行过限、盗窃罪、敲诈勒索罪;2019年回忆~共同犯罪、抢劫罪;共同犯罪、故意杀人罪、故意伤害罪;2018年回忆~共同犯罪、故意伤害罪;2016年真题~共同犯罪、绑架罪;2014年真题~共同犯罪、从犯、贪污罪;2012年真题~共同犯罪、受贿罪〕

第二十六条　[主犯]组织、领导犯罪集团进行犯罪活动的或者在共同犯罪中起主要作用的,是主犯。

[犯罪集团]三人以上为共同实施犯罪而组成的较为固定的犯罪组织,是犯罪集团。

[犯罪集团首要分子的责任]对组织、领导犯罪集团的首要分子,按照集团所犯的全部罪行处罚。

[其他主犯责任]对于第三款规定以外的主犯,应当按照其所参与的或者组织、指挥的全部犯罪处罚。

第二十七条　[从犯]在共同犯罪中起次要或者辅助作用的,是从犯。

对于从犯,应当从轻、减轻处罚或者免除处罚。〔2023年回忆~诈骗罪的帮助犯、从犯;2014年真题~共同犯罪、从犯、贪污罪〕

第二十九条　[教唆犯]教唆他人犯罪的,应当按照他在共同犯罪中所起的作用处罚。教唆不满十八周岁的人犯罪的,应当从重处罚。

如果被教唆的人没有犯被教唆的罪,对于教唆犯,可以从轻或者减轻处罚。〔2012年真题~教唆犯、盗窃罪、故意毁坏财物罪〕

专题六　单位犯罪

考点17 单位犯罪

第三十条　[单位犯罪]公司、企业、事业单位、机关、团体实施的危害社会的行为,法律规定为单位犯罪的,应当负刑事责任。

第三十一条　[单位犯罪的处罚原则]单位犯罪的,对单位判处罚金,并对其直接负责的主管人员和其他直接责任人员判处刑罚。本法分则和其他法律另有规定的,依照规定。

《刑法第30条的解释》

公司、企业、事业单位、机关、团体等单位实施刑法规定的危害社会的行为,刑法分则和其他法律未规定追究单位的刑事责任的,对组织、策划、实施该危害社会行为的人依法追究刑事责任。

《单位犯罪案件有关问题的解释》

第一条　刑法第三十条规定的"公司、企业、事业单位",既包括国有、集体所有的公司、企业、事业单位,也包括依法设立的合资经营、合作经营企业和具有法人资格的独资、私营等公司、企业、事业单位。

第二条　个人为进行违法犯罪活动而设立的公司、企业、事业单位实施犯罪的,或者公司、企业、事业单位设

立后,以实施犯罪为主要活动的,不以单位犯罪论处。

专题八　刑罚种类

考点19 主刑

(一)死刑、死缓的适用对象及核准程序

第四十八条　[死刑、死缓的适用对象]死刑只适用于罪行极其严重的犯罪分子。对于应当判处死刑的犯罪分子,如果不是必须立即执行的,可以判处死刑同时宣告缓期二年执行。

[死刑、死缓的核准程序]死刑除依法由最高人民法院判决的以外,都应当报请最高人民法院核准。死刑缓期执行的,可以由高级人民法院判决或者核准。

第四十九条　[死刑适用对象的限制]犯罪的时候不满十八周岁的人和审判的时候怀孕的妇女,不适用死刑。

审判的时候已满七十五周岁的人,不适用死刑,但以特别残忍手段致人死亡的除外。

(二)死缓及减为有期徒刑的刑期计算

第五十一条　[死缓期间及减为有期徒刑的刑期计算]死刑缓期执行的期间,从判决确定之日起计算。死刑缓期执行减为有期徒刑的刑期,从死刑缓期执行期满之日起计算。

《刑法》

第四十一条　[管制刑期的计算和折抵]管制的刑期,从判决执行之日起计算;判决执行以前先行羁押的,羁押一日折抵刑期二日。

第四十四条　[拘役刑期的计算和折抵]拘役的刑期,从判决执行之日起计算;判决执行以前先行羁押的,羁押一日折抵刑期一日。

第四十七条　[有期徒刑刑期的计算与折抵]有期徒刑的刑期,从判决执行之日起计算;判决执行以前先行羁押的,羁押一日折抵刑期一日。

第五十条　[死缓的变更]判处死刑缓期执行的,在死刑缓期执行期间,如果没有故意犯罪,二年期满以后,减为无期徒刑;如果确有重大立功表现,二年期满以后,减为二十五年有期徒刑;如果故意犯罪,情节恶劣的,报请最高人民法院核准后执行死刑;对于故意犯罪未执行死刑的,死刑缓期执行的期间重新计算,并报最高人民法院备案。

[死缓的限制减刑]对被判处死刑缓期执行的累犯以及因故意杀人、强奸、抢劫、绑架、放火、爆炸、投放危险物质或者有组织的暴力性犯罪被判处死刑缓期执行的犯罪分子,人民法院根据犯罪情节等情况可以同时决定对其限制减刑。

考点20 附加刑

(一)剥夺政治权利的期限及执行

第五十五条　[剥夺政治权利的期限]剥夺政治权利的期限,除本法第五十七条规定外,为一年以上五年以下。

判处管制附加剥夺政治权利的,剥夺政治权利的期限与管制的期限相等,同时执行。

第五十八条 [剥夺政治权利的刑期计算、效力与执行]附加剥夺政治权利的刑期,从徒刑、拘役执行完毕之日或者从假释之日起计算;剥夺政治权利的效力当然施用于主刑执行期间。

被剥夺政治权利的犯罪分子,在执行期间,应当遵守法律、行政法规和国务院公安部门有关监督管理的规定,服从监督;不得行使本法第五十四条规定的各项权利。

《刑法》
第五十七条 [剥夺政治权利终身及其变更]对于被判处死刑、无期徒刑的犯罪分子,应当剥夺政治权利终身。

在死刑缓期执行减为有期徒刑或者无期徒刑减为有期徒刑的时候,应当把附加剥夺政治权利的期限改为三年以上十年以下。

(二)罚金和没收财产
(1)罚金
1 第五十二条 [罚金数额的确定依据]判处罚金,应当根据犯罪情节决定罚金数额。

《未成年人刑事案件解释》
第十五条 对未成年罪犯实施刑法规定的"并处"没收财产或者罚金的犯罪,应当依法判处相应的财产刑;对未成年罪犯实施刑法规定的"可以并处"没收财产或者罚金的犯罪,一般不判处财产刑。

对未成年罪犯判处罚金刑时,应当依法从轻或者减轻判处,并根据犯罪情节,综合考虑其缴纳罚金的能力,确定罚金数额。但罚金的最低数额不得少于五百元人民币。

对被判处罚金刑的未成年罪犯,其监护人或者其他人自愿代为垫付罚金的,人民法院应当允许。

《适用财产刑的规定》
第一条 刑法规定"并处"没收财产或者罚金的犯罪,人民法院在对犯罪分子判处主刑的同时,必须依法判处相应的财产刑;刑法规定"可以并处"没收财产或者罚金的犯罪,人民法院应当根据案件具体情况及犯罪分子的财产状况,决定是否适用财产刑。

第二条 人民法院应当根据犯罪情节,如违法所得数额、造成损失的大小等,并综合考虑犯罪分子缴纳罚金的能力,依法判处罚金。刑法没有明确规定罚金数额标准的,罚金的最低数额不能少于一千元。

对未成年人犯罪应当从轻或者减轻判处罚金,但罚金的最低数额不能少于五百元。

第四条 犯罪情节较轻,适用单处罚金不致再危害社会并具有下列情形之一的,可以依法单处罚金:
(一)偶犯或者初犯;
(二)自首或者有立功表现的;
(三)犯罪时不满十八周岁的;
(四)犯罪预备、中止或者未遂的;
(五)被胁迫参加犯罪的;
(六)全部退赃并有悔罪表现的;
(七)其他可以单处罚金的情形。

2 第五十三条 [罚金的缴纳方式]罚金在判决指定的期限内一次或者分期缴纳。期满不缴纳的,强制缴纳。对于不能全部缴纳罚金的,人民法院在任何时候发现被执行人有可以执行的财产,应当随时追缴。

由于遭遇不能抗拒的灾祸等原因缴纳确实有困难的,经人民法院裁定,可以延期缴纳、酌情减少或者免除。

《适用财产刑的规定》
第五条 刑法第五十三条规定的"判决指定的期限"应当在判决书中予以确定;"判决指定的期限"应为从判决发生法律效力第2日起最长不超过3个月。

第六条 刑法第五十三条规定的"由于遭遇不能抗拒的灾祸缴纳确实有困难的",主要是指因遭受火灾、水灾、地震等灾祸而丧失财产;罪犯因重病、伤残而丧失劳动能力,或者需要罪犯抚养的近亲属患有重病,需支付巨额医药费等,确实没有财产可供执行的情形。

具有刑法第五十三条规定"可以酌情减少或者免除"事由的,由罪犯本人、亲属或者犯罪单位向负责执行的人民法院提出书面申请,并提供相应的证明材料。人民法院审查以后,根据实际情况,裁定减少或者免除应当缴纳的罚金数额。

第十条 财产刑由第一审人民法院执行。
犯罪分子的财产在异地的,第一审人民法院可以委托财产所在地人民法院代为执行。

(2)没收财产
1 第五十九条 [没收财产的范围]没收财产是没收犯罪分子个人所有财产的一部或者全部。没收全部财产的,应当对犯罪分子个人及其扶养的家属保留必需的生活费用。

在判处没收财产的时候,不得没收属于犯罪分子家属所有或者应有的财产。

《刑事诉讼法》
第二百七十二条 没收财产的判决,无论附加适用或者独立适用,都由人民法院执行;在必要的时候,可以会同公安机关执行。

第二百九十八条 对于贪污贿赂犯罪、恐怖活动犯罪等重大犯罪案件,犯罪嫌疑人、被告人逃匿,在通缉一年后不能到案,或者犯罪嫌疑人、被告人死亡,依照刑法规定应当追缴其违法所得及其他涉案财产的,人民检察院可以向人民法院提出没收违法所得的申请。

公安机关认为有前款规定情形的,应当写出没收违法所得意见书,移送人民检察院。

没收违法所得的申请应当提供与犯罪事实、违法所得相关的证据材料,并列明财产的种类、数量、所在地及查封、扣押、冻结的情况。

人民法院在必要的时候,可以查封、扣押、冻结申请没收的财产。

2 第六十条 [正当债务的偿还]没收财产以前犯罪分子所负的正当债务,需要以没收的财产偿还的,经债权人请求,应当偿还。

《刑法》
第三十六条 [赔偿经济损失]由于犯罪行为而使被

害人遭受经济损失的,对犯罪分子除依法给予刑事处罚外,并应根据情况判处赔偿经济损失。

[民事赔偿优先]承担民事赔偿责任的犯罪分子,同时被判处罚金,其财产不足以全部支付的,或者被判处没收财产的,应当先承担对被害人的民事赔偿责任。

《适用财产刑的规定》

第七条 刑法第六十条规定的"没收财产以前犯罪分子所负的正当债务",是指犯罪分子在判决生效前所负他人的合法债务。

专题九 刑罚裁量

考点22 累犯

第六十五条 [一般累犯]被判处有期徒刑以上刑罚的犯罪分子,刑罚执行完毕或者赦免以后,在五年以内再犯应当判处有期徒刑以上刑罚之罪的,是累犯,应当从重处罚,但是过失犯罪和不满十八周岁的人犯罪的除外。

前款规定的期限,对于被假释的犯罪分子,从假释期满之日起计算。

第六十六条 [特别累犯]危害国家安全犯罪、恐怖活动犯罪、黑社会性质的组织犯罪的犯罪分子,在刑罚执行完毕或者赦免以后,在任何时候再犯上述任一类罪的,都以累犯论处。

《刑法》

第七十四条 [累犯不适用缓刑]对于累犯和犯罪集团的首要分子,不适用缓刑。

第八十一条第二款 [假释的适用条件]对累犯以及因故意杀人、强奸、抢劫、绑架、放火、爆炸、投放危险物质或者有组织的暴力性犯罪被判处十年以上有期徒刑、无期徒刑的犯罪分子,不得假释。

《认定累犯如何确定刑罚执行完毕以后"五年以内"起始日期的批复》

刑法第六十五条第一款规定的"刑罚执行完毕",是指刑罚执行到期应予释放之日。认定累犯,确定刑罚执行完毕以后"五年以内"的起始日期,应当从刑满释放之日起计算。

考点23 自首和立功
(一)自首

第六十七条 [一般自首]犯罪以后自动投案,如实供述自己的罪行的,是自首。对于自首的犯罪分子,可以从轻或者减轻处罚。其中,犯罪较轻的,可以免除处罚。

[特别自首]被采取强制措施的犯罪嫌疑人、被告人和正在服刑的罪犯,如实供述司法机关还未掌握的本人其他罪行的,以自首论。

[坦白]犯罪嫌疑人虽不具有前两款规定的自首情节,但是如实供述自己罪行的,可以从轻处罚;因其如实供述自己罪行,避免特别严重后果发生的,可以减轻处罚。
[2023年回忆~自首;2019年回忆~自首、立功、行贿罪;2011年真题~自首]

《自首和立功解释》

第一条 根据刑法第六十七条第一款的规定,犯罪以后自动投案,如实供述自己的罪行的,是自首。

(一)自动投案,是指犯罪事实或者犯罪嫌疑人未被司法机关发觉,或者虽被发觉,但犯罪嫌疑人尚未受到讯问、未被采取强制措施时,主动、直接向公安机关、人民检察院或者人民法院投案。

犯罪嫌疑人向其所在单位、城乡基层组织或者其他有关负责人员投案的;犯罪嫌疑人因病、伤或者为了减轻犯罪后果,委托他人先代为投案,或者先以信电投案的;罪行尚未被司法机关发觉,仅因形迹可疑,被有关组织或者司法机关盘问、教育后,主动交代自己的罪行的;犯罪后逃跑,在被通缉、追捕过程中,主动投案的;经查实已准备去投案,或者正在投案途中,被公安机关捕获的,应当视为自动投案。

并非出于犯罪嫌疑人主动,而是经亲友规劝、陪同投案的;公安机关通知犯罪嫌疑人的亲友,或者亲友主动报案后,将犯罪嫌疑人送去投案的,也应当视为自动投案。

犯罪嫌疑人自动投案后又逃跑的,不能认定为自首。

(二)如实供述自己的罪行,是指犯罪嫌疑人自动投案后,如实交代自己的主要犯罪事实。

犯有数罪的犯罪嫌疑人仅如实供述所犯罪行中部分犯罪的,只对如实供述部分犯罪的行为,认定为自首。

共同犯罪案件中的犯罪嫌疑人,除如实供述自己的罪行,还应当供述所知的同案犯,主犯则应当供述所知其他同案犯的共同犯罪事实,才能认定为自首。

犯罪嫌疑人自动投案并如实供述自己的罪行后又翻供的,不能认定为自首;但在一审判决前又能如实供述的,应当认定为自首。[2023年回忆~自首的认定]

第二条 根据刑法第六十七条第二款的规定,被采取强制措施的犯罪嫌疑人、被告人和已宣判的罪犯,如实供述司法机关尚未掌握的罪行,与司法机关已掌握的或者判决确定的罪行属不同种罪行的,以自首论。

第三条 根据刑法第六十七条第一款的规定,对于自首的犯罪分子,可以从轻或者减轻处罚;对于犯罪较轻的,可以免除处罚。具体确定从轻、减轻还是免除处罚,应当根据犯罪轻重,并考虑自首的具体情节。

第四条 被采取强制措施的犯罪嫌疑人、被告人和已宣判的罪犯,如实供述司法机关尚未掌握的罪行,与司法机关已掌握的或者判决确定的罪行属同种罪行的,可以酌情从轻处罚;如实供述的同种罪行较重的,一般应当从轻处罚。

《自首和立功意见》

一、关于"自动投案"的具体认定

《解释》第1条第(一)项规定七种应当视为自动投案的情形,体现了犯罪嫌疑人投案的主动性和自愿性。根据《解释》第1条第(一)项的规定,犯罪嫌疑人具有以下情形之一的,也应当视为自动投案:1.犯罪后主动报案,虽未表明自己是作案人,但没有逃离现场,在司法机关问时交代自己罪行的;2.明知他人报案而在现场等待,抓捕时无拒捕行为,供认犯罪事实的;3.在司法机关未确定犯罪嫌疑人,尚在一般性排查询问时主动交代自己罪行的;4.因特定违法行为被采取劳动教养①、行政拘留、司法拘留、强制隔离戒毒等行政、司法强制措施期间,主动向执行机关交代尚未被掌握的犯罪行为的;5.其他符合立法本意,应当视为自动投案的情形。

罪行未被有关部门、司法机关发觉,仅因形迹可疑被盘问、教育后,主动交代了犯罪事实的,应当视为自动投案,但有关部门、司法机关在其身上、随身携带的物品、驾乘的交通工具等处发现与犯罪有关的物品的,不能认定为自动投案。

交通肇事后保护现场、抢救伤者,并向公安机关报告的,应认定为自动投案,构成自首的,因上述行为同时系犯罪嫌疑人的法定义务,对其是否从宽、从宽幅度要适当从严掌握。交通肇事逃逸后自动投案,如实供述自己罪行的,应认定为自首,但应依从以较重法定刑为基准,视情决定对其是否从宽处罚以及从宽处罚的幅度。

犯罪嫌疑人被亲友采用捆绑等手段送到司法机关,或者在亲友带领侦查人员前来抓捕时不拒捕行为,并如实供认犯罪事实的,虽然不能认定为自动投案,但可以参照法律对自首的有关规定酌情从轻处罚。

二、关于"如实供述自己的罪行"的具体认定

《解释》第1条第(二)项规定如实供述自己的罪行,除供述自己的主要犯罪事实外,还应包括姓名、年龄、职业、住址、前科情况。犯罪嫌疑人供述的身份情况与真实情况虽有差别,但不影响定罪量刑的,应认定为如实供述自己的罪行。犯罪嫌疑人自动投案后隐瞒自己的真实身份等情况,影响对其定罪量刑的,不能认定为如实供述自己的罪行。

犯罪嫌疑人多次实施同种罪行,应当综合考虑已交代的犯罪事实与未交代的犯罪事实的危害程度,决定是否认定为如实供述主要犯罪事实。虽然投案后没有交代全部犯罪事实,但如实交代的犯罪情节重于未交代的犯罪情节,或者如实交代的犯罪数额多于未交代的犯罪数额,一般应认定为如实供述自己的主要犯罪事实。无法区分已交代的与未交代的犯罪情节的严重程度,或者已交代的犯罪数额与未交代的犯罪数额相当,一般不认定为如实供述自己的主要犯罪事实。

犯罪嫌疑人自动投案时虽然没有交代自己的主要犯罪事实,但在司法机关掌握其主要犯罪事实之前主动交代的,应认定为如实供述自己的罪行。

三、关于"司法机关还未掌握的本人其他罪行"和"不同种罪行"的具体认定

犯罪嫌疑人、被告人在被采取强制措施期间,向司法机关主动如实供述本人的其他罪行,该罪行能否认定为司法机关已掌握,应根据不同情形区别对待。如果该罪行已被通缉,一般应以司法机关是否在通缉令发布范围内作出判断,不在通缉令发布范围内的,应认定为还未掌握,在通缉令发布范围内的,应视为已掌握;如果该罪行已录入全国公安信息网络在逃人员信息数据库,应视为已掌握。如果该罪行未被通缉、也未录入全国公安信息网络在逃人员信息数据库,应以司法机关是否已实

际掌握该罪行为标准。

犯罪嫌疑人、被告人在被采取强制措施期间如实供述本人其他罪行,该罪行与司法机关已掌握的罪行属同种罪行还是不同种罪行,一般应以罪名区分。虽然如实供述的其他罪行的罪名与司法机关已掌握犯罪的罪名不同,但如实供述的其他犯罪与司法机关已掌握的犯罪属选择性罪名或者在法律、事实上密切关联,如因受贿被采取强制措施后,又交代因受贿为他人谋取利益行为,构成滥用职权罪的,应认定为同种罪行。

(二)立功

第六十八条 [立功]犯罪分子有揭发他人犯罪行为,查证属实的,或者提供重要线索,从而得以侦破其他案件等立功表现的,可以从轻或者减轻处罚;有重大立功表现的,可以减轻或者免除处罚。〔2019年回忆~自首、立功、行贿罪;2011年真题~立功〕

《自首和立功解释》

第五条 根据刑法第六十八条第一款的规定,犯罪分子到案后有检举、揭发他人犯罪行为,包括共同犯罪案件中的犯罪分子揭发同案犯共同犯罪以外的其他犯罪,经查证属实;提供侦破其他案件的重要线索,经查证属实;阻止他人犯罪活动;协助司法机关抓捕其他犯罪嫌疑人(包括同案犯);具有其他有利于国家和社会的突出表现的,应当认定为有立功表现。

第六条 共同犯罪案件的犯罪分子到案后,揭发同案犯共同犯罪事实的,可以酌情予以从轻处罚。

第七条 根据刑法第六十八条第一款的规定,犯罪分子有检举、揭发他人重大犯罪行为,经查证属实;提供侦破其他重大案件的重要线索,经查证属实;阻止他人重大犯罪活动;协助司法机关抓捕其他重大犯罪嫌疑人(包括同案犯);对国家和社会有其他重大贡献等表现的,应当认定为有重大立功表现。

前款所称"重大犯罪"、"重大案件"、"重大犯罪嫌疑人"的标准,一般是指犯罪嫌疑人、被告人可能被判处无期徒刑以上刑罚或者案件在本省、自治区、直辖市或者全国范围内有较大影响等情形。〔2021年回忆~认罪认罚中的重大立功〕

《自首和立功意见》

四、关于立功线索来源的具体认定

犯罪分子通过贿买、暴力、胁迫等非法手段,或者被羁押后与律师、亲友会见过程中违反监管规定,获取他人犯罪线索并"检举揭发"的,不能认定为有立功表现。

犯罪分子将本人以往查办犯罪职务活动中掌握的,或者从负有查办犯罪、监管职责的国家工作人员处获取的他人犯罪线索予以检举揭发的,不能认定为有立功表现。

犯罪分子亲友为使犯罪分子"立功",向司法机关提供他人犯罪线索、协助抓捕犯罪嫌疑人的,不能认定为犯罪分子有立功表现。

---

① 劳动教养制度现已废止,编者注。

五、关于"协助抓捕其他犯罪嫌疑人"的具体认定

犯罪分子具有下列行为之一，使司法机关抓获其他犯罪嫌疑人的，属于《解释》第5条规定的"协助司法机关抓捕其他犯罪嫌疑人"：1.按照司法机关的安排，以打电话、发信息等方式将其他犯罪嫌疑人（包括同案犯）约至指定地点的；2.按照司法机关的安排，当场指认、辨认其他犯罪嫌疑人（包括同案犯）的；3.带领侦查人员抓获其他犯罪嫌疑人（包括同案犯）的；4.提供司法机关尚未掌握的其他案件犯罪嫌疑人的联络方式、藏匿地址的，等等。

犯罪分子提供同案犯姓名、住址、体貌特征等基本情况，或者提供犯罪前、犯罪中掌握、使用的同案犯联络方式、藏匿地址，司法机关据此抓捕同案犯的，不能认定为协助司法机关抓捕同案犯。

《职务犯罪认定自首、立功等量刑情节的意见》
二、关于立功的认定和处理

立功必须是犯罪分子本人实施的行为。为使犯罪分子得到从轻处理，犯罪分子的亲友直接向有关机关揭发他人犯罪行为，提供侦破其他案件的重要线索，或者协助司法机关抓捕其他犯罪嫌疑人的，不应当认定为犯罪分子的立功表现。

据以立功的他人罪行材料应当指明具体犯罪事实；据以立功的线索或者协助行为对于侦破案件或者抓捕犯罪嫌疑人要有实际作用。犯罪分子揭发他人犯罪行为时没有指明具体犯罪事实的；揭发的犯罪事实与查实的犯罪事实不具有关联性的；提供的线索或者协助行为对于其他案件的侦破或者其他犯罪嫌疑人的抓捕不具有实际作用的，不能认定为立功表现。

犯罪分子揭发他人犯罪行为，提供侦破其他案件重要线索，必须经查证属实，才能认定为立功。审查是否构成立功，不仅要审查办案机关的说明材料，还要审查有关事实和证据以及与案件定性处罚相关的法律文书，如立案决定书、逮捕决定书、侦查终结报告、起诉意见书、起诉书或者判决书等。

据以立功的线索、材料来源有下列情形之一的，不能认定为立功：（1）本人通过非法手段或者非法途径获取的；（2）本人因原担任的查禁犯罪等职务获取的；（3）他人违反监管规定向犯罪分子提供的；（4）负有查禁犯罪活动职责的国家机关工作人员或者其他国家工作人员利用职务便利提供的。

犯罪分子检举、揭发的他人犯罪，提供侦破其他案件的重要线索，阻止他人的犯罪活动，或者协助司法机关抓捕的其他犯罪嫌疑人、犯罪嫌疑人、被告人依法可能被判处无期徒刑以上刑罚的，应当认定为有重大立功表现。其中，可能被判处无期徒刑以上刑罚，是指根据犯罪行为的事实、情节可能判处无期徒刑以上刑罚。案件已经判决的，以实际判决的刑罚为准。但是，根据犯罪行为的事实、情节应当判处无期徒刑以上刑罚，因被判刑人有法定情节依法从轻、减轻处罚后判处有期徒刑的，应当认定为重大立功。

对于具有立功情节的犯罪分子，应当根据犯罪的事实、性质、情节和对于社会的危害程度，结合立功表现所起作用的大小、所破获案件的罪行轻重、所抓获犯罪嫌疑人可能判处的法定刑以及立功的时机等具体情节，依法决定是否从轻、减轻或者免除处罚以及从轻、减轻处罚的幅度。

考点24 数罪并罚

第六十九条 ［判决宣告前一人犯数罪的并罚］判决宣告以前一人犯数罪的，除判处死刑和无期徒刑的以外，应当在总和刑期以下、数刑中最高刑期以上，酌情决定执行的刑期，但是管制最高不能超过三年，拘役最高不能超过一年，有期徒刑总和刑期不满三十五年的，最高不能超过二十年，总和刑期在三十五年以上的，最高不能超过二十五年。

数罪中有判处有期徒刑和拘役的，执行有期徒刑。数罪中有判处有期徒刑和管制，或者拘役和管制的，有期徒刑、拘役执行完毕后，管制仍须执行。

数罪中有判处附加刑的，附加刑仍须执行，其中附加刑种类相同的，合并执行，种类不同的，分别执行。［2018年回忆~数罪并罚］

第七十条 ［判决宣告后刑罚执行完毕前发现漏罪的并罚］判决宣告以后，刑罚执行完毕以前，发现被判刑的犯罪分子在判决宣告以前还有其他罪没有判决的，应当对新发现的罪作出判决，把前后两个判决所判处的刑罚，依照本法第六十九条的规定，决定执行的刑罚。已经执行的刑期，应当计算在新判决决定的刑期以内。

第七十一条 ［判决宣告后刑罚执行完毕前又犯新罪的并罚］判决宣告以后，刑罚执行完毕以前，被判刑的犯罪分子又犯罪的，应当对新犯的罪作出判决，把前罪没有执行的刑罚和后罪所判处的刑罚，依照本法第六十九条的规定，决定执行的刑罚。

考点25 缓刑

第七十二条 ［缓刑的适用条件］对于被判处拘役、三年以下有期徒刑的犯罪分子，同时符合下列条件的，可以宣告缓刑，对其中不满十八周岁的人、怀孕的妇女和已满七十五周岁的人，应当宣告缓刑：

（一）犯罪情节较轻；

（二）有悔罪表现；

（三）没有再犯罪的危险；

（四）宣告缓刑对所居住社区没有重大不良影响。

宣告缓刑，可以根据犯罪情况，同时禁止犯罪分子在缓刑考验期限内从事特定活动，进入特定区域、场所，接触特定的人。

［被宣告缓刑的犯罪分子的附加刑的执行］被宣告缓刑的犯罪分子，如果被判处附加刑，附加刑仍须执行。

第七十七条 ［缓刑的撤销及其处理］被宣告缓刑的犯罪分子，在缓刑考验期限内犯新罪或者发现判决宣告以前还有其他罪没有判决的，应当撤销缓刑，对新犯的罪或者新发现的罪作出判决，把前罪和后罪所判处的刑罚，依照本法第六十九条的规定，决定执行的刑罚。

被宣告缓刑的犯罪分子，在缓刑考验期限内，违反法

律、行政法规或者国务院有关部门关于缓刑的监督管理规定,或者违反人民法院判决中的禁止令,情节严重的,应当撤销缓刑,执行原判刑罚。

《刑法》

第七十三条 [缓刑的考验期限]拘役的缓刑考验期限为原判刑期以上一年以下,但是不能少于二个月。

有期徒刑的缓刑考验期限为原判刑期以上五年以下,但是不能少于一年。

缓刑考验期限,从判决确定之日起计算。

第七十四条 [累犯不适用缓刑]对于累犯和犯罪集团的首要分子,不适用缓刑。

第七十五条 [缓刑应遵守的规定]被宣告缓刑的犯罪分子,应当遵守下列规定:

(一)遵守法律、行政法规,服从监督;

(二)按照考察机关的规定报告自己的活动情况;

(三)遵守考察机关关于会客的规定;

(四)离开所居住的市、县或者迁居,应当报经考察机关批准。

第七十六条 [缓刑的考察机关及其积极后果]对宣告缓刑的犯罪分子,在缓刑考验期限内,依法实行社区矫正,如果没有本法第七十七条规定的情形,缓刑考验期满,原判的刑罚就不再执行,并公开予以宣告。

《办理醉酒危险驾驶刑事案件的意见》

第十四条 对符合刑法第七十二条规定的醉驾被告人,依法宣告缓刑。具有下列情形之一的,一般不适用缓刑:

(一)造成交通事故致他人轻微伤或者轻伤,且负事故全部或者主要责任的;

(二)造成交通事故且负事故全部或者主要责任,未赔偿损失的;

(三)造成交通事故后逃逸的;

(四)未取得机动车驾驶证驾驶汽车的;

(五)血液酒精含量超过180毫克/100毫升的;

(六)服用国家规定管制的精神药品或者麻醉药品后驾驶的;

(七)采取暴力手段抗拒公安机关依法检查,或者实施妨害司法行为的;

(八)五年内曾因饮酒后驾驶机动车被查获或者受过行政处罚的;

(九)曾因危险驾驶行为被判决有罪或者作相对不起诉的;

(十)其他情节恶劣的情形。

《强奸、猥亵未成年人刑事案件解释》

第十二条 对强奸未成年人的成年被告人判处刑罚时,一般不适用缓刑。

对于判处刑罚同时宣告缓刑的,可以根据犯罪情况,同时宣告禁止令,禁止犯罪分子在缓刑考验期限内从事与未成年人有关的工作、活动,禁止其进入中小学校、幼儿园及其他未成年人集中的场所。确因本人就学、居住等原因,经执行机关批准的除外。

专题十 刑罚执行

考点26 减刑与假释

(一)减刑

第七十八条 [减刑的适用条件与限度]被判处管制、拘役、有期徒刑、无期徒刑的犯罪分子,在执行期间,如果认真遵守监规,接受教育改造,确有悔改表现的,或者有立功表现的,可以减刑;有下列重大立功表现之一的,应当减刑:

(一)阻止他人重大犯罪活动的;

(二)检举监狱内外重大犯罪活动,经查证属实的;

(三)有发明创造或者重大技术革新的;

(四)在日常生产、生活中舍己救人的;

(五)在抗御自然灾害或者排除重大事故中,有突出表现的;

(六)对国家和社会有其他重大贡献的。

减刑以后实际执行的刑期不能少于下列期限:

(一)判处管制、拘役、有期徒刑的,不能少于原判刑期的二分之一;

(二)判处无期徒刑的,不能少于十三年;

(三)人民法院依照本法第五十条第二款规定限制减刑的死刑缓期执行的犯罪分子,缓期执行满后依法减为无期徒刑的,不能少于二十五年,缓期执行期满后依法减为二十五年有期徒刑的,不能少于二十年。

《刑法》

第五十条 [死缓的变更]判处死刑缓期执行的,在死刑缓期执行期间,如果没有故意犯罪,二年期满以后,减为无期徒刑;如果确有重大立功表现,二年期满以后,减为二十五年有期徒刑;如果故意犯罪,情节恶劣的,报请最高人民法院核准后执行死刑;对于故意犯罪未执行死刑的,死刑缓期执行的期间重新计算,并报最高人民法院备案。

[死缓的限制减刑]对被判处死刑缓期执行的累犯以及因故意杀人、强奸、抢劫、绑架、放火、爆炸、投放危险物质或者有组织的暴力性犯罪被判处死刑缓期执行的犯罪分子,人民法院根据犯罪情节等情况可以同时决定对其限制减刑。

《减刑、假释规定》

第二条 对于罪犯符合刑法第七十八条第一款规定"可以减刑"条件的案件,在办理时应当综合考察罪犯犯罪的性质和具体情节、社会危害程度、原判刑罚及生效裁判中财产性判项的履行情况、交付执行后的一贯表现等因素。

第三条 "确有悔改表现"是指同时具备以下条件:

(一)认罪悔罪;

(二)遵守法律法规及监规,接受教育改造;

(三)积极参加思想、文化、职业技术教育;

(四)积极参加劳动,努力完成劳动任务。

对职务犯罪、破坏金融管理秩序和金融诈骗犯罪、组织(领导、参加、包庇、纵容)黑社会性质组织犯罪等罪犯,不积极退赃、协助追缴赃款赃物、赔偿损失,或者服刑期间利用个人影响力和社会关系等不正当手段意图获得减刑、假释的,不认定其"确有悔改表现"。

罪犯在刑罚执行期间的申诉权利应当依法保护,对其正当申诉不能不加分析地认为是不认罪悔罪。

第四条 具有下列情形之一的,可以认定为有"立功表现":

(一)阻止他人实施犯罪活动的;
(二)检举、揭发监狱内外犯罪活动,或者提供重要的破案线索,经查证属实的;
(三)协助司法机关抓捕其他犯罪嫌疑人的;
(四)在生产、科研中进行技术革新,成绩突出的;
(五)在抗御自然灾害或者排除重大事故中,表现积极的;
(六)对国家和社会有其他较大贡献的。

第(四)项、第(六)项中的技术革新或者其他较大贡献应当由罪犯在刑罚执行期间独立或者为主完成,并经省级主管部门确认。

第五条 具有下列情形之一的,应当认定为有"重大立功表现":

(一)阻止他人实施重大犯罪活动的;
(二)检举监狱内外重大犯罪活动,经查证属实的;
(三)协助司法机关抓捕其他重大犯罪嫌疑人的;
(四)有发明创造或者重大技术革新的;
(五)在日常生产、生活中舍己救人的;
(六)在抗御自然灾害或者排除重大事故中,有突出表现的;
(七)对国家和社会有其他重大贡献的。

第(四)项中的发明创造或者重大技术革新应当是罪犯在刑罚执行期间独立或者为主完成并经国家主管部门确认的发明专利,且不包括实用新型专利和外观设计专利;第(七)项中的其他重大贡献应当由罪犯在刑罚执行期间独立或者为主完成,并经国家主管部门确认。

第十二条 被判处死刑缓期执行的罪犯经过一次或者几次减刑后,其实际执行的刑期不得少于十五年,死刑缓期执行期间不包括在内。

死刑缓期执行罪犯在缓期执行期间不服从监管、抗拒改造,尚未构成犯罪的,在减为无期徒刑后再减刑时应当适当从严。

第十三条 被限制减刑的死刑缓期执行罪犯,减为无期徒刑后,符合减刑条件的,执行五年以上方可减刑。减刑间隔时间和减刑幅度依照本规定第十一条的规定执行。

第十四条 被限制减刑的死刑缓期执行罪犯,减为有期徒刑后再减刑时,一次减刑不超过六个月有期徒刑,两次减刑间隔时间不得少于二年。有重大立功表现的,间隔时间可以适当缩短,但一次减刑不超过一年有期徒刑。

第十五条 对被判处终身监禁的罪犯,在死刑缓期执行期满依法减为无期徒刑的裁定中,应当明确终身监禁,不得再减刑或者假释。

第十六条 被判处管制、拘役的罪犯,以及判决生效后剩余刑期不满二年有期徒刑的罪犯,符合减刑条件的,可以酌情减刑,减刑起始时间可以适当缩短,但实际执行的刑期不得少于原判刑期的二分之一。

第十七条 被判处有期徒刑罪犯减刑时,对附加剥夺政治权利的期限可以酌减。酌减后剥夺政治权利的期限,不得少于一年。

被判处死刑缓期执行、无期徒刑的罪犯减为有期徒刑时,应当将附加剥夺政治权利的期限减为七年以上十年以下,经过一次或者几次减刑后,最终剥夺政治权利的期限不得少于三年。

第十八条 被判处拘役或者三年以下有期徒刑,并宣告缓刑的罪犯,一般不适用减刑。

前款规定的罪犯在缓刑考验期内有重大立功表现的,可以参照刑法第七十八条的规定予以减刑,同时应当依法缩减其缓刑考验期。缩减后,拘役的缓刑考验期限不得少于二个月,有期徒刑的缓刑考验期限不得少于一年。

第十九条 对在报请减刑前的服刑期间不满十八周岁,且所犯罪行不属于刑法第八十一条第二款规定情形的罪犯,认罪悔罪,遵守法律法规及监规,积极参加学习、劳动,应当视为确有悔改表现。

对上述罪犯减刑时,减刑幅度可以适当放宽,或者减刑起始时间、间隔时间可以适当缩短,但放宽的幅度和缩短的时间不得超过本规定中相应幅度、时间的三分之一。

第二十条 老年罪犯、患严重疾病罪犯或者身体残疾罪犯减刑时,应当主要考察其认罪悔罪的实际表现。

对基本丧失劳动能力,生活难以自理的上述罪犯减刑时,减刑幅度可以适当放宽,或者减刑起始时间、间隔时间可以适当缩短,但放宽的幅度和缩短的时间不得超过本规定中相应幅度、时间的三分之一。

第二十一条 被判处有期徒刑、无期徒刑的罪犯在刑罚执行期间又故意犯罪,新罪被判处有期徒刑的,自新罪判决确定之日起三年内不予减刑;新罪被判处无期徒刑的,自新罪判决确定之日起四年内不予减刑。

罪犯在死刑缓期执行期间又故意犯罪,未被执行死刑的,死刑缓期执行的期间重新计算,减为无期徒刑后五年内不予减刑。

被判处死刑缓期执行罪犯减刑后,在刑罚执行期间又故意犯罪的,依照第一款规定处理。

《减刑、假释补充规定》

第一条 对拒不认罪悔罪的,或者确有履行能力而不履行或者不全部履行生效裁判中财产性判项的,不予假释,一般不予减刑。

第二条 被判处十年以上有期徒刑,符合减刑条件的,执行三年以上方可减刑;被判处不满十年有期徒刑,符合减刑条件的,执行二年以上方可减刑。

确有悔改表现或者有立功表现的,一次减刑不超过六个月有期徒刑;确有悔改表现并有立功表现的,一次减刑不超过九个月有期徒刑;有重大立功表现的,一次减刑不超过一年有期徒刑。

被判处十年以上有期徒刑的,两次减刑之间应当间隔二年以上;被判处不满十年有期徒刑的,两次减刑之间应当间隔一年六个月以上。

第三条 被判处无期徒刑,符合减刑条件的,执行四年以上方可减刑。

确有悔改表现或者有立功表现的,可以减为二十三年有期徒刑;确有悔改表现并有立功表现的,可以减为二十二年以上二十三年以下有期徒刑;有重大立功表现的,可以减为二十一年以上二十二年以下有期徒刑。

无期徒刑减为有期徒刑后再减刑时,减刑幅度比照本规定第二条的规定执行。两次减刑之间应当间隔二年以上。

第四条 被判处死刑缓期执行的,减为无期徒刑后,符合减刑条件的,执行四年以上方可减刑。

确有悔改表现或者有立功表现的,可以减为二十五年有期徒刑;确有悔改表现并有立功表现的,可以减为二十四年六个月以上二十五年以下有期徒刑;有重大立功表现的,可以减为二十四年以上二十四年六个月以下有期徒刑。

减为有期徒刑后再减刑时,减刑幅度比照本规定第二条的规定执行。两次减刑之间应当间隔二年以上。

第五条 罪犯有重大立功表现的,减刑时可以不受上述起始时间和间隔时间的限制。

第六条 对本规定所指贪污贿赂罪犯适用假释时,应当从严掌握。

(二)假释
(1)假释的适用条件

第八十一条 [假释的适用条件] 被判处有期徒刑的犯罪分子,执行原判刑期二分之一以上,被判处无期徒刑的犯罪分子,实际执行十三年以上,如果认真遵守监规,接受教育改造,确有悔改表现,没有再犯罪的危险的,可以假释。如果有特殊情况,经最高人民法院核准,可以不受上述执行刑期的限制。

对累犯以及因故意杀人、强奸、抢劫、绑架、放火、爆炸、投放危险物质或者有组织的暴力性犯罪被判处十年以上有期徒刑、无期徒刑的犯罪分子,不得假释。

对犯罪分子决定假释时,应当考虑其假释后对所居住社区的影响。

《减刑、假释规定》

第二十二条 办理假释案件,认定"没有再犯罪的危险",除符合刑法第八十一条规定的情形外,还应当根据犯罪的具体情节、原判刑期情况,在刑罚执行中的一贯表现,罪犯的年龄、身体状况、性格特征,假释后生活来源以及监管条件等因素综合考虑。

第二十三条 被判处有期徒刑的罪犯假释时,执行原判刑期二分之一的时间,应当从判决执行之日起计算,判决执行以前先行羁押,羁押一日折抵刑期一日。

被判处无期徒刑的罪犯假释时,刑法中关于实际执行刑期不得少于十三年的时间,应当从判决生效之日起计算。判决生效以前先行羁押的时间不予折抵。

被判处死刑缓期执行的罪犯减为无期徒刑或者有期

徒刑后,实际执行十五年以上,方可假释,该实际执行时间应当从死刑缓期执行期满之日起计算。死刑缓期执行期间不包括在内,判决确定以前先行羁押的时间不予折抵。

(2)假释的撤销及撤销的后果

第八十六条 [假释的撤销及其处理] 被假释的犯罪分子,在假释考验期限内犯新罪,应当撤销假释,依照本法第七十一条的规定实行数罪并罚。

在假释考验期限内,发现被假释的犯罪分子在判决宣告以前还有其他罪没有判决的,应当撤销假释,依照本法第七十条的规定实行数罪并罚。

被假释的犯罪分子,在假释考验期限内,有违反法律、行政法规或者国务院有关部门关于假释的监督管理规定的行为,尚未构成新的犯罪的,应当依照法定程序撤销假释,收监执行未执行完毕的刑罚。

《刑法》

第七十一条 [判决宣告后刑罚执行完毕前又犯新罪的并罚] 判决宣告以后,刑罚执行完毕以前,被判刑的犯罪分子又犯罪的,应当对新犯的罪作出判决,把前罪没有执行的刑罚和后罪所判处的刑罚,依照本法第六十九条的规定,决定执行的刑罚。

第八十四条 [假释犯应遵守的规定] 被宣告假释的犯罪分子,应当遵守下列规定:

(一)遵守法律、行政法规,服从监督;
(二)按照监督机关的规定报告自己的活动情况;
(三)遵守监督机关关于会客的规定;
(四)离开所居住的市、县或者迁居,应当报经监督机关批准。

第八十六条 [假释的撤销及其处理] 被假释的犯罪分子,在假释考验期限内犯新罪,应当撤销假释,依照本法第七十一条的规定实行数罪并罚。

在假释考验期限内,发现被假释的犯罪分子在判决宣告以前还有其他罪没有判决的,应当撤销假释,依照本法第七十条的规定实行数罪并罚。

被假释的犯罪分子,在假释考验期限内,有违反法律、行政法规或者国务院有关部门关于假释的监督管理规定的行为,尚未构成新的犯罪的,应当依照法定程序撤销假释,收监执行未执行完毕的刑罚。

《减刑、假释规定》

第二十九条 罪犯在假释考验期内违反法律、行政法规或者国务院有关部门关于假释的监督管理规定的,作出假释裁定的人民法院,应当在收到报请机关或者检察机关撤销假释建议书后及时审查,作出是否撤销假释的裁定,并送达报请机关,同时抄送人民检察院、公安机关和原刑罚执行机关。

罪犯在逃的,撤销假释裁定书可以作为对罪犯进行追捕的依据。

第三十条 依照刑法第八十六条规定被撤销假释的罪犯,一般不得再假释。但依照该条第二款被撤销假释的罪犯,如果罪犯对漏罪曾作如实供述但原判未予认定,或者漏罪系其自首,符合假释条件的,可以再假释。

被撤销假释的罪犯,收监后符合减刑条件的,可以减刑,但减刑起始时间自收监之日起计算。

专题十一 刑罚消灭

考点27 追诉时效

第八十七条 [追诉期限]犯罪经过下列期限不再追诉:
(一)法定最高刑为不满五年有期徒刑的,经过五年;
(二)法定最高刑为五年以上不满十年有期徒刑的,经过十年;
(三)法定最高刑为十年以上有期徒刑的,经过十五年;
(四)法定最高刑为无期徒刑、死刑的,经过二十年。如果二十年以后认为必须追诉的,须报请最高人民检察院核准。〔2019年回忆~诉讼时效〕

第八十八条 [不受追诉期限限制的情形]在人民检察院、公安机关、国家安全机关立案侦查或者在人民法院受理案件以后,逃避侦查或者审判的,不受追诉期限的限制。

被害人在追诉期限内提出控告,人民法院、人民检察院、公安机关应当立案而不予立案的,不受追诉期限的限制。

第八十九条 [追诉期限的计算]追诉期限从犯罪之日起计算;犯罪行为有连续或者继续状态的,从犯罪行为终了之日起计算。

[追诉期限的中断]在追诉期限以内又犯罪的,前罪追诉的期限从犯后罪之日起计算。

专题十二 刑法各论概说

考点28 分论概说

(一)法律拟制常考情形

第一百九十六条第三款 [盗窃罪]盗窃信用卡并使用的,依照本法第二百六十四条的规定定罪处罚。〔2023年回忆~信用卡诈骗罪;2022年回忆~信用卡诈骗罪;2019年回忆~信用卡诈骗罪、盗窃罪;2015年真题~信用卡诈骗罪、盗窃罪;掩饰、隐瞒犯罪所得罪、信用卡诈骗罪;2011年真题~信用卡诈骗罪〕

第二百三十八条 [非法拘禁罪]非法拘禁他人或者以其他方法非法剥夺他人人身自由的,处三年以下有期徒刑、拘役、管制或者剥夺政治权利。具有殴打、侮辱情节的,从重处罚。

[结果加重犯、转化犯]犯前款罪,致人重伤的,处三年以上十年以下有期徒刑;致人死亡的,处十年以上有期徒刑。使用暴力致人伤残、死亡的,依照本法第二百三十四条、第二百三十二条的规定定罪处罚。

[索债型非法拘禁]为索取债务非法扣押、拘禁他人的,依照前两款的规定处罚。

国家机关工作人员利用职权犯前三款罪的,依照前款的规定从重处罚。〔2022年回忆~非法拘禁罪;2021年回忆~注意规定与法律拟制、非法拘禁罪的罪数关系;2018年回忆~防卫过当、非法拘禁罪;2016年真题~故意杀人罪、非法拘禁罪〕

第二百四十七条 [刑讯逼供罪;暴力取证罪]司法工作人员对犯罪嫌疑人、被告人实行刑讯逼供或者使用暴力逼取证人证言的,处三年以下有期徒刑或者拘役。致人伤残、死亡的,依照本法第二百三十四条、第二百三十二条的规定定罪从重处罚。

第二百四十八条 [虐待被监管人罪]监狱、拘留所、看守所等监管机构的监管人员对被监管人进行殴打或者体罚虐待,情节严重的,处三年以下有期徒刑或者拘役;情节特别严重的,处三年以上十年以下有期徒刑。致人伤残、死亡的,依照本法第二百三十四条、第二百三十二条的规定定罪从重处罚。

监管人员指使被监管人殴打或者体罚虐待其他被监管人的,依照前款的规定处罚。

第二百六十七条第二款 [携带凶器抢夺定抢劫罪]携带凶器抢夺的,依照本法第二百六十三条的规定定罪处罚。

第二百六十九条 [(转化型)抢劫罪]犯盗窃、诈骗、抢夺罪,为窝藏赃物、抗拒抓捕或者毁灭罪证而当场使用暴力或者以暴力相威胁的,依照本法第二百六十三条的规定定罪处罚。〔2021年回忆~转化型抢劫〕

第二百八十九条 [聚众"打砸抢"行为的定性]聚众"打砸抢",致人伤残、死亡的,依照本法第二百三十四条、第二百三十二条的规定定罪处罚。毁坏或者抢走公私财物的,除判令退赔外,对首要分子,依照本法第二百六十三条的规定定罪处罚。

第二百九十二条第二款 [聚众斗殴罪][转化犯]聚众斗殴,致人重伤、死亡的,依照本法第二百三十四条、第二百三十二条的规定定罪处罚。

第三百三十三条 [非法组织卖血罪;强迫卖血罪]非法组织他人出卖血液的,处五年以下有期徒刑,并处罚金;以暴力、威胁方法强迫他人出卖血液的,处五年以上十年以下有期徒刑,并处罚金。

[转化犯]有前款行为,对他人造成伤害的,依照本法第二百三十四条的规定定罪处罚。

第三百六十二条 [窝藏、包庇罪]旅馆业、饮食服务业、文化娱乐业、出租汽车业等单位的人员,在公安机关查处卖淫、嫖娼活动时,为违法犯罪分子通风报信,情节严重的,依照本法第三百一十条的规定定罪处罚。

(二)注意规定常考情形

第二百八十七条 [利用计算机实施犯罪的罪名认定]利用计算机实施金融诈骗、盗窃、贪污、挪用公款、窃取国家秘密或者其他犯罪的,依照本法有关规定定罪处罚。

第三百四十九条 [包庇毒品犯罪分子罪;窝藏、转移、隐瞒毒品、毒赃罪]包庇走私、贩卖、运输、制造毒品的犯罪分子的,为犯罪分子窝藏、转移、隐瞒毒品或者犯罪所得的财物的,处三年以下有期徒刑、拘役或者管制;情节严重的,处三年以上十年以下有期徒刑。

[包庇毒品犯罪分子罪]缉毒人员或者其他国家机关工作人员掩护、包庇走私、贩卖、运输、制造毒品的犯罪分子的,依照前款的规定从重处罚。

犯前两款罪,事先通谋的,以走私、贩卖、运输、制造毒品罪的共犯论处。

第三百五十五条 [非法提供麻醉药品、精神药品罪]依法从事生产、运输、管理、使用国家管制的麻醉药品、精神药品的人员,违反国家规定,向吸食、注射毒品的人提供国家规定管制的能够使人形成瘾癖的麻醉药品、精神药品的,处三年以下有期徒刑或者拘役,并处罚金;情节严重的,处三年以上七年以下有期徒刑,并处罚金。

向走私、贩卖毒品的犯罪分子或者以牟利为目的,向吸食、注射毒品的人提供国家规定管制的能够使人形成瘾癖的麻醉药品、精神药品的,依照本法第三百四十七条的规定定罪处罚。

单位犯前款罪的,对单位判处罚金,并对其直接负责的主管人员和其他直接责任人员,依照前款的规定处罚。

第三百八十二条 [贪污罪]国家工作人员利用职务上的便利,侵吞、窃取、骗取或者以其他手段非法占有公共财物的,是贪污罪。

受国家机关、国有公司、企业、事业单位、人民团体委托管理、经营国有财产的人员,利用职务上的便利,侵吞、窃取、骗取或者以其他手段非法占有国有财物的,以贪污论。

与前两款所列人员勾结,伙同贪污的,以共犯论处。[2014年真题~贪污罪;共同犯罪、从犯、贪污罪;2012年真题~贪污罪]

第三百八十四条 [挪用公款罪]国家工作人员利用职务上的便利,挪用公款归个人使用,进行非法活动的,或者挪用公款数额较大、进行营利活动的,或者挪用公款数额较大、超过三个月未还的,是挪用公款罪,处五年以下有期徒刑或者拘役;情节严重的,处五年以上有期徒刑。挪用公款数额巨大不退还的,处十年以上有期徒刑或者无期徒刑。

挪用用于救灾、抢险、防汛、优抚、扶贫、移民、救济款物归个人使用的,从重处罚。[2010年真题~挪用公款罪]

专题十三　危害国家安全罪

考点29 危害国家安全罪

第一百零七条 [资助危害国家安全犯罪活动罪]境内外机构、组织或者个人资助实施本章第一百零二条、第一百零三条、第一百零四条、第一百零五条规定之罪的,对直接责任人员,处五年以下有期徒刑、拘役、管制或者剥夺政治权利;情节严重的,处五年以上有期徒刑。

第一百零九条 [叛逃罪]国家机关工作人员在履行公务期间,擅离岗位,叛逃境外或者在境外叛逃的,处五年以下有期徒刑、拘役、管制或者剥夺政治权利;情节严重的,处五年以上十年以下有期徒刑。

掌握国家秘密的国家工作人员叛逃境外或者在境外叛逃的,依照前款的规定从重处罚。

第一百一十条 [间谍罪]有下列间谍行为之一,危害国家安全的,处十年以上有期徒刑或者无期徒刑;情节较轻的,处三年以上十年以下有期徒刑:

(一)参加间谍组织或者接受间谍组织及其代理人的任务的;

(二)为敌人指示轰击目标的。

第一百一十一条 [为境外窃取、刺探、收买、非法提供国家秘密、情报罪]为境外的机构、组织、人员窃取、刺探、收买、非法提供国家秘密或者情报的,处五年以上十年以下有期徒刑;情节特别严重的,处十年以上有期徒刑或者无期徒刑;情节较轻的,处五年以下有期徒刑、拘役、管制或者剥夺政治权利。

专题十四　危害公共安全罪

考点30 危害公共安全罪

(一)放火、爆炸、投毒类犯罪

第一百一十四条 [放火罪;决水罪;爆炸罪;投放危险物质罪;以危险方法危害公共安全罪(危险犯)]放火、决水、爆炸以及投放毒害性、放射性、传染病病原体等物质或者以其他危险方法危害公共安全,尚未造成严重后果的,处三年以上十年以下有期徒刑。[2012年真题~不作为犯罪、放火罪]

第一百一十五条 [放火罪;决水罪;爆炸罪;投放危险物质罪;以危险方法危害公共安全罪(实害犯)]放火、决水、爆炸以及投放毒害性、放射性、传染病病原体等物质或者以其他危险方法致人重伤、死亡或者使公私财产遭受重大损失的,处十年以上有期徒刑、无期徒刑或者死刑。

[失火罪;过失决水罪;过失爆炸罪;过失投放危险物质罪;过失以危险方法危害公共安全罪]过失犯前款罪的,处三年以上七年以下有期徒刑;情节较轻的,处三年以下有期徒刑或者拘役。

《妨害预防、控制突发传染病疫情等灾害的解释》

第一条　故意传播突发传染病病原体,危害公共安全的,依照刑法第一百一十四条、第一百一十五条第一款的规定,按照以危险方法危害公共安全罪定罪处罚。患有突发传染病或者疑似突发传染病而拒绝接受检疫、强制隔离或者治疗,过失造成传染病传播,情节严重,危害公共安全的,依照刑法第一百一十五条第二款的规定,按照过失以危险方法危害公共安全罪定罪处罚。

《关于醉酒驾车犯罪法律适用问题的意见》

一、准确适用法律,依法严惩醉酒驾车犯罪

刑法规定,醉酒的人犯罪,应当负刑事责任。行为人明知酒后驾车违法、醉酒驾车会危害公共安全,却无视法律醉酒驾车,特别是在肇事后继续驾车冲撞,造成重大伤亡,说明行为人主观上对持续发生的危害结果我持放任态度,具有危害公共安全的故意。对此类醉酒驾车造成重大伤亡的,应依法以危险方法危害公共安全罪定罪。

(二)恐怖活动相关犯罪

第一百二十条 [组织、领导、参加恐怖组织罪]组织、领导恐怖活动组织的,处十年以上有期徒刑或者无期徒刑,并处没收财产;积极参加的,处三年以上十年以下有期徒刑,并处罚金;其他参加的,处三年以下有期徒刑、拘役、管制或者剥夺政治权利,可以并处罚金。

[数罪并罚]犯前罪并实施杀人、爆炸、绑架等犯罪的,依照数罪并罚的规定处罚。

第一百二十条之一 [帮助恐怖活动罪]资助恐怖活动组织、实施恐怖活动的个人的,或者资助恐怖活动培训的,处五年以下有期徒刑、拘役、管制或者剥夺政治权利,并处罚金;情节严重的,处五年以上有期徒刑,并处罚金或者没收财产。

为恐怖活动组织、实施恐怖活动或者恐怖活动培训招募、运送人员的,依照前款的规定处罚。

单位犯前两款罪的,对单位判处罚金,并对其直接负责的主管人员和其他直接责任人员,依照第一款的规定处罚。

第一百二十条之二 [准备实施恐怖活动罪]有下列情形之一的,处五年以下有期徒刑、拘役、管制或者剥夺政治权利,并处罚金;情节严重的,处五年以上有期徒刑,并处罚金或者没收财产:

(一)为实施恐怖活动准备凶器、危险物品或者其他工具的;

(二)组织恐怖活动培训或者积极参加恐怖活动培训的;

(三)为实施恐怖活动与境外恐怖活动组织或者人员联络的;

(四)为实施恐怖活动进行策划或者其他准备的。

[择一重处]有前款行为,同时构成其他犯罪的,依照处罚较重的规定定罪处罚。

第一百二十条之三 [宣扬恐怖主义、极端主义、煽动实施恐怖活动罪]以制作、散发宣扬恐怖主义、极端主义的图书、音频视频资料或者其他物品,或者通过讲授、发布信息等方式宣扬恐怖主义、极端主义的,或者煽动实施恐怖活动的,处五年以下有期徒刑、拘役、管制或者剥夺政治权利,并处罚金;情节严重的,处五年以上有期徒刑,并处罚金或者没收财产。

第一百二十条之四 [利用极端主义破坏法律实施罪]利用极端主义煽动、胁迫群众破坏国家法律确立的婚姻、司法、教育、社会管理等制度实施的,处三年以下有期徒刑、拘役或者管制,并处罚金;情节严重的,处三年以上七年以下有期徒刑,并处罚金;情节特别严重的,处七年以上有期徒刑,并处罚金或者没收财产。

第一百二十条之五 [强制穿戴宣扬恐怖主义、极端主义服饰、标志罪]以暴力、胁迫等方式强制他人在公共场所穿着、佩戴宣扬恐怖主义、极端主义服饰、标志的,处三年以下有期徒刑、拘役或者管制,并处罚金。

第一百二十条之六 [非法持有宣扬恐怖主义、极端主义物品罪]明知是宣扬恐怖主义、极端主义的图书、音频视频资料或者其他物品而非法持有,情节严重的,处三年以下有期徒刑、拘役或者管制,并处或者单处罚金。

(三)交通肇事罪与危险驾驶罪

(1)交通肇事罪

第一百三十三条 [交通肇事罪]违反交通运输管理法规,因而发生重大事故,致人重伤、死亡或者使公私财产遭受重大损失的,处三年以下有期徒刑或者拘役;交通运输肇事后逃逸或者有其他特别恶劣情节的,处三年以上七年以下有期徒刑;因逃逸致人死亡的,处七年以上有期徒刑。

《交通肇事刑事案件解释》

第二条 交通肇事具有下列情形之一的,处三年以下有期徒刑或者拘役:

(一)死亡一人或者重伤三人以上,负事故全部或者主要责任的;

(二)死亡三人以上,负事故同等责任的;

(三)造成公共财产或者他人财产直接损失,负事故全部或者主要责任,无能力赔偿数额在三十万元以上的。

交通肇事致一人以上重伤,负事故全部或者主要责任,并具有下列情形之一的,以交通肇事罪定罪处罚:

(一)酒后、吸食毒品后驾驶机动车辆的;

(二)无驾驶资格驾驶机动车辆的;

(三)明知是安全装置不全或者安全机件失灵的机动车辆而驾驶的;

(四)明知是无牌证或者已报废的机动车辆而驾驶的;

(五)严重超载驾驶的;

(六)为逃避法律追究逃离事故现场的。

第三条 "交通运输肇事后逃逸",是指行为人具有本解释第二条第一款规定和第二款第(一)至(五)项规定的情形之一,在发生交通事故后,为逃避法律追究而逃跑的行为。

第四条 交通肇事具有下列情形之一的,属于"有其他特别恶劣情节",处三年以上七年以下有期徒刑:

(一)死亡二人以上或者重伤五人以上,负事故全部或者主要责任的;

(二)死亡六人以上,负事故同等责任的;

(三)造成公共财产或者他人财产直接损失,负事故全部或者主要责任,无能力赔偿数额在六十万元以上的。

第五条 "因逃逸致人死亡",是指行为人在交通肇事后为逃避法律追究而逃跑,致使被害人因得不到救助而死亡的情形。

交通肇事后,单位主管人员、机动车辆所有人、承包人或者乘车人指使肇事人逃逸,致使被害人因得不到救助而死亡的,以交通肇事罪的共犯论处。

第六条 行为人在交通肇事后为逃避法律追究,将被害人带离事故现场后隐藏或者遗弃,致使被害人无法得到救助而死亡或者严重残疾的,应当分别依照刑法第二百三十二条、第二百三十四条第二款的规定,以故意杀人罪或者故意伤害罪定罪处罚。

第七条 单位主管人员、机动车辆所有人或者机动车辆承包人指使、强令他人违章驾驶造成重大交通事故,具有本解释第二条规定情形之一的,以交通肇事罪定罪处罚。

第八条 在实行公共交通管理的范围内发生重大交通事故的,依照刑法第一百三十三条和本解释的有关规定办理。

在公共交通管理的范围外,驾驶机动车辆或者使用其他交通工具致人伤亡或者致使公共财产或者他人财产遭受重大损失,构成犯罪的,分别依照刑法第一百三十四条、第一百三十五条、第二百三十三条等规定定罪处罚。

(2)危险驾驶罪

第一百三十三条之一 [**危险驾驶罪**]在道路上驾驶机动车,有下列情形之一的,处拘役,并处罚金:
(一)追逐竞驶,情节恶劣的;
(二)醉酒驾驶机动车的;
(三)从事校车业务或者旅客运输,严重超过额定乘员载客,或者严重超过规定时速行驶的;
(四)违反危险化学品安全管理规定运输危险化学品,危及公共安全的。

[**监督者责任**]机动车所有人、管理人对前款第三项、第四项行为负有直接责任的,依照前款的规定处罚。

[**择一重处**]有前两款行为,同时构成其他犯罪的,依照处罚较重的规定定罪处罚。

《办理醉酒危险驾驶刑事案件的意见》

第四条第一款 在道路上驾驶机动车,经呼气酒精含量检测,显示血液酒精含量达到80毫克/100毫升以上的,公安机关应当依照刑事诉讼法和本意见的规定决定是否立案。对情节显著轻微、危害不大,不认为是犯罪的,不予立案。

第五条 醉驾案件中"道路""机动车"的认定适用道路交通安全法有关"道路""机动车"的规定。

对机关、企事业单位、厂矿、校园、居民小区等单位管辖范围内的路段是否认定为"道路",应当以其是否具有"公共性",是否"允许社会机动车通行"作为判断标准。只允许单位内部机动车、特定来访机动车通行的,可以不认定为"道路"。

第十条 醉驾具有下列情形之一,尚不构成其他犯罪的,从重处理:
(一)造成交通事故且负事故全部或者主要责任的;
(二)造成交通事故后逃逸的;
(三)未取得机动车驾驶证驾驶汽车的;
(四)严重超员、超载、超速驾驶的;
(五)服用国家规定管制的精神药品或者麻醉药品后驾驶的;
(六)驾驶机动车从事客运活动且载有乘客的;
(七)驾驶机动车从事校车业务且载有师生的;
(八)在高速公路上驾驶的;
(九)驾驶重型载货汽车的;
(十)运输危险化学品、危险货物的;
(十一)逃避、阻碍公安机关依法检查的;
(十二)实施威胁、打击报复、引诱、贿买证人、鉴定人等人员或毁灭、伪造证据等妨害司法行为的;
(十三)二年内曾因饮酒后驾驶机动车被查获或者受过行政处罚的;
(十四)五年内曾因危险驾驶行为被判决有罪或者作相对不起诉的;

(十五)其他需要从重处理的情形。

第十二条 醉驾具有下列情形之一,且不具有本意见第十条规定情形的,可以认定为情节显著轻微、危害不大,依照刑法第十三条、刑事诉讼法第十六条的规定处理:
(一)血液酒精含量不满150毫克/100毫升的;
(二)出于急救伤病人员等紧急情况驾驶机动车,且不构成紧急避险的;
(三)在居民小区、停车场等场所因挪车、停车入位等短距离驾驶机动车的;
(四)由他人驾驶至居民小区、停车场等场所短距离接替驾驶停放机动车的,或者为了交由他人驾驶,自居民小区、停车场等场所短距离驶出的;
(五)其他情节显著轻微的情形。

醉酒后出于急救伤病人员等紧急情况,不得已驾驶机动车,构成紧急避险的,依照刑法第二十一条的规定处理。

第十六条 醉驾同时构成交通肇事罪、过失以危险方法危害公共安全罪、以危险方法危害公共安全罪等其他犯罪的,依照处罚较重的规定定罪,依法从严追究刑事责任。

醉酒驾驶机动车,以暴力、威胁方法阻碍公安机关依法检查,又构成妨害公务罪、袭警罪等其他犯罪的,依照数罪并罚的规定处罚。

(四)妨害安全驾驶罪

第一百三十三条之二 [**妨害安全驾驶罪**]对行驶中的公共交通工具的驾驶人员使用暴力或者抢控驾驶操纵装置,干扰公共交通工具正常行驶,危及公共安全的,处一年以下有期徒刑、拘役或者管制,并处或者单处罚金。

前款规定的驾驶人员在行驶的公共交通工具上擅离职守,与他人互殴或者殴打他人,危及公共安全的,依照前款的规定处罚。

有前两款行为,同时构成其他犯罪的,依照处罚较重的规定定罪处罚。

《刑法》

第一百十七条 [**破坏交通设施罪(危险犯)**]破坏轨道、桥梁、隧道、公路、机场、航道、灯塔、标志或者进行其他破坏活动,足以使火车、汽车、电车、船只、航空器发生倾覆、毁坏危险,尚未造成严重后果的,处三年以上十年以下有期徒刑。

第一百十九条 [**破坏交通工具罪;破坏交通设施罪;破坏电力设备罪;破坏易燃易爆设备罪(实害犯)**]破坏交通工具、交通设施、电力设备、燃气设备、易燃易爆设备,造成严重后果的,处十年以上有期徒刑、无期徒刑或者死刑。

[**过失损坏交通工具罪;过失损坏交通设施罪;过失损坏电力设备罪;过失损坏易燃易爆设备罪**]过失犯前款罪的,处三年以上七年以下有期徒刑;情节较轻的,处三年以下有期徒刑或者拘役。

(五)重大责任事故罪

第一百三十四条 [**重大责任事故罪**]在生产、作业中违反有关安全管理的规定,因而发生重大伤亡事故或者造成其他严重后果的,处三年以下有期徒刑或者拘役;情节特别恶劣的,处三年以上七年以下有期徒刑。

[强令、组织他人违章冒险作业罪]强令他人违章冒险作业,或者明知存在重大事故隐患而不排除,仍冒险组织作业,因而发生重大伤亡事故或者造成其他严重后果的,处五年以下有期徒刑或者拘役;情节特别恶劣的,处五年以上有期徒刑。

《刑法》

第一百三十四条之一 [危险作业罪]在生产、作业中违反有关安全管理的规定,有下列情形之一,具有发生重大伤亡事故或者其他严重后果的现实危险的,处一年以下有期徒刑、拘役或者管制:

(一)关闭、破坏直接关系生产安全的监控、报警、防护、救生设备、设施,或者篡改、隐瞒、销毁其相关数据、信息的;

(二)因存在重大事故隐患被依法责令停产停业、停止施工、停止使用有关设备、设施、场所或者立即采取排除危险的整改措施,而拒不执行的;

(三)涉及安全生产的事项未经依法批准或者许可,擅自从事矿山开采、金属冶炼、建筑施工,以及危险物品生产、经营、储存等高度危险的生产作业活动的。

专题十五　破坏社会主义市场经济秩序罪

考点31 生产、销售伪劣商品罪

(一)生产、销售伪劣产品罪

第一百四十条 [生产、销售伪劣产品罪]生产者、销售者在产品中掺杂、掺假,以假充真,以次充好或者以不合格产品冒充合格产品,销售金额五万元以上不满二十万元的,处二年以下有期徒刑或者拘役,并处或者单处销售金额百分之五十以上二倍以下罚金;销售金额二十万元以上不满五十万元的,处二年以上七年以下有期徒刑,并处销售金额百分之五十以上二倍以下罚金;销售金额五十万元以上不满二百万元的,处七年以上有期徒刑,并处销售金额百分之五十以上二倍以下罚金;销售金额二百万元以上的,处十五年有期徒刑或者无期徒刑,并处销售金额百分之五十以上二倍以下罚金或者没收财产。

《刑法》

第一百五十条 [单位犯本节之罪的处罚]单位犯本节第一百四十条至第一百四十八条规定之罪的,对单位判处罚金,并对其直接负责的主管人员和其他直接责任人员,依照各该条的规定处罚。

《生产、销售伪劣商品刑事案件解释》

第二条　刑法第一百四十条、第一百四十九条规定的"销售金额",是指生产者、销售者出售伪劣产品后所得和应得的全部违法收入。

伪劣产品尚未销售,货值金额达到刑法第一百四十条规定的销售金额3倍以上的,以生产、销售伪劣产品罪(未遂)定罪处罚。

货值金额以违法生产、销售的伪劣产品的标价计算;没有标价的,按照同类合格产品的市场中间价格计算。货值金额难以确定的,按照国家计划委员会、最高人民法院、最高人民检察院、公安部1997年4月22日联合发布的《扣押、追缴、没收物品估价管理办法》的规定,委托指定的估价机构确定。

多次实施生产、销售伪劣产品行为,未经处理的,伪劣产品的销售金额或者货值金额累计计算。

第九条　知道或者应当知道他人实施生产、销售伪劣商品犯罪,而为其提供贷款、资金、账号、发票、证明、许可证件,或者提供生产、经营场所或者运输、仓储、保管、邮寄等便利条件,或者提供制假生产技术的,以生产、销售伪劣商品犯罪的共犯论处。

第十条　实施生产、销售伪劣商品犯罪,同时构成侵犯知识产权、非法经营等其他犯罪的,依照处罚较重的规定定罪处罚。

第十一条　实施刑法第一百四十条至第一百四十八条规定的犯罪,又以暴力、威胁方法抗拒查处,构成其他犯罪的,依照数罪并罚的规定处罚。

(二)生产、销售提供假药罪

第一百四十一条 [生产、销售、提供假药罪]生产、销售假药的,处三年以下有期徒刑或者拘役,并处罚金;对人体健康造成严重危害或者有其他严重情节的,处三年以上十年以下有期徒刑,并处罚金;致人死亡或者有其他特别严重情节的,处十年以上有期徒刑、无期徒刑或者死刑,并处罚金或者没收财产。

药品使用单位的人员明知是假药而提供给他人使用的,依照前款的规定处罚。

《刑法》

第一百四十二条 [生产、销售、提供劣药罪]生产、销售劣药,对人体健康造成严重危害的,处三年以上十年以下有期徒刑,并处罚金;后果特别严重的,处十年以上有期徒刑或者无期徒刑,并处罚金或者没收财产。

药品使用单位的人员明知是劣药而提供给他人使用的,依照前款的规定处罚。

第一百四十二条之一 [妨害药品管理罪]违反药品管理法规,有下列情形之一,足以严重危害人体健康的,处三年以下有期徒刑或者拘役,并处或者单处罚金;对人体健康造成严重危害或者有其他严重情节的,处三年以上七年以下有期徒刑,并处罚金:

(一)生产、销售国务院药品监督管理部门禁止使用的药品的;

(二)未取得药品相关批准证明文件生产、进口药品或者明知是上述药品而销售的;

(三)药品申请注册中提供虚假的证明、数据、资料、样品或者采取其他欺骗手段的;

(四)编造生产、检验记录的。

有前款行为,同时又构成本法第一百四十一条、第一百四十二条规定之罪或者其他犯罪的,依照处罚较重的规定定罪处罚。

第一百四十三条 [生产、销售不符合安全标准的食品罪]生产、销售不符合食品安全标准的食品,足以造成严重食物中毒事故或者其他严重食源性疾病的,处三年以下有期徒刑或者拘役,并处罚金;对人体健康造成严重危害或者有其他严重情节的,处三年以上七年以下有期徒刑,并处罚金;后果特别严重的,处七年以上有期徒刑或者无期徒刑,并处罚金或者没收财产。

第一百四十四条 [生产、销售有毒、有害食品罪]在生产、销售的食品中掺入有毒、有害的非食品原料的,或者销售明知掺有有毒、有害的非食品原料的食品的,处五年以下有期徒刑,并处罚金;对人体健康造成严重危害或者有其他严重情节的,处五年以上十年以下有期徒刑,并处罚金;致人死亡或者有其他特别严重情节的,依照本法第一百四十一条的规定处罚。

考点32 走私罪

第一百五十一条 [走私武器、弹药罪;走私核材料罪;走私假币罪]走私武器、弹药、核材料或者伪造的货币的,处七年以上有期徒刑,并处罚金或者没收财产;情节特别严重的,处无期徒刑,并处没收财产;情节较轻的,处三年以上七年以下有期徒刑,并处罚金。

[走私文物罪;走私贵重金属罪;走私珍贵动物、珍贵动物制品罪]走私国家禁止出口的文物、黄金、白银和其他贵重金属或者国家禁止进出口的珍贵动物及其制品的,处五年以上十年以下有期徒刑,并处罚金;情节特别严重的,处十年以上有期徒刑或者无期徒刑,并处没收财产;情节较轻的,处五年以下有期徒刑,并处罚金。

[走私国家禁止进出口的货物、物品罪]走私珍稀植物及其制品等国家禁止进出口的其他货物、物品的,处五年以下有期徒刑或者拘役,并处或者单处罚金;情节严重的,处五年以上有期徒刑,并处罚金。

单位犯本条规定之罪的,对单位判处罚金,并对其直接负责的主管人员和其他直接责任人员,依照本条各款的规定处罚。

《刑法》
第一百五十三条 [走私普通货物、物品罪]走私本法第一百五十一条、第一百五十二条、第三百四十七条规定以外的货物、物品的,根据情节轻重,分别依照下列规定处罚:

(一)走私货物、物品偷逃应缴税额较大或者一年内曾因走私被给予二次行政处罚后又走私的,处三年以下有期徒刑或者拘役,并处偷逃应缴税额一倍以上五倍以下罚金。

(二)走私货物、物品偷逃应缴税额巨大或者有其他严重情节的,处三年以上十年以下有期徒刑,并处偷逃应缴税额一倍以上五倍以下罚金。

(三)走私货物、物品偷逃应缴税额特别巨大或者有其他特别严重情节的,处十年以上有期徒刑或者无期徒刑,并处偷逃应缴税额一倍以上五倍以下罚金或者没收财产。

单位犯前款罪的,对单位判处罚金,并对其直接负责的主管人员和其他直接责任人员,处三年以下有期徒刑或者拘役;情节严重的,处三年以上十年以下有期徒刑;情节特别严重的,处十年以上有期徒刑。

对多次走私未经处理的,按照累计走私货物、物品的偷逃应缴税额处罚。

考点33 妨害对公司、企业的管理秩序罪

(一)虚假出资、抽逃出资罪

第一百五十九条 [虚假出资、抽逃出资罪]公司发起人、股东违反公司法的规定未交付货币、实物或者未转移财产权,虚假出资,或者在公司成立后又抽逃其出资,数额巨大、后果严重或者有其他严重情节的,处五年以下有期徒刑或者拘役,并处或者单处虚假出资金额或者抽逃出资金额百分之二以上百分之十以下罚金。

单位犯前款罪的,对单位判处罚金,并对其直接负责的主管人员和其他直接责任人员,处五年以下有期徒刑或者拘役。

《刑法》
第一百五十八条 [虚报注册资本罪]申请公司登记使用虚假证明文件或者采取其他欺诈手段虚报注册资本,欺骗公司登记主管部门,取得公司登记,虚报注册资本数额巨大、后果严重或者有其他严重情节的,处三年以下有期徒刑或者拘役,并处或者单处虚报注册资本金额百分之一以上百分之五以下罚金。

单位犯前款罪的,对单位判处罚金,并对其直接负责的主管人员和其他直接责任人员,处三年以下有期徒刑或者拘役。

(二)非国家工作人员受贿罪

第一百六十三条 [非国家工作人员受贿罪]公司、企业或者其他单位的工作人员,利用职务上的便利,索取他人财物或者非法收受他人财物,为他人谋取利益,数额较大的,处三年以下有期徒刑或者拘役,并处罚金;数额巨大或者有其他严重情节的,处三年以上十年以下有期徒刑,并处罚金;数额特别巨大或者有其他特别严重情节的,处十年以上有期徒刑或者无期徒刑,并处罚金。

公司、企业或者其他单位的工作人员在经济往来中,利用职务上的便利,违反国家规定,收受各种名义的回扣、手续费,归个人所有的,依照前款的规定处罚。

[受贿罪]国有公司、企业或者其他国有单位中从事公务的人员和国有公司、企业或者其他国有单位委派到非国有公司、企业以及其他单位从事公务的人员有前两款行为的,依照本法第三百八十五条、第三百八十六条的规定定罪处罚。〔2012年真题~非国家工作人员受贿罪〕

《刑法》
第九十三条 [国家工作人员的范围]本法所称国家工作人员,是指国家机关中从事公务的人员。

国有公司、企业、事业单位、人民团体中从事公务的人员和国家机关、国有公司、企业、事业单位委派到非国有公司、企业、事业单位、社会团体从事公务的人员,以及其他依照法律从事公务的人员,以国家工作人员论。

第一百六十四条 [对非国家工作人员行贿罪]为谋

取不正当利益,给予公司、企业或者其他单位的工作人员以财物,数额较大的,处三年以下有期徒刑或者拘役,并处罚金;数额巨大的,处三年以上十年以下有期徒刑,并处罚金。

[对外国公职人员、国际公共组织官员行贿罪]为谋取不正当商业利益,给予外国公职人员或者国际公共组织官员以财物的,依照前款的规定处罚。

单位犯前两款罪的,对单位判处罚金,并对其直接负责的主管人员和其他直接责任人员,依照第一款的规定处罚。

[追诉前主动交待从宽]行贿人在被追诉前主动交待行贿行为的,可以减轻处罚或者免除处罚。

第一百八十四条 [非国家工作人员受贿罪的提示条款]银行或者其他金融机构的工作人员在金融业务活动中索取他人财物或者非法收受他人财物,为他人谋取利益的,或者违反国家规定,收受各种名义的回扣、手续费,归个人所有的,依照本法第一百六十三条的规定定罪处罚。

[受贿罪的提示条款]国有金融机构工作人员和国有金融机构委派到非国有金融机构从事公务的人员有前款行为的,依照本法第三百八十五条、第三百八十六条的规定定罪处罚。

考点 34 破坏金融管理秩序罪

(一)假币相关犯罪

第一百七十条 [伪造货币罪]伪造货币的,处三年以上十年以下有期徒刑,并处罚金;有下列情形之一的,处十年以上有期徒刑或者无期徒刑,并处罚金或者没收财产:

(一)伪造货币集团的首要分子;
(二)伪造货币数额特别巨大的;
(三)有其他特别严重情节的。

第一百七十一条 [出售、购买、运输假币罪]出售、购买伪造的货币或者明知是伪造的货币而运输,数额较大的,处三年以下有期徒刑或者拘役,并处二万元以上二十万元以下罚金;数额巨大的,处三年以上十年以下有期徒刑,并处五万元以上五十万元以下罚金;数额特别巨大的,处十年以上有期徒刑或者无期徒刑,并处五万元以上五十万元以下罚金或者没收财产。

[金融工作人员购买假币、以假币换取货币罪]银行或者其他金融机构的工作人员购买伪造的货币或者利用职务上的便利,以伪造的货币换取货币的,处三年以上十年以下有期徒刑,并处二万元以上二十万元以下罚金;数额巨大或者有其他严重情节的,处十年以上有期徒刑或者无期徒刑,并处二万元以上二十万元以下罚金或者没收财产;情节较轻的,处三年以下有期徒刑或者拘役,并处或者单处一万元以上十万元以下罚金。

[伪造并出售、运输定伪造币罪]伪造货币并出售或者运输伪造的货币的,依照本法第一百七十条的规定定罪从重处罚。

第一百七十二条 [持有、使用假币罪]明知是伪造的货币而持有、使用,数额较大的,处三年以下有期徒刑或者拘役,并处或者单处一万元以上十万元以下罚金;数额巨大的,处三年以上十年以下有期徒刑,并处二万元以上二十万元以下罚金;数额特别巨大的,处十年以上有期徒刑,并处五万元以上五十万元以下罚金或者没收财产。

第一百七十三条 [变造货币罪]变造货币,数额较大的,处三年以下有期徒刑或者拘役,并处或者单处一万元以上十万元以下罚金;数额巨大的,处三年以上十年以下有期徒刑,并处二万元以上二十万元以下罚金。

(二)洗钱罪

第一百九十一条 [洗钱罪]为掩饰、隐瞒毒品犯罪、黑社会性质的组织犯罪、恐怖活动犯罪、走私犯罪、贪污贿赂犯罪、破坏金融管理秩序犯罪、金融诈骗犯罪的所得及其产生的收益的来源和性质,有下列行为之一的,没收实施以上犯罪的所得及其产生的收益,处五年以下有期徒刑或者拘役,并处或者单处罚金;情节严重的,处五年以上十年以下有期徒刑,并处罚金:

(一)提供资金帐户的;
(二)将财产转换为现金、金融票据、有价证券的;
(三)通过转帐或者其他支付结算方式转移资金的;
(四)跨境转移资产的;
(五)以其他方法掩饰、隐瞒犯罪所得及其收益的来源和性质的。

单位犯前款罪的,对单位判处罚金,并对其直接负责的主管人员和其他直接责任人员,依照前款的规定处罚。

《审理洗钱等刑事案件的解释》

第一条 刑法第一百九十一条、第三百一十二条规定的"明知",应当结合被告人的认知能力,接触他人犯罪所得及其收益的情况,犯罪所得及其收益的种类、数额,犯罪所得及其收益的转换、转移方式以及被告人的供述等主、客观因素进行认定。

具有下列情形之一的,可以认定被告人明知系犯罪所得及其收益,但有证据证明确实不知道的除外:

(一)知道他人从事犯罪活动,协助转换或者转移财物的;
(二)没有正当理由,通过非法途径协助转换或者转移财物的;
(三)没有正当理由,以明显低于市场的价格收购财物的;
(四)没有正当理由,协助转换或者转移财物,收取明显高于市场的"手续费"的;
(五)没有正当理由,协助他人将巨额现金散存于多个银行账户或者在不同银行账户之间频繁划转的;
(六)协助近亲属或者其他关系密切的人转换或者转移与其职业或者财产状况明显不符的财物的;
(七)其他可以认定行为人明知的情形。

被告人将刑法第一百九十一条规定的某一上游犯罪的犯罪所得及其收益误认为刑法第一百九十一条规定的上游犯罪范围内的其他犯罪所得及其收益的,不影响刑法第一百九十一条规定的"明知"的认定。

第三条 明知是犯罪所得及其产生的收益而予以掩

饰、隐瞒,构成刑法第三百一十二条规定的犯罪,同时又构成刑法第一百九十一条或者第三百四十九条规定的犯罪的,依照处罚较重的规定定罪处罚。

第四条　刑法第一百九十一条、第三百一十二条、第三百四十九条规定的犯罪,应当以上游犯罪事实成立为认定前提。上游犯罪尚未依法裁判,但查证属实的,不影响刑法第一百九十一条、第三百一十二条、第三百四十九条规定的犯罪的审判。

<u>上游犯罪事实可以确认,因行为人死亡等原因依法不予追究刑事责任的,不影响刑法第一百九十一条、第三百一十二条、第三百四十九条规定的犯罪的认定。</u>

<u>上游犯罪事实可以确认,依法以其他罪名定罪处罚的,不影响刑法第一百九十一条、第三百一十二条、第三百四十九条规定的犯罪的认定。</u>

本条所称"上游犯罪",是指产生刑法第一百九十一条、第三百一十二条、第三百四十九条规定的犯罪所得及其收益的各种犯罪行为。

考点35 金融诈骗罪

(一)信用卡诈骗罪与妨害信用卡管理罪

(1)信用卡诈骗罪

第一百九十六条　[信用卡诈骗罪] 有下列情形之一,进行信用卡诈骗活动,数额较大的,处五年以下有期徒刑或者拘役,并处二万元以上二十万元以下罚金;数额巨大或者有其他严重情节的,处五年以上十年以下有期徒刑,并处五万元以上五十万元以下罚金;数额特别巨大或者有其他特别严重情节的,处十年以上有期徒刑或者无期徒刑,并处五万元以上五十万元以下罚金或者没收财产:

(一)使用伪造的信用卡,或者使用以虚假的身份证明骗领的信用卡的;

(二)使用作废的信用卡的;

(三)冒用他人信用卡的;

(四)恶意透支的。

前款所称恶意透支,是指持卡人以非法占有为目的,超过规定限额或者规定期限透支,并且经发卡银行催收后仍不归还的行为。

[盗窃罪]盗窃信用卡并使用的,依照本法第二百六十四条的规定定罪处罚。[2023年回忆~信用卡诈骗罪;2022年回忆~信用卡诈骗罪;2019年回忆~信用卡诈骗罪、盗窃罪;2015年真题~信用卡诈骗罪、盗窃罪;掩饰、隐瞒犯罪所得罪、信用卡诈骗罪;2011年真题~信用卡诈骗罪]

《有关信用卡规定的解释》

刑法规定的"信用卡",是指由商业银行或者其他金融机构发行的具有消费支付、信用贷款、转账结算、存取现金等全部功能或者部分功能的电子支付卡。

《妨害信用卡管理刑事案件解释》

第五条　使用伪造的信用卡、以虚假的身份证明骗领的信用卡、作废的信用卡或者冒用他人信用卡,进行信用卡诈骗活动,数额在五千元以上不满五万元的,应当认定为刑法第一百九十六条规定的"数额较大";数额在五万元以上不满五十万元的,应当认定为刑法第一百九十六条规定的"数额巨大";数额在五十万元以上的,应当认定为刑法第一百九十六条规定的"数额特别巨大"。

刑法第一百九十六条第一款第三项所称"冒用他人信用卡",包括以下情形:

(一)拾得他人信用卡并使用的;

(二)骗取他人信用卡并使用的;

(三)窃取、收买、骗取或者以其他非法方式获取他人信用卡信息资料,并通过互联网、通讯终端等使用的;

(四)其他冒用他人信用卡的情形。

第六条　持卡人以非法占有为目的,超过规定限额或者规定期限透支,经发卡银行两次有效催收后超过三个月仍不归还的,应当认定为刑法第一百九十六条规定的"恶意透支"。

对于是否以非法占有为目的,应当综合持卡人信用记录、还款能力和意愿、申领和透支信用卡的状况、透支资金的用途、透支后的表现、未按规定还款的原因等情节作出判断。不得单纯依据持卡人未按规定还款的事实认定非法占有目的。

具有以下情形之一的,应当认定为刑法第一百九十六条第二款规定的"以非法占有为目的",但有证据证明持卡人确实不具有非法占有目的的除外:

(一)明知没有还款能力而大量透支,无法归还的;

(二)使用虚假资信证明申领信用卡后透支,无法归还的;

(三)透支后通过逃匿、改变联系方式等手段,逃避银行催收的;

(四)抽逃、转移资金,隐匿财产,逃避还款的;

(五)使用透支的资金进行犯罪活动的;

(六)其他非法占有资金,拒不归还的情形。

第七条　催收同时符合下列条件的,应当认定为本解释第六条规定的"有效催收":

(一)在透支超过规定限额或者规定期限后进行;

(二)催收应当采用能够确认持卡人收悉的方式,但持卡人故意逃避催收的除外;

(三)两次催收至少间隔三十日;

(四)符合催收的有关规定或者约定。

对于是否属于有效催收,应当根据发卡银行提供的电话录音、信息送达记录、信函送达回执、电子邮件送达记录、持卡人或者其家属签字以及其他催收原始证据材料作出判断。

发卡银行提供的相关证据材料,应当有银行工作人员签名和银行公章。

第八条　恶意透支,数额在五万元以上不满五十万元的,应当认定为刑法第一百九十六条规定的"数额较大";数额在五十万元以上不满五百万元的,应当认定为刑法第一百九十六条规定的"数额巨大";数额在五百万元以上的,应当认定为刑法第一百九十六条规定的"数额特别巨大"。

第九条第一款　恶意透支的数额,是指公安机关刑事立案时尚未归还的实际透支的本金数额,不包括利息、复利、滞纳金、手续费等发卡银行收取的费用。归还或者支付的数额,应当认定为归还实际透支的本金。

第十条　恶意透支数额较大,在提起公诉前全部归还或者具有其他情节轻微情形的,可以不起诉;在一审判决前全部归还或者具有其他情节轻微情形的,可以免予刑事处罚。但是,曾因信用卡诈骗受过两次以上处罚的除外。

第十一条　发卡银行违规以信用卡透支形式变相发放贷款,持卡人未按规定归还的,不适用刑法第一百九十六条"恶意透支"的规定。构成其他犯罪的,以其他犯罪论处。

第十二条　违反国家规定,使用销售点终端机具(POS机)等方法,以虚构交易、虚开价格、现金退货等方式向信用卡持卡人直接支付现金,情节严重的,应当依据刑法第二百二十五条的规定,以非法经营罪定罪处罚。

……

持卡人以非法占有为目的,采用上述方式恶意透支,应当追究刑事责任的,依照刑法第一百九十六条的规定,以信用卡诈骗罪定罪处罚。

《拾得他人信用卡并在自动柜员机(ATM机)上使用的行为如何定性问题的批复》

拾得他人信用卡并在自动柜员机(ATM机)上使用的行为,属于刑法第一百九十六条第一款第(三)项规定的"冒用他人信用卡"的情形,构成犯罪的,以信用卡诈骗罪追究刑事责任。

(2)妨害信用卡管理罪

第一百七十七条之一　[妨害信用卡管理罪] 有下列情形之一,妨害信用卡管理的,处三年以下有期徒刑或者拘役,并处或者单处一万元以上十万元以下罚金;数量巨大或者有其他严重情节的,处三年以上十年以下有期徒刑,并处二万元以上二十万元以下罚金:

(一)明知是伪造的信用卡而持有、运输的,或者明知是伪造的空白信用卡而持有、运输,数量较大的;

(二)非法持有他人信用卡,数量较大的;

(三)使用虚假的身份证明骗领信用卡的;

(四)出售、购买、为他人提供伪造的信用卡或者以虚假的身份证明骗领的信用卡的。

[窃取、收买、非法提供信用卡信息罪] 窃取、收买或者非法提供他人信用卡信息资料的,依照前款规定处罚。

银行或者其他金融机构的工作人员利用职务上的便利,犯第二款罪的,从重处罚。[2023年回忆~妨害信用卡管理罪]

《妨害信用卡管理刑事案件解释》

第一条　复制他人信用卡、将他人信用卡信息资料写入磁条介质、芯片或者以其他方法伪造信用卡一张以上的,应当认定为刑法第一百七十七条第一款第四项规定的"伪造信用卡",以伪造金融票证定罪处罚。

伪造空白信用卡10张以上的,应当认定为刑法177条第1款第四项规定的"伪造信用卡",以伪造金融票证定罪处罚。

……

第二条　明知是伪造的空白信用卡而持有、运输十张以上不满一百张的,应当认定为刑法第一百七十七条之一第一款第一项规定的"数量较大";非法持有他人信用卡五张以上不满五十张的,应当认定为刑法第一百七十七条之一第一款第二项规定的"数量较大"。

有下列情形之一的,应当认定为刑法第一百七十七条之一第一款规定的"数量巨大":

(一)明知是伪造的信用卡而持有、运输十张以上的;

(二)明知是伪造的空白信用卡而持有、运输一百张以上的;

(三)非法持有他人信用卡五十张以上的;

(四)使用虚假的身份证明骗领信用卡十张以上的;

(五)出售、购买、为他人提供伪造的信用卡或者以虚假的身份证明骗领的信用卡十张以上的。

违他人意愿,使用其居民身份证、军官证、士兵证、港澳居民往来内地通行证、台湾居民来往大陆通行证、护照等身份证明申领信用卡的,或者使用伪造、变造的身份证明申领信用卡的,应当认定为刑法第一百七十七条之一第一款第三项规定的"使用虚假的身份证明骗领信用卡"。

第三条　窃取、收买、非法提供他人信用卡信息资料,足以伪造可进行交易的信用卡,或者足以使他人以信用卡持卡人名义进行交易,涉及信用卡一张以上不满五张的,依照刑法第一百七十七条之一第二款的规定,以窃取、收买、非法提供信用卡信息罪定罪处罚;涉及信用卡五张以上的,应当认定为刑法第一百七十七条之一第一款规定的"数量巨大"。

(二)贷款诈骗罪与骗取贷款罪

(1)贷款诈骗罪

第一百九十三条　[贷款诈骗罪] 有下列情形之一,以非法占有为目的,诈骗银行或者其他金融机构的贷款,数额较大的,处五年以下有期徒刑或者拘役,并处二万元以上二十万元以下罚金;数额巨大或者有其他严重情节的,处五年以上十年以下有期徒刑,并处五万元以上五十万元以下罚金;数额特别巨大或者有其他特别严重情节的,处十年以上有期徒刑或者无期徒刑,并处五万元以上五十万元以下罚金或者没收财产:

(一)编造引进资金、项目等虚假理由的;

(二)使用虚假的经济合同的;

(三)使用虚假的证明文件的;

(四)使用虚假的产权证明作担保或者超出抵押物价值重复担保的;

(五)以其他方法诈骗贷款的。[2022年回忆~贷款诈骗罪;2019年回忆~贷款诈骗罪]

《全国法院审理金融犯罪案件工作座谈会纪要》

二、(三)关于金融诈骗罪

2.贷款诈骗罪的认定和处理。贷款诈骗犯罪是案发较多的金融诈骗犯罪之一。审理贷款诈骗犯罪案件,应当注意以下两个问题:

一是单位不能构成贷款诈骗罪。根据刑法第三十条和第一百九十三条的规定,单位不构成贷款诈骗罪。对于单位实施的贷款诈骗行为，不能以贷款诈骗罪定罪处罚，也不能以贷款诈骗罪追究直接负责的主管人员和其他直接责任人员的刑事责任。但是，在司法实践中，对于单位十分明显地以非法占有为目的，利用签订、履行借款合同诈骗银行或其他金融机构贷款，符合刑法第二百二十四条规定的合同诈骗罪构成要件的，应当以合同诈骗罪定罪处罚。

二是要严格区分贷款诈骗与贷款纠纷的界限。对于合法取得贷款后，没有按规定的用途使用贷款，到期没有归还贷款的，不能以贷款诈骗罪定罪处罚；对于确有证据证明行为人不具有非法占有的目的，因不具备贷款的条件而采取了欺骗手段获取贷款，案发时有能力履行还贷义务，或者案发时不能归还贷款是因为意志以外的原因，如因经营不善、被骗、市场风险等，不应以贷款诈骗罪定罪处罚。

(2) 骗取贷款罪

第一百七十五条之一 [骗取贷款、票据承兑、金融票证罪]以欺骗手段取得银行或者其他金融机构贷款、票据承兑、信用证、保函等，给银行或者其他金融机构造成重大损失的，处三年以下有期徒刑或者拘役，并处或者单处罚金；给银行或者其他金融机构造成特别重大损失或者有其他特别严重情节的，处三年以上七年以下有期徒刑，并处罚金。

单位犯前款罪的，对单位判处罚金，并对其直接负责的主管人员和其他直接责任人员，依照前款的规定处罚。

[2019年回忆~骗取贷款罪]

(三) 保险诈骗罪

第一百九十八条 [保险诈骗罪]有下列情形之一，进行保险诈骗活动，数额较大的，处五年以下有期徒刑或者拘役，并处一万元以上十万元以下罚金；数额巨大或者有其他严重情节的，处五年以上十年以下有期徒刑，并处二万元以上二十万元以下罚金；数额特别巨大或者有其他特别严重情节的，处十年以上有期徒刑，并处二万元以上二十万元以下罚金或者没收财产：

(一) 投保人故意虚构保险标的，骗取保险金的；
(二) 投保人、被保险人或者受益人对发生的保险事故编造虚假的原因或者夸大损失的程度，骗取保险金的；
(三) 投保人、被保险人或者受益人编造未曾发生的保险事故，骗取保险金的；
(四) 投保人、被保险人故意造成财产损失的保险事故，骗取保险金的；
(五) 投保人、受益人故意造成被保险人死亡、伤残或者疾病，骗取保险金的。

[数罪并罚]有前款第四项、第五项所列行为，同时构成其他犯罪的，依照数罪并罚的规定处罚。

单位犯第一款罪的，对单位判处罚金，并对其直接负责的主管人员和其他直接责任人员，处五年以下有期徒刑或者拘役；数额巨大或者有其他严重情节的，处五年以上十年以下有期徒刑；数额特别巨大或者有其他特别严重情节的，处十年以上有期徒刑。

[共犯]保险事故的鉴定人、证明人、财产评估人故意提供虚假的证明文件，为他人诈骗提供条件的，以保险诈骗的共犯论处。[2022年回忆~保险诈骗罪]

《刑法》
第一百八十三条 [职务侵占罪的提示条款]保险公司的工作人员利用职务上的便利，故意编造未曾发生的保险事故进行虚假理赔，骗取保险金归自己所有的，依照本法第二百七十一条的规定定罪处罚。

[贪污罪的提示条款]国有保险公司工作人员和国有保险公司委派到非国有保险公司从事公务的人员有前款行为的，依照本法第三百八十二条、第三百八十三条的规定定罪处罚。

考点36 危害税收征管罪

第二百零一条 [逃税罪]纳税人采取欺骗、隐瞒手段进行虚假纳税申报或者不申报，逃避缴纳税款数额较大并且占应纳税额百分之十以上的，处三年以下有期徒刑或者拘役，并处罚金；数额巨大并且占应纳税额百分之三十以上的，处三年以上七年以下有期徒刑，并处罚金。

扣缴义务人采取前款所列手段，不缴或者少缴已扣、已收税款，数额较大的，依照前款的规定处罚。

对多次实施前两款行为，未经处理的，按照累计数额计算。

[责任阻却事由]有第一款行为，经税务机关依法下达追缴通知后，补缴应纳税款，缴纳滞纳金，已受行政处罚的，不予追究刑事责任；但是，五年内因逃避缴纳税款受过刑事处罚或者被税务机关给予二次以上行政处罚的除外。

《刑法》
第二百零四条 [骗取出口退税罪]以假报出口或者其他欺骗手段，骗取国家出口退税款，数额较大的，处五年以下有期徒刑或者拘役，并处骗取税款一倍以上五倍以下罚金；数额巨大或者有其他严重情节的，处五年以上十年以下有期徒刑，并处骗取税款一倍以上五倍以下罚金；数额特别巨大或者有其他特别严重情节的，处十年以上有期徒刑或者无期徒刑，并处骗取税款一倍以上五倍以下罚金或者没收财产。

[先缴税后骗退税的处理]纳税人缴纳税款后，采取前款规定的欺骗方法，骗取所缴纳的税款的，依照本法第二百零一条的规定定罪处罚；骗取税款超过所缴纳的税款部分，依照前款的规定处罚。

第二百一十一条 [单位犯危害税收征管罪的处罚规定]单位犯本节第二百零一条、第二百零三条、第二百零四条、第二百零七条、第二百零八条、第二百零九条规定之罪的，对单位判处罚金，并对其直接负责的主管人员和其他直接责任人员，依照各该条的规定处罚。

考点37 侵犯知识产权罪

(一) 假冒注册商标罪

第二百一十三条 [假冒注册商标罪]未经注册商标所有人许可，在同一种商品、服务上使用与其注册商标相同的商标，情节严重的，处三年以下有期徒刑，并处或者单处罚金；情节特别严重的，处三年以上十年以下有期徒刑,并处罚金。

《刑法》

第二百一十四条　[销售假冒注册商标的商品罪]销售明知是假冒注册商标的商品,违法所得数额较大或者有其他严重情节的,处三年以下有期徒刑,并处或者单处罚金;违法所得数额巨大或者有其他特别严重情节的,处三年以上十年以下有期徒刑,并处罚金。

第二百二十条　[单位犯侵犯知识产权罪的处罚规定]单位犯本节第二百一十三条至第二百一十九条之一规定之罪的,对单位判处罚金,并对其直接负责的主管人员和其他直接责任人员,依照本节各该条的规定处罚。

《知识产权刑事案件解释》

第八条　刑法第二百一十三条规定的"相同的商标",是指与被假冒的注册商标完全相同,或者与被假冒的注册商标在视觉上基本无差别、足以对公众产生误导的商标。

刑法第二百一十三条规定的"使用",是指将注册商标或者假冒的注册商标用于商品、商品包装或者容器以及产品说明书、商品交易文书,或者将注册商标或者假冒的注册商标用于广告宣传、展览以及其他商业活动等行为。

第十三条　实施刑法第二百一十三条规定的假冒注册商标犯罪,又销售该假冒注册商标的商品,构成犯罪的,应当依照刑法第二百一十三条的规定,以假冒注册商标罪定罪处罚。

实施刑法第二百一十三条规定的假冒注册商标犯罪,又销售明知是他人的假冒注册商标的商品,构成犯罪的,应当实行数罪并罚。

(二)侵犯著作权罪

第二百一十七条　[侵犯著作权罪]以营利为目的,有下列侵犯著作权或者与著作权有关的权利的情形之一,违法所得数额较大或者有其他严重情节的,处三年以下有期徒刑,并处或者单处罚金;违法所得数额巨大或者有其他特别严重情节的,处三年以上十年以下有期徒刑,并处罚金:

(一)未经著作权人许可,复制发行、通过信息网络向公众传播其文字作品、音乐、美术、视听作品、计算机软件及法律、行政法规规定的其他作品的;

(二)出版他人享有专有出版权的图书的;

(三)未经录音录像制作者许可,复制发行、通过信息网络向公众传播其制作的录音录像的;

(四)未经表演者许可,复制发行录有其表演的录音录像制品,或者通过信息网络向公众传播其表演的;

(五)制作、出售假冒他人署名的美术作品的;

(六)未经著作权人或者与著作权有关的权利人许可,故意避开或者破坏权利人为其作品、录音录像制品等采取的保护著作权或者与著作权有关的权利的技术措施的。

《刑法》

第二百一十八条　[销售侵权复制品罪]以营利为目的,销售明知是本法第二百一十七条规定的侵权复制品,违法所得数额巨大或者有其他严重情节的,处五年以下有期徒刑,并处或者单处罚金。

第二百二十条　[单位犯侵犯知识产权罪的处罚规定]单位犯本节第二百一十三条至第二百一十九条之一规定之罪的,对单位判处罚金,并对其直接负责的主管人员和其他直接责任人员,依照本节各该条的规定处罚。

《知识产权刑事案件解释》

第十四条　实施刑法第二百一十七条规定的侵犯著作权犯罪,又销售该侵权复制品,构成犯罪的,应当依照刑法第二百一十七条的规定,以侵犯著作权罪定罪处罚。

实施刑法第二百一十七条规定的侵犯著作权犯罪,又销售明知是他人的侵权复制品,构成犯罪的,应当实行数罪并罚。

考点38 扰乱市场秩序罪

(一)合同诈骗罪

第二百二十四条　[合同诈骗罪]有下列情形之一,以非法占有为目的,在签订、履行合同过程中,骗取对方当事人财物,数额较大的,处三年以下有期徒刑或者拘役,并处或者单处罚金;数额巨大或者有其他严重情节的,处三年以上十年以下有期徒刑,并处罚金;数额特别巨大或者有其他特别严重情节的,处十年以上有期徒刑或者无期徒刑,并处罚金或者没收财产:

(一)以虚构的单位或者冒用他人名义签订合同的;

(二)以伪造、变造、作废的票据或者其他虚假的产权证明作担保的;

(三)没有实际履行能力,以先履行小额合同或者部分履行合同的方法,诱骗对方当事人继续签订和履行合同的;

(四)收受对方当事人给付的货物、货款、预付款或者担保财产后逃匿的;

(五)以其他方法骗取对方当事人财物的。[2019年回忆~合同诈骗罪]

(二)非法经营罪

第二百二十五条　[非法经营罪]违反国家规定,有下列非法经营行为之一,扰乱市场秩序,情节严重的,处五年以下有期徒刑或者拘役,并处或者单处违法所得一倍以上五倍以下罚金;情节特别严重的,处五年以上有期徒刑,并处违法所得一倍以上五倍以下罚金或者没收财产:

(一)未经许可经营法律、行政法规规定的专营、专卖物品或者其他限制买卖的物品的;

(二)买卖进出口许可证、进出口原产地证明以及其他法律、行政法规规定的经营许可证或者批准文件的;

(三)未经国家有关主管部门批准非法经营证券、期货、保险业务的,或者非法从事资金支付结算业务的;

(四)其他严重扰乱市场秩序的非法经营行为。

《刑法》

第一百六十五条　[非法经营同类营业罪]国有公司、企业的董事、监事、高级管理人员,利用职务便利,自己经营或者为他人经营与其所任职公司、企业同类的营业,获取非法利益,数额巨大的,处三年以下有期徒刑或者拘役,并处或者单处罚金;数额特别巨大的,处三年以上七年以下有期徒刑,并处罚金。

其他公司、企业的董事、监事、高级管理人员违反法律、行政法规规定,实施前款行为,致使公司、企业利益遭受重大损失的,依照前款的规定处罚。

第二百二十四条之一 [组织、领导传销活动罪]组织、领导以推销商品、提供服务等经营活动为名,要求参加者以缴纳费用或者购买商品、服务等方式获得加入资格,并按照一定顺序组成层级,直接或者间接以发展人员的数量作为计酬或者返利依据,引诱、胁迫参加者继续发展他人参加,骗取财物,扰乱经济社会秩序的传销活动的,处五年以下有期徒刑或者拘役,并处罚金;情节严重的,处五年以上有期徒刑,并处罚金。

专题十六 侵犯公民人身权利、民主权利罪

考点39 侵犯公民生命、健康权利的犯罪

第二百三十二条 [故意杀人罪]故意杀人的,处死刑、无期徒刑或者十年以上有期徒刑;情节较轻的,处三年以上十年以下有期徒刑。〔2019年回忆~共同犯罪、故意杀人罪、故意伤害罪;2016年真题~侵占罪、故意杀人罪、抢劫罪;故意杀人罪、事前的故意;故意杀人罪、间接正犯;故意杀人罪、非法拘禁罪;2015年真题~故意杀人罪、结果提前发生的处理;2013年真题~盗窃罪、故意杀人罪;2011年真题~故意杀人罪〕

第二百三十四条 [故意伤害罪]故意伤害他人身体的,处三年以下有期徒刑、拘役或者管制。

犯前款罪,致人重伤的,处三年以上十年以下有期徒刑;致人死亡或者以特别残忍手段致人重伤造成严重残疾的,处十年以上有期徒刑、无期徒刑或者死刑。本法另有规定的,依照规定。〔2022年回忆~故意伤害罪;2019年回忆~共同犯罪、故意杀人罪、故意伤害罪;2018年回忆~共同犯罪、故意伤害罪〕

《刑法》

第十七条第二款 [刑事责任年龄]已满十二周岁不满十四周岁的人,犯故意杀人、故意伤害罪,致人死亡或者以特别残忍手段致人重伤造成严重残疾,情节恶劣,经最高人民检察院核准追诉的,应当负刑事责任。

第二十条第三款 [特殊防卫]对正在进行行凶、杀人、抢劫、强奸、绑架以及其他严重危及人身安全的暴力犯罪,采取防卫行为,造成不法侵害人伤亡的,不属于防卫过当,不负刑事责任。〔2018年回忆~防卫过当、非法拘禁罪;2013年真题~正当防卫〕

第二百三十八条第二款 [结果加重犯、转化犯]犯前款罪,致人重伤的,处三年以上十年以下有期徒刑;致人死亡的,处十年以上有期徒刑、无期徒刑。使用暴力致人伤残、死亡的,依照本法第二百三十四条、第二百三十二条的规定定罪处罚。〔2021年回忆~注意规定与法律拟制、非法拘禁罪的罪数关系〕

第二百四十一条第三款 [非法拘禁罪;故意伤害罪;侮辱罪]收买被拐卖的妇女、儿童,非法剥夺、限制其人身自由或者有伤害、侮辱等犯罪行为的,依照本法的有关规定定罪处罚。

第二百四十七条 [刑讯逼供罪;暴力取证罪]司法工作人员对犯罪嫌疑人、被告人实行刑讯逼供或者使用暴力逼取证人证言的,处三年以下有期徒刑或者拘役。致人伤残、死亡的,依照本法第二百三十四条、第二百三十二条的规定定罪从重处罚。

第二百四十八条 [虐待被监管人罪]监狱、拘留所、看守所等监管机构的监管人员对被监管人进行殴打或者体罚虐待,情节严重的,处三年以下有期徒刑或者拘役;情节特别严重的,处三年以上十年以下有期徒刑。致人伤残、死亡的,依照本法第二百三十四条、第二百三十二条的规定定罪从重处罚。

监管人员指使被监管人殴打或者体罚虐待其他被监管人的,依照前款的规定处罚。

第二百九十二条第二款 [转化犯]聚众斗殴,致人重伤、死亡的,依照本法第二百三十四条、第二百三十二条的规定定罪处罚。

第三百三十三条第二款 [转化犯]有前款行为,对他人造成伤害的,依照本法第二百三十四条的规定定罪处罚。

《组织、利用邪教组织破坏法律实施等刑事案件的解释》

第十一条 组织、利用邪教组织、制造、散布迷信邪说,组织、策划、煽动、胁迫、教唆、帮助其成员或者他人实施自杀、自伤的,依照刑法第二百三十二条、第二百三十四条的规定,以故意杀人罪或者故意伤害罪定罪处罚。

《交通肇事刑事案件解释》

第六条 行为人在交通肇事后为逃避法律追究,将被害人带离事故现场后隐藏或者遗弃,致使被害人无法得到救助而死亡或者严重残疾的,应当分别依照刑法第二百三十二条、第二百三十四条第二款的规定,以故意杀人罪或者故意伤害罪定罪处罚。

《危害生产安全刑事案件解释》

第十条 在安全事故发生后,直接负责的主管人员和其他直接责任人员故意阻挠开展抢救,导致人员死亡或者重伤,或者为了逃避法律追究,对被害人进行隐藏、遗弃,致使被害人因无法得到救助而死亡或者重度残疾的,分别依照刑法第二百三十二条、第二百三十四条的规定,以故意杀人罪或者故意伤害罪定罪处罚。

考点40 侵犯性权利的犯罪

第二百三十六条 [强奸罪]以暴力、胁迫或者其他手段强奸妇女的,处三年以上十年以下有期徒刑。

奸淫不满十四周岁的幼女的,以强奸论,从重处罚。

强奸妇女、奸淫幼女,有下列情形之一的,处十年以上有期徒刑、无期徒刑或者死刑:

(一)强奸妇女、奸淫幼女情节恶劣的;
(二)强奸妇女、奸淫幼女多人的;

（三）在公共场所当众强奸妇女、奸淫幼女的；
（四）二人以上轮奸的；
（五）奸淫不满十周岁的幼女或者造成幼女伤害的；
（六）致使被害人重伤、死亡或者造成其他严重后果的。

《刑法》
第二百三十六条之一　[负有照护职责人员性侵罪] 对已满十四周岁不满十六周岁的未成年女性负有监护、收养、看护、教育、医疗等特殊职责的人员，与该未成年女性发生性关系的，处三年以下有期徒刑；情节恶劣的，处三年以上十年以下有期徒刑。

有前款行为，同时又构成本法第二百三十六条规定之罪的，依照处罚较重的规定定罪处罚。

《关于办理性侵害未成年人刑事案件的意见》
第十七条　知道或者应当知道对方是不满十四周岁的幼女，而实施奸淫等性侵害行为的，应当认定行为人"明知"对方是幼女。

对不满十二周岁的被害人实施奸淫等性侵害行为的，应当认定行为人"明知"对方是幼女。

对已满十二周岁不满十四周岁的被害人，从其身体发育状况、言谈举止、衣着特征、生活作息规律等观察可能是幼女，而实施奸淫等性侵害行为的，应当认定行为人"明知"对方是幼女。

第十八条　在校园、游泳馆、儿童游乐场、学生集体宿舍等公共场所对未成年人实施强奸、猥亵犯罪，只要有其他多人在场，不论在场人员是否实际看到，均可以依照刑法第二百三十六条第三款、第二百三十七条的规定，认定为在公共场所"当众"强奸、猥亵。

《强奸、猥亵未成年人刑事案件解释》
第一条　奸淫幼女的，依照刑法第二百三十六条第二款的规定从重处罚。具有下列情形之一的，应当适用较重的从重处罚幅度：
（一）负有特殊职责的人员实施奸淫的；
（二）采用暴力、胁迫等手段实施奸淫的；
（三）侵入住宅或者学生集体宿舍实施奸淫的；
（四）对农村留守儿童、严重残疾或者精神发育迟滞的被害人实施奸淫的；
（五）利用其他未成年人诱骗、介绍、胁迫被害人的；
（六）曾因强奸、猥亵犯罪被判处刑罚的。

强奸已满十四周岁的未成年女性，具有前款第一项、第三项至第六项规定的情形之一，或者致使被害人轻伤、患梅毒、淋病等严重性病的，依照刑法第二百三十六条第一款的规定定罪，从重处罚。

第二条　强奸已满十四周岁的未成年女性或者奸淫幼女，具有下列情形之一的，应当认定为刑法第二百三十六条第三款第一项规定的"强奸妇女、奸淫幼女情节恶劣"：
（一）负有特殊职责的人员多次实施强奸、奸淫的；
（二）有严重摧残、凌辱行为的；
（三）非法拘禁或者利用毒品诱骗、控制被害人的；
（四）多次利用其他未成年人诱骗、介绍、胁迫被害人的；

（五）长期实施强奸、奸淫的；
（六）奸淫精神发育迟滞的被害人致使怀孕的；
（七）对强奸、奸淫过程或者被害人身体隐私部位制作视频、照片等影像资料，以此胁迫对被害人实施强奸、奸淫，或者致使影像资料向多人传播，暴露被害人身份的；
（八）其他情节恶劣的情形。

第三条　奸淫幼女，具有下列情形之一的，应当认定为刑法第二百三十六条第三款第五项规定的"造成幼女伤害"：
（一）致使幼女轻伤的；
（二）致使幼女患梅毒、淋病等严重性病的；
（三）对幼女身心健康造成其他伤害的情形。

第四条　强奸已满十四周岁的未成年女性或者奸淫幼女，致使其感染艾滋病病毒的，应当认定为刑法第二百三十六条第三款第六项规定的"致使被害人重伤"。

第五条　对已满十四周岁不满十六周岁的未成年女性负有特殊职责的人员，与该未成年女性发生性关系，具有下列情形之一的，应当认定为刑法第二百三十六条之一规定的"情节恶劣"：
（一）长期发生性关系的；
（二）与多名被害人发生性关系的；
（三）致使被害人感染艾滋病病毒或者患梅毒、淋病等严重性病的；
（四）对发生性关系的过程或者被害人身体隐私部位制作视频、照片等影像资料，致使影像资料向多人传播，暴露被害人身份的；
（五）其他情节恶劣的情形。

第六条　对已满十四周岁的未成年女性负有特殊职责的人员，利用优势地位或者被害人孤立无援的境地，迫使被害人与其发生性关系的，依照刑法第二百三十六条的规定，以强奸罪定罪处罚。

考点41　侵犯妇女、儿童利益的犯罪
（一）拐卖妇女、儿童罪
第二百四十条　[拐卖妇女、儿童罪] 拐卖妇女、儿童的，处五年以上十年以下有期徒刑，并处罚金；有下列情形之一的，处十年以上有期徒刑或者无期徒刑，并处罚金或者没收财产；情节特别严重的，处死刑，并处没收财产：
（一）拐卖妇女、儿童集团的首要分子；
（二）拐卖妇女、儿童三人以上的；
（三）奸淫被拐卖的妇女的；
（四）诱骗、强迫被拐卖的妇女卖淫或者将被拐卖的妇女卖给他人迫使其卖淫的；
（五）以出卖为目的，使用暴力、胁迫或者麻醉方法绑架妇女、儿童的；
（六）以出卖为目的，偷盗婴幼儿的；
（七）造成被拐卖的妇女、儿童或者其亲属重伤、死亡或者其他严重后果的；
（八）将妇女、儿童卖往境外的。

拐卖妇女、儿童是指以出卖为目的，有拐骗、绑架、买、贩卖、接送、中转妇女、儿童的行为之一的。

《拐卖妇女儿童犯罪案件解释》

第一条 对婴幼儿采取欺骗、利诱等手段使其脱离监护人或者看护人的,视为刑法第二百四十条第一款第(六)项规定的"偷盗婴幼儿"。

第二条 医疗机构、社会福利机构等单位的工作人员以非法获利为目的,将所诊疗、护理、抚养的儿童出卖给他人的,以拐卖儿童罪论处。

第三条 以介绍婚姻为名,采取非法扣押身份证件、限制人身自由等方式,或者利用妇女人地生疏、语言不通、孤立无援等境况,违背妇女意志,将其出卖给他人的,应当以拐卖妇女罪追究刑事责任。

以介绍婚姻为名,与被介绍妇女串通骗取他人钱财,数额较大的,应当以诈骗罪追究刑事责任。

第九条 刑法第二百四十条、第二百四十一条规定的儿童,是指不满十四周岁的人。其中,不满一周岁的为婴儿,一周岁以上不满六周岁的为幼儿。

《关于依法惩治拐卖妇女儿童犯罪的意见》

五、定性

14. 犯罪嫌疑人、被告人参与拐卖妇女、儿童犯罪活动的多个环节,只有部分环节的犯罪事实查证清楚、证据确实、充分的,可以对该环节的犯罪事实依法予以认定。

15. 以出卖为目的强抢儿童,或者捡拾儿童后予以出卖,符合刑法第二百四十条第二款规定的,应当以拐卖儿童罪论处。

以抚养为目的偷盗婴幼儿或者拐骗儿童,之后予以出卖的,拐卖儿童罪论处。

16. 以非法获利为目的,出卖亲生子女的,应当以拐卖妇女、儿童罪论处。

17. 要严格区分借送养之名出卖亲生子女与民间送养行为的界限。区分的关键在于行为人是否具有非法获利的目的。应当通过审查将子女"送"人的背景和原因、有无收取钱财及收取钱财的多少、对方是否具有抚养目的及有无抚养能力等事实,综合判断行为人是否具有非法获利的目的。

具有下列情形之一的,可以认定属于出卖亲生子女,应当以拐卖妇女、儿童罪论处:

(1)将生育作为非法获利手段,生育后即出卖子女的;

(2)明知对方不具有抚养目的,或者根本不考虑对方是否具有抚养目的,为收取钱财将子女"送"给他人的;

(3)为收取明显不属于"营养费"、"感谢费"的巨额钱财将子女"送"给他人的;

(4)其他足以反映行为人具有非法获利目的的"送养"行为的。

不是出于非法获利目的,而是迫于生活困难,或者受重男轻女思想影响,私自将没有独立生活能力的子女送给他人抚养,包括收取少量"营养费"、"感谢费"的,属于民间送养行为,不能以拐卖妇女、儿童罪论处。对私自送养导致子女身心健康受到严重损害,或者具有其他恶劣情节,符合遗弃罪特征的,可以遗弃罪论处;情节显著轻微危害不大的,可由公安机关依法予以行政处罚。

18. 将妇女拐卖给有关场所,致使拐卖的妇女被迫卖淫或者从事其他色情服务的,以拐卖妇女罪论处。

有关场所的经营管理人员事前与拐卖妇女的犯罪人通谋的,对该经营管理人员以拐卖妇女罪的共犯论处;同时构成拐卖妇女罪和组织卖淫罪的,择一重罪论处。

19. 医疗机构、社会福利机构等单位的工作人员以非法获利为目的,将所诊疗、护理、抚养的儿童贩卖给他人的,以拐卖儿童罪论处。

六、共同犯罪

21. 明知他人拐卖妇女、儿童,仍然向其提供被拐卖妇女、儿童的健康证明、出生证明或者其他帮助的,以拐卖妇女、儿童罪的共犯论处。

明知他人收买被拐卖的妇女、儿童,仍然向其提供收养妇女、儿童的户籍证明、出生证明或者其他帮助的,以收买被拐卖的妇女、儿童罪的共犯论处,但是,收买人未被追究刑事责任的除外。

认定是否"明知",应当根据证人证言、犯罪嫌疑人、被告人及其同案人供述和辩解,结合提供帮助的人次,以及是否明显违反相关规章制度、工作流程等,予以综合判断。

22. 明知他人系拐卖儿童的"人贩子",仍然利用从事诊疗、福利救助等工作的便利或者了解被拐卖方情况的条件,居间介绍的,以拐卖儿童罪的共犯论处。

23. 对于拐卖妇女、儿童犯罪的共犯,应当根据各被告人在共同犯罪中的分工、地位、作用、参与拐卖的人数、次数,以及分赃数额等,准确区分主从犯。

对于组织、领导、指挥拐卖妇女、儿童的某一个或者某几个犯罪环节,或者积极参与实施拐骗、绑架、收买、贩卖、接送、中转妇女、儿童等犯罪行为,起主要作用的,应当认定为主犯。

对于仅提供被拐卖妇女、儿童信息或者相关证明文件,或者进行居间介绍,起辅助或者次要作用,没有获利或者获利较少的,一般可认定为从犯。

对于各被告人在共同犯罪中的地位、作用区别不明显的,可以不区分主从犯。

七、一罪与数罪

24. 拐卖妇女、儿童,又奸淫被拐卖的妇女、儿童,或者诱骗、强迫被拐卖的妇女、儿童卖淫的,以拐卖妇女、儿童罪处罚。

25. 拐卖妇女、儿童,又对被拐卖的妇女、儿童实施故意杀害、伤害、猥亵、侮辱等行为,构成其他犯罪的,依照数罪并罚的规定处罚。

26. 拐卖妇女、儿童或者收买被拐卖的妇女、儿童,又组织、教唆被拐卖、收买的妇女、儿童进行犯罪的,以拐卖妇女、儿童罪或者收买被拐卖的妇女、儿童罪与其所组织、教唆的罪数罪并罚。

27. 拐卖妇女、儿童或者收买被拐卖的妇女、儿童,又组织、教唆被拐卖、收买的未成年妇女、儿童进行盗窃、诈骗、抢夺、敲诈勒索等违反治安管理活动的,以拐卖妇女、儿童罪或者收买被拐卖的妇女、儿童罪与组织未成年人进行违反治安管理活动罪数罪并罚。

(二)收买被拐卖的妇女、儿童罪

第二百四十一条 [收买被拐卖的妇女、儿童罪]收买被拐卖的妇女、儿童的,处三年以下有期徒刑、拘役或者管制。

[强奸罪]收买被拐卖的妇女,强行与其发生性关系的,依照本法第二百三十六条的规定定罪处罚。

[非法拘禁罪;故意伤害罪;侮辱罪]收买被拐卖的妇女、儿童,非法剥夺、限制其人身自由或者有伤害、侮辱等犯罪行为的,依照本法的有关规定定罪处罚。

[数罪并罚]收买被拐卖的妇女、儿童,并有第二款、第三款规定的犯罪行为的,依照数罪并罚的规定处罚。

[收买后又出卖定拐卖妇女、儿童罪]收买被拐卖的妇女、儿童又出卖的,依照本法第二百四十条的规定定罪处罚。

[从宽事由]收买被拐卖的妇女、儿童,对被买儿童没有虐待行为,不阻碍对其进行解救的,可以从轻处罚;按照被买妇女的意愿,不阻碍其返回原居住地的,可以从轻或者减轻处罚。

《拐卖妇女儿童犯罪案件解释》

第四条 在国家机关工作人员排查来历不明儿童或者进行解救时,将所收买的儿童藏匿、转移或者实施其他妨碍解救行为,经说服教育仍不配合的,属于刑法第二百四十一条第六款规定的"阻碍对其进行解救"。

第五条 收买被拐卖的妇女,业已形成稳定的婚姻家庭关系,解救时被买妇女自愿继续留在当地共同生活的,可以视为"按照被买妇女的意愿,不阻碍其返回原居住地"。

第六条 收买被拐卖的妇女、儿童后又组织、强迫卖淫或者组织乞讨、进行违反治安管理活动等构成其他犯罪的,依照数罪并罚的规定处罚。

第七条 收买被拐卖的妇女、儿童,又以暴力、威胁方法阻碍国家机关工作人员解救被收买的妇女、儿童,或者聚众阻碍国家机关工作人员解救被收买的妇女、儿童,构成妨害公务罪、聚众阻碍解救被收买的妇女、儿童罪的,依照数罪并罚的规定处罚。

第八条 出于结婚目的收买被拐卖的妇女,或者出于抚养目的收买被拐卖的儿童,涉及多名家庭成员、亲友参与的,对其中起主要作用的人员应当依法追究刑事责任。

《关于依法惩治拐卖妇女儿童犯罪的意见》

20. 明知是被拐卖的妇女、儿童而收买,具有下列情形之一的,以收买被拐卖的妇女、儿童罪论处;同时构成其他犯罪的,依照数罪并罚的规定处罚:

(1)收买被拐卖的妇女后,违背被拐卖妇女的意愿,阻碍其返回原居住地的;

(2)阻碍对被拐卖儿童进行解救的;

(3)非法剥夺、限制被收买妇女、儿童的人身自由,情节严重,或者对被收买妇女、儿童有强奸、伤害、虐待行为的;

(4)所收买的妇女、儿童被解救后又再次收买的;

(5)收买多名被拐卖的妇女、儿童的;

(5)组织、诱骗、强迫被收买的妇女、儿童从事乞讨、苦役,或者盗窃、传销、卖淫等违法犯罪活动的;

(6)造成被收买妇女或者其亲属重伤、死亡以及其他严重后果的;

(7)具有其他严重情节的。

被追诉前主动向公安机关报案或者向有关单位反映,愿意让被收买妇女返回原居住地,或者将被收买儿童送回其家庭,或者将被收买妇女、儿童交给公安、民政、妇联等机关、组织,没有其他严重情节的,可以不追究刑事责任。

(三)妨害公务罪与聚众阻碍解救被收买的妇女、儿童罪

第二百四十二条 [妨害公务罪]以暴力、威胁方法阻碍国家机关工作人员解救被收买的妇女、儿童的,依照本法第二百七十七条的规定定罪处罚。

[聚众阻碍解救被收买的妇女、儿童罪]聚众阻碍国家机关工作人员解救被收买的妇女、儿童的首要分子,处五年以下有期徒刑或者拘役;其他参与者使用暴力、威胁方法的,依照前款的规定处罚。

《刑法》

第四百一十六条 [不解救被拐卖、绑架妇女、儿童罪]对被拐卖、绑架的妇女、儿童负有解救职责的国家机关工作人员,接到被拐卖、绑架的妇女、儿童及其家属的解救要求或者接到其他人的举报,而对被拐卖、绑架的妇女、儿童不进行解救,造成严重后果的,处五年以下有期徒刑或者拘役。

考点42 非法拘禁罪与绑架罪

(一)非法拘禁罪

第二百三十八条 [非法拘禁罪]非法拘禁他人或者以其他方法非法剥夺他人人身自由的,处三年以下有期徒刑、拘役、管制或者剥夺政治权利。具有殴打、侮辱情节的,从重处罚。

[结果加重犯、转化犯]犯前款罪,致人重伤的,处三年以上十年以下有期徒刑;致人死亡的,处十年以上有期徒刑。使用暴力致人伤残、死亡的,依照本法第二百三十四条、第二百三十二条的规定定罪处罚。[2021年回忆~注意规定与法律拟制、非法拘禁罪的罪数关系]

[索债型非法拘禁]为索取债务非法扣押、拘禁他人的,依照前两款的规定处罚。

国家机关工作人员利用职权犯前三款罪的,依照前三款的规定从重处罚。[2022年回忆~非法拘禁罪;2018年回忆~防卫过当、非法拘禁罪;2016年真题~故意杀人罪、非法拘禁罪]

《刑法》

第二百四十一条第三款 [非法拘禁罪;故意伤害罪;侮辱罪]收买被拐卖的妇女、儿童,非法剥夺、限制其人身自由或者有伤害、侮辱等犯罪行为的,依照本法的有关规定定罪处罚。

第二百九十三条之一 [催收非法债务罪]有下列情

形之一,催收高利放贷等产生的非法债务,情节严重的,处三年以下有期徒刑、拘役或者管制,并处或者单处罚金:

(一)使用暴力、胁迫方法的;
(二)限制他人人身自由或者侵入他人住宅的;
(三)恐吓、跟踪、骚扰他人的。

《对为索取法律不予保护的债务非法拘禁他人行为如何定罪问题的解释》

行为人为索取高利贷、赌债等法律不予保护的债务,非法扣押、拘禁他人的,依照刑法第二百三十八条的规定定罪处罚。

《渎职侵权犯罪案件立案标准的规定》

二、国家机关工作人员利用职权实施的侵犯公民人身权利、民主权利犯罪案件

(一)国家机关工作人员利用职权实施的非法拘禁案(第二百三十八条)

非法拘禁罪是指以拘禁或其他方法非法剥夺他人人身自由的行为。

国家机关工作人员利用职权非法拘禁,涉嫌下列情形之一的,应予立案:

1、非法剥夺他人人身自由24小时以上的;
2、非法剥夺他人人身自由,并使用械具或者捆绑等恶劣手段,或者实施殴打、侮辱、虐待行为的;
3、非法拘禁,造成被拘禁人轻伤、重伤、死亡的;
4、非法拘禁,情节严重,导致被拘禁人自杀、自残造成重伤、死亡,或者精神失常的;
5、非法拘禁3人次以上的;
6、司法工作人员对明知是没有违法犯罪事实的人而非法拘禁的;
7、其他非法拘禁应予追究刑事责任的情形。

《实施"软暴力"的刑事案件的意见》

六、有组织地多次短时间非法拘禁他人的,应当认定为《刑法》第二百三十八条规定的"以其他方法非法剥夺他人人身自由"。非法拘禁他人三次以上、每次持续时间在四小时以上,或者非法拘禁他人累计时间在十二小时以上的,应当以非法拘禁罪定罪处罚。

(二)绑架罪

第二百三十九条 [绑架罪] 以勒索财物为目的绑架他人的,或者绑架他人作为人质的,处十年以上有期徒刑或者无期徒刑,并处罚金或者没收财产;情节较轻的,处五年以上十年以下有期徒刑,并处罚金。

犯前款罪,杀害被绑架人的,或者故意伤害被绑架人,致人重伤、死亡的,处无期徒刑或者死刑,并处没收财产。

以勒索财物为目的偷盗婴幼儿的,依照前两款的规定处罚。[2016年真题~侵占罪、故意杀人罪、抢劫罪、绑架罪]

《抢劫、抢夺刑事案件的意见》

九、关于抢劫罪与相似犯罪的界限

3.抢劫罪与绑架罪的界限

绑架罪是侵害他人人身自由权利的犯罪,其与抢劫罪的区别在于:第一,主观方面不尽相同。抢劫罪中,行为人一般出于非法占有他人财物的故意实施抢劫行为,绑架罪中,行为人既可能为勒索他人财物而实施绑架行为,也可能出于其他非经济目的实施绑架行为;第二,行为手段不尽相同。抢劫罪表现为行为人劫取财物一般应在同一时间、同一地点,具有"当场性";绑架罪表现为行为人以杀害、伤害等方式向被绑架人的亲属或其他人或单位发出威胁,索取赎金或提出其他非法要求,劫取财物一般不具有"当场性"。

绑架过程中又当场劫取被害人随身携带财物的,同时触犯绑架罪和抢劫罪两罪名,应择一重罪定罪处罚。

《对在绑架过程中以暴力、胁迫等手段当场劫取被害人财物的行为如何适用法律问题的答复》

行为人在绑架过程中,又以暴力、胁迫等手段当场劫取他人财物,构成犯罪的,择一重罪处罚。

考点43 其他侵犯公民人身、民主权利犯罪

(一)诬告陷害罪

第二百四十三条 [诬告陷害罪] 捏造事实诬告陷害他人,意图使他人受刑事追究,情节严重的,处三年以下有期徒刑、拘役或者管制;造成严重后果的,处三年以上十年以下有期徒刑。

[从重情节] 国家机关工作人员犯前款罪的,从重处罚。

[对故意要素的提示性规定] 不是有意诬陷,而是错告,或者检举失实的,不适用前两款的规定。

《刑法》

第二百五十四条 [报复陷害罪] 国家机关工作人员滥用职权、假公济私,对控告人、申诉人、批评人、举报人实行报复陷害的,处二年以下有期徒刑或者拘役;情节严重的,处二年以上七年以下有期徒刑。

(二)非法侵入住宅罪

第二百四十五条 [非法搜查罪;非法侵入住宅罪] 非法搜查他人身体、住宅,或者非法侵入他人住宅的,处三年以下有期徒刑或者拘役。

司法工作人员滥用职权,犯前款罪的,从重处罚。

[2022年回忆~非法侵入住宅罪]

《宪法》

第三十九条 [住宅不受侵犯] 中华人民共和国公民的住宅不受侵犯。禁止非法搜查或者非法侵入公民的住宅。

《治安管理处罚法》

第四十条 [对恐怖、残忍表演,强迫劳动,侵犯他人人身和住宅行为的处罚] 有下列行为之一的,处十日以上十五日以下拘留,并处五百元以上一千元以下罚款;情节较轻的,处五日以上十日以下拘留,并处二百元以上五百元以下罚款:

(一)组织、胁迫、诱骗不满十六周岁的人或者残疾人进行恐怖、残忍表演的;
(二)以暴力、威胁或者其他手段强迫他人劳动的;
(三)非法限制他人人身自由、非法侵入他人住宅或者非法搜查他人身体的。

(三)侮辱罪

第二百四十六条 [侮辱罪、诽谤罪]以暴力或者其他方法公然侮辱他人或者捏造事实诽谤他人,情节严重的,处三年以下有期徒刑、拘役、管制或者剥夺政治权利。

[告诉才处理]前款罪,告诉的才处理,但是严重危害社会秩序和国家利益的除外。

通过信息网络实施第一款规定的行为,被害人向人民法院告诉,但提供证据确有困难的,人民法院可以要求公安机关提供协助。

《刑法》

第二百三十七条第一、二款 [强制猥亵、侮辱罪]以暴力、胁迫或者其他方法强制猥亵或者侮辱妇女的,处五年以下有期徒刑或者拘役。

聚众或者在公共场所当众犯前款罪的,或者有其他恶劣情节的,处五年以上有期徒刑。

第二百四十一条第三款 [非法拘禁罪;故意伤害罪;侮辱罪]收买被拐卖的妇女、儿童,非法剥夺、限制其人身自由或者有伤害、侮辱等犯罪行为的,依照本法的有关规定定罪处罚。

(四)刑讯逼供罪、暴力取证罪

第二百四十七条 [刑讯逼供罪;暴力取证罪]司法工作人员对犯罪嫌疑人、被告人实行刑讯逼供或者使用暴力逼取证人证言的,处三年以下有期徒刑或者拘役。致人伤残、死亡的,依照本法第二百三十四条、第二百三十二条的规定定罪从重处罚。

《刑法》

第九十四条 [司法工作人员的范围]本法所称司法工作人员,是指有侦查、检察、审判、监管职责的工作人员。

(五)侵犯公民个人信息罪

第二百五十三条之一 [侵犯公民个人信息罪]违反国家有关规定,向他人出售或者提供公民个人信息,情节严重的,处三年以下有期徒刑或者拘役,并处或者单处罚金;情节特别严重的,处三年以上七年以下有期徒刑,并处罚金。

违反国家有关规定,将在履行职责或者提供服务过程中获得的公民个人信息,出售或者提供给他人的,依照前款规定从重处罚。

窃取或者以其他方法非法获取公民个人信息的,依照第一款的规定处罚。

单位犯前三款罪的,对单位判处罚金,并对其直接负责的主管人员和其他直接责任人员,依照各该款的规定处罚。

(六)虐待罪

第二百六十条 [虐待罪]虐待家庭成员,情节恶劣的,处二年以下有期徒刑、拘役或者管制。

[结果加重犯]犯前款罪,致使被害人重伤、死亡的,处二年以上七年以下有期徒刑。

[告诉才处理]第一款罪,告诉的才处理,但被害人没有能力告诉,或者因受到强制、威吓无法告诉的除外。

第二百六十条之一 [虐待被监护、看护人罪]对未成年人、老年人、患病的人、残疾人等负有监护、看护职责的人虐待被监护、看护的人,情节恶劣的,处三年以下有期徒刑或者拘役。

单位犯前款罪的,对单位判处罚金,并对其直接负责的主管人员和其他直接责任人员,依照前款的规定处罚。

[想象竞合]有第一款行为,同时构成其他犯罪的,依照处罚较重的规定定罪处罚。

专题十七 侵犯财产罪

考点44 抢劫罪与抢夺罪

(一)抢劫罪

第二百六十三条 [抢劫罪]以暴力、胁迫或者其他方法抢劫公私财物的,处三年以上十年以下有期徒刑,并处罚金;有下列情形之一的,处十年以上有期徒刑、无期徒刑或者死刑,并处罚金或者没收财产:

(一)入户抢劫的;
(二)在公共交通工具上抢劫的;
(三)抢劫银行或者其他金融机构的;
(四)多次抢劫或者抢劫数额巨大的;
(五)抢劫致人重伤、死亡的;
(六)冒充军警人员抢劫的;
(七)持枪抢劫的;
(八)抢劫军用物资或者抢险、救灾、救济物资的。

[2019年回忆~共同犯罪、抢劫罪;2016年真题~侵占罪、故意杀人罪、抢劫罪]

第二百六十七条第二款 [携带凶器抢夺定抢劫罪]携带凶器抢夺的,依照本法第二百六十三条的规定定罪处罚。

第二百六十九条 [(转化型)抢劫罪]犯盗窃、诈骗、抢夺罪,为窝藏赃物、抗拒抓捕或者毁灭罪证而当场使用暴力或者以暴力相威胁的,依照本法第二百六十三条的规定定罪处罚。[2021年回忆~转化型抢劫]

《刑法》

第十七条第二款 [刑事责任年龄]已满十四周岁不满十六周岁的人,犯故意杀人、故意伤害致人重伤或者死亡、强奸、抢劫、贩卖毒品、放火、爆炸、投放危险物质罪的,应当负刑事责任。

第二十条第三款 [特殊防卫]对正在进行行凶、杀人、抢劫、强奸、绑架以及其他严重危及人身安全的暴力犯罪,采取防卫行为,造成不法侵害人伤亡的,不属于防卫过当,不负刑事责任。[2018年回忆~防卫过当、非法拘禁罪;2013年真题~正当防卫]

第二百八十九条 [聚众"打砸抢"行为的定性]聚众"打砸抢",致人伤残、死亡的,依照本法第二百三十四条、第二百三十二条的规定定罪处罚。毁坏或者抢走公私财物的,除判令退赔外,对首要分子,依照本法第二百六十三条的规定定罪处罚。

《抢劫案件解释》

第一条 刑法第二百六十三条第(一)项规定的"入户抢劫",是指实施抢劫行为而进入他人生活的与外界相对隔离的住所，包括封闭的院落、牧民的帐篷、渔民作为家庭生活场所的渔船、为生活租用的房屋等进行抢劫的行为。

对于入户盗窃，因被发现而当场使用暴力或者以暴力相威胁的行为，应当认定为入户抢劫。

第二条 刑法第二百六十三条第（二）项规定的"在公共交通工具上抢劫"，既包括在从事旅客运输的各种公共汽车，大、中型出租车，火车、船只、飞机等正在运营中的机动公共交通工具上对旅客、司售、乘务人员实施的抢劫，也包括对运行途中的机动公共交通工具加以拦截后，对公共交通工具上的人员实施的抢劫。

第三条 刑法第二百六十三条第（三）项规定的"抢劫银行或者其他金融机构"，是指抢劫银行或者其他金融机构的经营资金、有价证券和客户的资金等。

抢劫正在使用中的银行或者其他金融机构的运钞车的，视为"抢劫银行或者其他金融机构"。

第四条 刑法第二百六十三条第（四）项规定的"抢劫数额巨大"的认定标准，参照各地确定的盗窃罪数额巨大的认定标准执行。

第五条 刑法第二百六十三条第（七）项规定的"持枪抢劫"，是指行为人使用枪支或者向被害人显示持有、佩带的枪支进行抢劫的行为。"枪支"的概念和范围，适用《中华人民共和国枪支管理法》的规定。

第六条 刑法第二百六十七条第二款规定的"携带凶器抢夺"，是指行为人随身携带枪支、爆炸物、管制刀具等国家禁止个人携带的器械进行抢夺或者为了实施犯罪而携带其他器械进行抢夺的行为。

《抢劫、抢夺刑事案件的意见》

一、关于"入户抢劫"的认定

根据《抢劫解释》第一条规定，认定"入户抢劫"时，应当注意以下三个问题：一是"户"的范围。"户"在这里是指住所，其特征表现为供他人家庭生活和与外界相对隔离两个方面，前者为功能特征，后者为场所特征。一般情况下，集体宿舍、旅店宾馆、临时搭建工棚等不应认定为"户"，但在特定情况下，如果确实具有上述两个特征，也可以认定为"户"。二是"入户"目的的非法性。进入他人住所须以实施抢劫等犯罪为目的。抢劫行为虽然发生在户内，但行为人不以实施抢劫等犯罪为目的进入他人住所，而是在户内临时起意实施抢劫的，不属于"入户抢劫"。三是暴力或者暴力胁迫行为必须发生在户内。入户实施盗窃被发现，行为人为窝藏赃物、抗拒抓捕或者毁灭罪证而当场使用暴力或者以暴力相威胁的，如果暴力或者暴力胁迫行为发生在户内，可以认定为"入户抢劫"；如果发生在户外，不能认定为"入户抢劫"。

二、关于"在公共交通工具上抢劫"的认定

公共交通工具承载的旅客具有不特定多数人的特点。根据《抢劫解释》第二条规定，"在公共交通工具上抢劫"主要是指在从事旅客运输的各种公共汽车，大、中型出租车、火车、船只、飞机等正在运营中的机动公共交通工具上对旅客、司售、乘务人员实施的抢劫。在未运营中的大、中型公共交通工具上针对司售、乘务人员抢劫的，或者在小型出租车上抢劫的，不属于"在公共交通工具上抢劫"。

三、关于"多次抢劫"的认定

刑法第二百六十三条第（四）项中的"多次抢劫"是指抢劫三次以上。

对于"多次"的认定，应以行为人实施的每一次抢劫行为均已构成犯罪为前提，综合考虑犯罪故意的产生、犯罪行为实施的时间、地点等因素，客观分析、认定。对于行为人基于一个犯意实施犯罪的，如在同一地点同时对在场的多人实施抢劫的；或基于同一犯意在同一地点实施连续抢劫犯罪的，如在同一地点连续地对途经此地的多人进行抢劫的；或在一次犯罪中对一栋居民楼房中的几户居民连续实施入户抢劫的，一般应认定为一次犯罪。

四、关于"携带凶器抢夺"的认定

《抢劫解释》第六条规定，"携带凶器抢夺"，是指行为人随身携带枪支、爆炸物、管制刀具等国家禁止个人携带的器械进行抢夺或者为了实施犯罪而携带其他器械进行抢夺的行为。行为人随身携带国家禁止个人携带的器械以外的其他器械抢夺，但有证据证明该器械确实不是为了实施犯罪准备的，不以抢劫罪定罪；行为人将随身携带凶器有意加以显示、能为被害人察觉到的，直接适用刑法第二百六十三条的规定定罪处罚；行为人携带凶器抢夺后，在逃跑过程中为窝藏赃物、抗拒抓捕或者毁灭罪证而当场使用暴力或者以暴力相威胁的，适用刑法第二百六十七条第二款的规定定罪处罚。

五、关于转化抢劫的认定

行为人实施盗窃、诈骗、抢夺行为，未达到"数额较大"，为窝藏赃物、抗拒抓捕或者毁灭罪证当场使用暴力或者以暴力相威胁，情节较轻、危害不大的，一般不以犯罪论处；但具有下列情节之一的，可依照刑法第二百六十九条的规定，以抢劫罪定罪处罚：

（1）盗窃、诈骗、抢夺接近"数额较大"标准的；

（2）入户或在公共交通工具上盗窃、诈骗、抢夺后在户外或交通工具外实施上述行为的；

（3）使用暴力致人轻微伤以上后果的；

（4）使用凶器或以凶器相威胁的；

（5）具有其他严重情节的。

六、关于抢劫犯罪数额的计算

抢劫信用卡后使用、消费的，其实际使用、消费的数额为抢劫数额；抢劫信用卡后未实际使用、消费的，不计数额，根据情节轻重量刑。所抢信用卡数额巨大，但未实际使用、消费或者实际使用、消费的数额未达到巨大标准的，不适用"抢劫数额巨大"的法定刑。

为抢劫其他财物，劫取机动车辆当作犯罪工具或者逃跑工具使用的，被劫取机动车辆的价值计入抢劫数额；为实施抢劫以外的其他犯罪劫取机动车辆的，以抢劫罪和实施的其他犯罪实行数罪并罚。

抢劫存折、机动车辆的数额计算，参照执行《关于审理盗窃案件具体应用法律若干问题的解释》的相关规定。

七、关于抢劫特定财物行为的定性

以毒品、假币、淫秽物品等违禁品为对象，实施抢劫的,以抢劫罪定罪;抢劫的违禁品数量作为量刑情节予以考虑。抢劫违禁品后又以违禁品实施其他犯罪的,应以抢劫罪与具体实施的其他犯罪实行数罪并罚。

抢劫赌资、犯罪所得的赃款赃物的,以抢劫罪定罪,但行为人仅以其所输赌资或所赢赌债为抢劫对象,一般不以抢劫罪定罪处罚。构成其他犯罪的,依照刑法的相关规定处罚。

为个人使用,以暴力、胁迫等手段取得家庭成员或近亲属财产的,一般不以抢劫罪定罪处罚,构成其他犯罪的,依照刑法的相关规定处理;教唆或者伙同他人采取暴力、胁迫等手段劫取家庭成员或近亲属财产的,可以抢劫罪定罪处罚。

八、关于抢劫罪数的认定

行为人实施伤害、强奸等犯罪行为,在被害人未失去知觉,利用被害人不能反抗、不敢反抗的处境,临时起意劫取他人财物的,应以此前所实施的具体犯罪与抢劫罪实行数罪并罚;在被害人失去知觉或者没有发觉的情形下,以及实施故意杀人犯罪行为之后,临时起意拿走他人财物的,应以此前所实施的具体犯罪与盗窃罪实行数罪并罚。

九、关于抢劫罪与相似犯罪的界限

1. 冒充正在执行公务的人民警察、联防人员,以抓卖淫嫖娼、赌博等违法行为为名非法占有财物的行为定性

行为人冒充正在执行公务的人民警察"抓赌"、"抓嫖",没收赌资或者罚款的行为,构成犯罪的,以招摇撞骗罪从重处罚;在实施上述行为中使用暴力或者暴力威胁的,以抢劫罪定罪处罚。行为人冒充治安联防队员"抓赌"、"抓嫖",没收赌资或者罚款的行为,构成犯罪的,以敲诈勒索罪定罪处罚;在实施上述行为中使用暴力或者暴力威胁的,以抢劫罪定罪处罚。

2. 以暴力、胁迫手段索取超出正常交易价钱、费用的钱财的行为定性

从事正常商品买卖、交易或者劳动服务的人,以暴力、胁迫手段迫使他人交出与合理价钱、费用相差不大的钱物,情节严重的,以强迫交易罪定罪处罚;以非法占有为目的,以买卖、交易、服务为幌子采用暴力、胁迫手段迫使他人交出与合理价钱、费用相差悬殊的钱物的,以抢劫罪定罪处刑。在具体认定时,既要考虑超出合理价钱、费用的绝对数额,还要考虑超出合理价钱、费用的比例,加以综合判断。

3. 抢劫罪与绑架罪的界限

绑架罪是侵害他人人身自由权利的犯罪,其与抢劫罪的区别在于:第一,主观方面不尽相同。抢劫罪中,行为人一般出于非法占有他人财物的故意实施抢劫行为,绑架罪中,行为人既可能为勒索他人财物而实施绑架行为,也可能出于其他非经济目的实施绑架行为;第二,行为手段不尽相同。抢劫罪表现为行为人劫取财物一般应在同一时间、同一地点,具有"当场性";绑架罪表现为行为人以杀害、伤害等方式向被绑架人的亲属或其他人或单位发出威胁,索取赎金或提出其他非法要求,劫取财物一般不具有"当场性"。

绑架过程中又当场劫取被害人随身携带财物的,同时触犯绑架罪和抢劫罪两罪名,应择一重罪定罪处罚。

4. 抢劫罪与寻衅滋事罪的界限

寻衅滋事罪是严重扰乱社会秩序的犯罪,行为人实施寻衅滋事的行为时,客观上也可能表现为强拿硬要公私财物的特征。这种强拿硬要的行为与抢劫罪的区别在于:前者行为人主观上还具有逞强好胜和通过强拿硬要来填补其精神空虚等目的,后者行为人一般只具有非法占有他人财物的目的;前者行为人客观上一般不以严重侵犯他人人身权利的方法强拿硬要财物,而后者行为人则以暴力、胁迫等方式作为劫取他人财物的手段。司法实践中,对于未成年人使用或威胁使用轻微暴力强抢少量财物的行为,一般不宜以抢劫罪定罪处罚。其行为符合寻衅滋事罪特征的,可以寻衅滋事罪定罪处罚。

5. 抢劫罪与故意伤害罪的界限

行为人为索取债务,使用暴力、暴力威胁等手段的,一般不以抢劫罪定罪处罚。构成故意伤害等其他犯罪的,依照刑法第二百三十四条等规定处罚。

十、抢劫罪的既遂、未遂的认定

抢劫罪侵犯的是复杂客体,既侵犯财产权利又侵犯人身权利,具备劫取财物或者造成他人轻伤以上后果两者之一的,均属抢劫既遂;既未劫取财物,又未造成他人人身伤害后果的,属抢劫未遂。据此,刑法第二百六十三条规定的八种处罚情节中除"抢劫致人重伤、死亡"这一结果加重情节之外,其余七种处罚情节同样存在既遂、未遂问题,其中属抢劫未遂的,应当根据刑法关于加重情节的法定刑规定,结合未遂犯的处理原则量刑。

十一、驾驶机动车、非机动车夺取他人财物行为的定性

对于驾驶机动车、非机动车(以下简称"驾驶车辆")夺取他人财物的,一般以抢夺罪从重处罚。但具有下列情形之一,应当以抢劫罪定罪处罚:

(1)驾驶车辆,逼挤、撞击或强行逼倒他人以排除他人反抗,乘机夺取财物的;

(2)驾驶车辆强抢财物时,因被害人不放手而采取强拉硬拽方法劫取财物的;

(3)行为人明知其驾驶车辆强行夺取他人财物的手段会造成他人伤亡的后果,仍然强行夺取并放任造成财物持有人轻伤以上后果的。

《关于审理抢劫刑事案件适用法律若干问题的指导意见》

二、关于抢劫犯罪部分加重处罚情节的认定

1. 认定"入户抢劫",要注重审查行为人"入户"的目的,将"入户抢劫"与"在户内抢劫"区别开来。以侵害户内人员的人身、财产为目的,入户后实施抢劫,包括入户实施盗窃、诈骗等犯罪而转化为抢劫的,应当认定为"入户抢劫"。因访友办事等原因经户内人员允许入户后,临时起意实施抢劫,或者临时起意实施盗窃、诈骗等犯罪而转化为抢劫的,不应认定为"入户抢劫"。

对于部分时间从事经营、部分时间用于生活起居的场所,行为人在非营业时间强行入内抢劫或者以购物等

为名骗开房门入内抢劫的,应认定为"入户抢劫"。对于部分用于经营、部分用于生活且之间有明确隔离的场所,行为人进入生活场所实施抢劫的,应认定为"入户抢劫";如场所之间没有明确隔离,行为人在营业时间入内实施抢劫的,不认定为"入户抢劫",但在非营业时间入内实施抢劫的,应认定为"入户抢劫"。

2. "公共交通工具",包括从事旅客运输的各种公共汽车,大、中型出租车,火车,地铁,轻轨,轮船,飞机等,不含小型出租车。对于虽不具有商业营运执照,但实际从事旅客运输的大、中型交通工具,可认定为"公共交通工具"。接送职工的单位班车、接送师生的校车等大、中型交通工具,视为"公共交通工具"。

"在公共交通工具上抢劫",既包括在处于运营状态的公共交通工具上对旅客及司售、乘务人员实施抢劫,也包括拦截运营途中的公共交通工具对旅客及司售、乘务人员实施抢劫,但不包括在未运营的公共交通工具上针对司售、乘务人员实施抢劫。以暴力、胁迫或者麻醉等手段对公共交通工具上的特定人员实施抢劫的,一般应认定为"在公共交通工具上抢劫"。

3. 认定"抢劫数额巨大",参照各地认定盗窃罪数额巨大的标准执行。抢劫数额以实际抢劫到的财物数额为依据。对以数额巨大的财物为明确目标,由于意志以外的原因,未能抢到财物或实际抢得的财物数额不大的,应同时认定"抢劫数额巨大"和犯罪未遂的情节,根据刑法有关规定,结合未遂犯的处理原则量刑。

根据《两抢意见》第六条第一款规定,抢劫信用卡后使用、消费的,以行为人实际使用、消费的数额为抢劫数额。由于行为人意志以外的原因无法实际使用、消费的部分,虽不计入抢劫数额,但应作为量刑情节考察。通过银行转账或者电子支付、手机银行等支付平台获取抢劫财物的,以行为人实际获取的财物为抢劫数额。

4. 认定"冒充军警人员抢劫",要注重对行为人是否穿着军警制服、携带枪支、是否出示军警证件等情节进行综合审查,判断是否足以使他人误以为是军警人员。对于行为人仅穿着类似军警的服装或仅以言语宣称系军警人员但未携带枪支、也未出示军警证件而实施抢劫的,要结合抢劫地点、时间,暴力或威胁的具体情形,依照常人判断标准,确定是否认定为"冒充军警人员抢劫"。

军警人员利用自身的真实身份实施抢劫的,不认定为"冒充军警人员抢劫",应依法从重处罚。

三、关于转化型抢劫犯罪的认定

根据刑法第二百六十九条的规定,"犯盗窃、诈骗、抢夺罪,为窝藏赃物、抗拒抓捕或者毁灭罪证而当场使用暴力或者以暴力相威胁的",依照抢劫罪定罪处罚。"犯盗窃、诈骗、抢夺罪",主要是指行为人已经着手实施盗窃、诈骗、抢夺行为,一般不考察盗窃、诈骗、抢夺行为是否既遂。但是所涉财物数额明显低于"数额较大"的标准,又不具有《两抢意见》第五条所列五种情形之一的,不构成抢劫罪。"当场"是指在盗窃、诈骗、抢夺的现场以及行为人刚离开现场即被他人发现并抓捕的情形。

对于以摆脱的方式逃脱抓捕,暴力强度较小,未造成轻伤以上后果的,可不认定为"使用暴力",不以抢劫罪论处。

入户或者在公共交通工具上盗窃、诈骗、抢夺后,为了窝藏赃物、抗拒抓捕或者毁灭罪证,在户内或公共交通工具上当场使用暴力或者以暴力相威胁的,构成"入户抢劫"或者"在公共交通工具上抢劫"。

两人以上共同实施盗窃、诈骗、抢夺犯罪,其中部分行为人为窝藏赃物、抗拒抓捕或者毁灭罪证而当场使用暴力或者以暴力相威胁的,对其他行为人是否以抢劫罪共犯论处,主要看其对实施暴力或者以暴力相威胁的行为人是否形成共同犯意、提供帮助。基于一定意思联络,对实施暴力或者以暴力相威胁的行为人提供帮助或实际成为帮凶的,可以抢劫共犯论处。

《未成年人刑事案件解释》

第十条 已满十四周岁不满十六周岁的人盗窃、诈骗、抢夺他人财物,为窝藏赃物、抗拒抓捕或者毁灭罪证,当场使用暴力,故意伤害致人重伤或者死亡,或者故意杀人的,应当分别以故意伤害罪或者故意杀人罪定罪处罚。

已满十六周岁不满十八周岁的人犯盗窃、诈骗、抢夺罪,为窝藏赃物、抗拒抓捕或者毁灭罪证而当场使用暴力或者以暴力相威胁的,应当依照刑法第二百六十九条的规定定罪处罚;情节轻微的,可以不以抢劫罪定罪处罚。

(二)抢夺罪

第二百六十七条 [抢夺罪]抢夺公私财物,数额较大的,或者多次抢夺的,处三年以下有期徒刑、拘役或者管制,并处或者单处罚金;数额巨大或者有其他严重情节的,处三年以上十年以下有期徒刑,并处罚金;数额特别巨大或者有其他特别严重情节的,处十年以上有期徒刑或者无期徒刑,并处罚金或者没收财产。

[携带凶器抢夺定抢劫罪]携带凶器抢夺的,依照本法第二百六十三条的规定定罪处罚。

《抢夺刑事案件解释》

第一条 抢夺公私财物价值一千元至三千元以上、三万元至八万元以上、二十万元至四十万元以上的,应当分别认定为刑法第二百六十七条规定的"数额较大"、"数额巨大"、"数额特别巨大"。

各省、自治区、直辖市高级人民法院、人民检察院可以根据本地区经济发展状况,并考虑社会治安状况,在前款规定的数额幅度内,确定本地区执行的具体数额标准,报最高人民法院、最高人民检察院批准。

第二条 抢夺公私财物,具有下列情形之一的,"数额较大"的标准按照前条规定标准的百分之五十确定:

(一)曾因抢劫、抢夺或者聚众哄抢受过刑事处罚的;
(二)一年内曾因抢夺或者哄抢受过行政处罚的;
(三)一年内抢夺三次以上的;
(四)驾驶机动车、非机动车抢夺的;
(五)组织、控制未成年人抢夺的;
(六)抢夺老年人、未成年人、孕妇、携带婴幼儿的人、残疾人、丧失劳动能力的人的财物的;
(七)在医院抢夺病人或者其亲友财物的;

（八）抢夺救灾、抢险、防汛、优抚、扶贫、移民、救济款物的；

（九）自然灾害、事故灾害、社会安全事件等突发事件期间，在事件发生地抢夺的；

（十）导致他人轻伤或者精神失常等严重后果的。

第三条 抢夺公私财物，具有下列情形之一的，应当认定为刑法第二百六十七条规定的"其他严重情节"：

（一）导致他人重伤的；

（二）导致他人自杀的；

（三）具有本解释第二条第三项至第十项规定的情形之一，数额达到本解释第一条规定的"数额巨大"百分之五十的。

第四条 抢夺公私财物，具有下列情形之一的，应当认定为刑法第二百六十七条规定的"其他特别严重情节"：

（一）导致他人死亡的；

（二）具有本解释第二条第三项至第十项规定的情形之一，数额达到本解释第一条规定的"数额特别巨大"百分之五十的。

第五条 抢夺公私财物数额较大，但未造成他人轻伤以上伤害，行为人系初犯，认罪、悔罪、退赃、退赔，且具有下列情形之一的，可以认定为犯罪情节轻微，不起诉或者免予刑事处罚；必要时，由有关部门依法予以行政处罚：

（一）具有法定从宽处罚情节的；

（二）没有参与分赃或者获赃较少，且不是主犯的；

（三）被害人谅解的；

（四）其他情节轻微、危害不大的。

第六条 驾驶机动车、非机动车夺取他人财物，具有下列情形之一的，应当以抢劫罪定罪处罚：

（一）夺取他人财物时因被害人不放手而强行夺取的；

（二）驾驶车辆逼挤、撞击或者强行逼倒他人夺取财物的；

（三）明知会致人伤亡仍然强行夺取并放任造成财物持有人轻伤以上后果的。

考点45 盗窃罪

第二百六十四条 [盗窃罪] 盗窃公私财物，数额较大的，或者多次盗窃、入户盗窃、携带凶器盗窃、扒窃的，处三年以下有期徒刑、拘役或者管制，并处或者单处罚金；数额巨大或者有其他严重情节的，处三年以上十年以下有期徒刑，并处罚金；数额特别巨大或者有其他特别严重情节的，处十年以上有期徒刑或者无期徒刑，并处罚金或者没收财产。〔2023年回忆~盗窃罪；2022年回忆~盗窃罪；2020年回忆~共同犯罪、实行过限、盗窃罪、敲诈勒索罪；2019年回忆~盗窃罪；信用卡诈骗罪、盗窃罪；2018年回忆~盗窃罪、诈骗罪；2015年真题~死者的占有、盗窃罪、侵占罪；信用卡诈骗罪、盗窃罪；2013年真题~盗窃罪、故意杀人罪；2012年真题~教唆犯、盗窃罪、故意毁坏财物罪；2011年真题~盗窃罪、侵占罪；2010年真题~盗窃罪〕

第二百六十五条 [盗窃罪提示条款] 以牟利为目的，盗接他人通信线路，复制他人电信码号或者明知是盗接、复制的电信设备、设施而使用的，依照本法第二百六十四条的规定定罪处罚。

《盗窃刑事案件解释》

第一条 盗窃公私财物价值一千元至三千元以上、三万元至十万元以上、三十万元至五十万元以上的，应当分别认定为刑法第二百六十四条规定的"数额较大"、"数额巨大"、"数额特别巨大"。

各省、自治区、直辖市高级人民法院、人民检察院可以根据本地区经济发展状况，并考虑社会治安状况，在前款规定的数额幅度内，确定本地区执行的具体数额标准，报最高人民法院、最高人民检察院批准。

在跨地区运行的公共交通工具上盗窃，盗窃地点无法查证的，盗窃数额是否达到"数额较大"、"数额巨大"、"数额特别巨大"，应当根据受理案件所在地省、自治区、直辖市高级人民法院、人民检察院确定的有关数额标准认定。

盗窃毒品等违禁品，应当按照盗窃罪处理的，根据情节轻重量刑。

第二条 盗窃公私财物，具有下列情形之一的，"数额较大"的标准可以按照前条规定标准的百分之五十确定：

（一）曾因盗窃受过刑事处罚的；

（二）一年内曾因盗窃受过行政处罚的；

（三）组织、控制未成年人盗窃的；

（四）自然灾害、事故灾害、社会安全事件等突发事件期间，在事件发生地盗窃的；

（五）盗窃残疾人、孤寡老人、丧失劳动能力人的财物的；

（六）在医院盗窃病人或者其亲友财物的；

（七）盗窃救灾、抢险、防汛、优抚、扶贫、移民、救济款物的；

（八）因盗窃造成严重后果的。

第三条 二年内盗窃三次以上的，应当认定为"多次盗窃"。

非法进入供他人家庭生活，与外界相对隔离的住所盗窃的，应当认定为"入户盗窃"。

携带枪支、爆炸物、管制刀具等国家禁止个人携带的器械盗窃，或者为了实施违法犯罪携带其他足以危害他人人身安全的器械盗窃的，应当认定为"携带凶器盗窃"。

在公共场所或者公共交通工具上盗窃他人随身携带的财物的，应当认定为"扒窃"。

第四条 盗窃的数额，按照下列方法认定：

（一）被盗财物有有效价格证明的，根据有效价格证明认定；无有效价格证明，或者根据价格证明认定盗窃额明显不合理的，应当按照有关规定委托估价机构估价；

（二）盗窃外币的，按照盗窃时中国外汇交易中心或者中国人民银行授权机构公布的人民币对该货币的中间价折合成人民币计算；中国外汇交易中心或者中国人民银行授权机构未公布汇率中间价的外币，按照盗窃时境内银行人民币对该货币的中间价折算成人民币，或者该货币在境内银行、国际外汇市场对美元汇率，与人民币对美元汇率中间价进行套算；

（三）盗窃电力、燃气、自来水等财物，盗窃数量能够查实的，按照查实的数量计算盗窃数额；盗窃数量无法查实的，以盗窃前六个月月均正常用量减去盗窃后计量仪表显示的月均用量推算盗窃数额；盗窃前正常使用不足六个月的，按照正常使用期间的月均用量减去盗窃后计量仪表显示的月均用量推算盗窃数额；

（四）明知是盗接他人通信线路、复制他人电信码号的电信设备、设施而使用的，按照合法用户为其支付的费用认定盗窃数额；无法直接确认的，以合法用户的电信设备、设施被盗接、复制后的月缴费额减去被盗接、复制前六个月的月均电话费推算盗窃数额；合法用户使用电信设备、设施不足六个月的，按照实际使用的月均电话费推算盗窃数额；

（五）盗接他人通信线路、复制他人电信码号出售的，按照销赃数额认定盗窃数额。

盗窃行为给失主造成的损失大于盗窃数额的，损失数额可以作为量刑情节考虑。

第五条　盗窃有价支付凭证、有价证券、有价票证的，按照下列方法认定盗窃数额：

（一）盗窃不记名、不挂失的有价支付凭证、有价证券、有价票证的，应当按票面数额和盗窃时应得的孳息、奖金或者奖品等可得收益一并计算盗窃数额；

（二）盗窃记名的有价支付凭证、有价证券、有价票证，已经兑现的，按照兑现部分的财物价值计算盗窃数额；没有兑现，但失主无法通过挂失、补领、补办手续等方式避免损失的，按照给失主造成的实际损失计算盗窃数额。

第六条　盗窃公私财物，具有本解释第二条第三项至第八项规定情形之一，或者入户盗窃、携带凶器盗窃，数额达到本解释第一条规定的"数额巨大"、"数额特别巨大"百分之五十的，可以分别认定为刑法第二百六十四条规定的"其他严重情节"或者"其他特别严重情节"。

第七条　盗窃公私财物数额较大，行为人认罪、悔罪，退赃、退赔，且具有下列情形之一，情节轻微的，可以不起诉或者免予刑事处罚；必要时，由有关部门予以行政处罚：

（一）具有法定从宽处罚情节的；

（二）没有参与分赃或者获赃较少且不是主犯的；

（三）被害人谅解的；

（四）其他情节轻微、危害不大的。

第八条　偷拿家庭成员或者近亲属的财物，获得谅解的，一般可以不认为是犯罪；追究刑事责任的，应当酌情从宽。

第九条　盗窃国有馆藏一般文物、三级文物、二级以上文物的，应当分别认定为刑法第二百六十四条规定的"数额较大"、"数额巨大"、"数额特别巨大"。

盗窃多件不同等级国有馆藏文物，三件同级文物可以视为一件高一级文物。

盗窃民间收藏的文物的，根据本解释第四条第一款第一项的规定认定盗窃数额。

第十条　偷开他人机动车的，按照下列规定处理：

（一）偷开机动车，导致车辆丢失的，以盗窃罪定罪处罚；

（二）为盗窃其他财物，偷开机动车作为犯罪工具使用后非法占有车辆，或者将车辆遗弃导致丢失的，被盗车辆的价值计入盗窃数额；

（三）为实施其他犯罪，偷开机动车作为犯罪工具使用后非法占有车辆，或者将车辆遗弃导致丢失的，以盗窃罪和其他犯罪数罪并罚；将车辆送回未造成丢失的，按照其所实施的其他犯罪从重处罚。

第十一条　盗窃公私财物并造成财物损毁的，按照下列规定处理：

（一）采用破坏性手段盗窃公私财物，造成其他财物损毁的，以盗窃罪从重处罚；同时构成盗窃罪和其他犯罪的，择一重罪从重处罚；

（二）实施盗窃犯罪后，为掩盖罪行或者报复等，故意毁坏其他财物构成犯罪的，以盗窃罪和构成的其他犯罪数罪并罚；

（三）盗窃行为未构成犯罪，但损毁财物构成其他犯罪的，以其他犯罪定罪处罚。

第十二条　盗窃未遂，具有下列情形之一的，应当依法追究刑事责任：

（一）以数额巨大的财物为盗窃目标的；

（二）以珍贵文物为盗窃目标的；

（三）其他情节严重的情形。

盗窃既有既遂，又有未遂，分别达到不同量刑幅度的，依照处罚较重的规定处罚；达到同一量刑幅度的，以盗窃罪既遂处罚。

第十三条　单位组织、指使盗窃，符合刑法第二百六十四条及本解释有关规定的，以盗窃罪追究组织者、指使者、直接实施者的刑事责任。

第十四条　因犯盗窃罪，依法判处罚金刑的，应当在一千元以上盗窃数额的二倍以下判处罚金；没有盗窃数额或者盗窃数额无法计算的，应当在一千元以上十万元以下判处罚金。

《破坏森林资源刑事解释》

第九条　将国家、集体、他人所有并已经伐倒的树木窃为己有，以及偷砍他人房前屋后、自留地种植的零星树木，数额较大的，依照刑法第二百六十四条的规定，以盗窃罪定罪处罚。

第十五条　非法实施采种、采脂、挖笋、掘根、剥树皮等行为，牟取经济利益数额较大的，依照刑法第二百六十四条的规定，以盗窃罪定罪处罚。同时构成其他犯罪的，依照处罚较重的规定定罪处罚。

《未成年人刑事案件解释》

第九条　已满十六周岁不满十八周岁的人实施盗窃行为未超过三次，盗窃数额虽已达到"数额较大"标准，但案发后能如实供述全部盗窃事实并积极退赃，且具有下列情形之一的，可以认定为"情节显著轻微危害不大"，不认为是犯罪：

（一）系又聋又哑的人或者盲人；

（二）在共同盗窃中起次要或者辅助作用，或者被胁迫；

（三）具有其他轻微情节的。

已满十六周岁不满十八周岁的人盗窃未遂或者中止的，可不认为是犯罪。

已满十六周岁不满十八周岁的人盗窃自己家庭或者近亲属财物，或者盗窃其他亲属财物但其他亲属要求不予追究的，可不按犯罪处理。

《扰乱电信市场管理秩序案件解释》

第七条 将电信卡非法充值后使用，造成电信资费损失数额较大的，依照刑法第二百六十四条的规定，以盗窃罪定罪处罚。

第八条 盗用他人公共信息网络上网账号、密码上网，造成他人电信资费损失数额较大的，依照刑法第二百六十四条的规定，以盗窃罪定罪处罚。

考点46 敲诈勒索罪

第二百七十四条 [敲诈勒索罪] 敲诈勒索公私财物，数额较大或者多次敲诈勒索的，处三年以下有期徒刑、拘役或者管制，并处或者单处罚金；数额巨大或者有其他严重情节的，处三年以上十年以下有期徒刑，并处罚金；数额特别巨大或者有其他特别严重情节的，处十年以上有期徒刑，并处罚金。〔2021年回忆~承继的共犯、敲诈勒索罪；2020年回忆~共同犯罪、实行过限、盗窃罪、敲诈勒索罪；2019年回忆~犯罪未遂、敲诈勒索罪；2016年真题~诈骗罪、敲诈勒索罪；2011年真题~犯罪未遂、诈骗罪、敲诈勒索罪；2010年真题~诈骗罪、敲诈勒索罪〕

《敲诈勒索刑事案件解释》

第一条 敲诈勒索公私财物价值二千元至五千元以上、三万元至十万元以上、三十万元至五十万元以上的，应当分别认定为刑法第二百七十四条规定的"数额较大"、"数额巨大"、"数额特别巨大"。

各省、自治区、直辖市高级人民法院、人民检察院可以根据本地区经济发展状况和社会治安状况，在前款规定的数额幅度内，共同研究确定本地区执行的具体数额标准，报最高人民法院、最高人民检察院批准。

第二条 敲诈勒索公私财物，具有下列情形之一的，"数额较大"的标准可以按照本解释第一条规定标准的百分之五十确定：

（一）曾因敲诈勒索受过刑事处罚的；

（二）一年内曾因敲诈勒索受过行政处罚的；

（三）对未成年人、残疾人、老年人或者丧失劳动能力人敲诈勒索的；

（四）以将要实施放火、爆炸等危害公共安全犯罪或者故意杀人、绑架等严重侵犯公民人身权利犯罪相威胁敲诈勒索的；

（五）以黑恶势力名义敲诈勒索的；

（六）利用或者冒充国家机关工作人员、军人、新闻工作者等特殊身份敲诈勒索的；

（七）造成其他严重后果的。

第三条 二年内敲诈勒索三次以上的，应当认定为刑法第二百七十四条规定的"多次敲诈勒索"。

第四条 敲诈勒索公私财物，具有本解释第二条第三项至第七项规定的情形之一，数额达到本解释第一条规定的"数额巨大"、"数额特别巨大"百分之八十的，可以分别认定为刑法第二百七十四条规定的"其他严重情节"、"其他特别严重情节"。

第五条 敲诈勒索数额较大，行为人认罪、悔罪，退赃、退赔，并具有下列情形之一的，可以认定为犯罪情节轻微，不起诉或者免予刑事处罚，由有关部门依法予以行政处罚：

（一）具有法定从宽处罚情节的；

（二）没有参与分赃或者获赃较少且不是主犯的；

（三）被害人谅解的；

（四）其他情节轻微、危害不大的。

第六条 敲诈勒索近亲属的财物，获得谅解的，一般不认为是犯罪；认定为犯罪的，应当酌情从宽处理。

被害人对敲诈勒索的发生存在过错的，根据被害人过错程度和案件其他情况，可以对行为人酌情从宽处理。情节显著轻微危害不大的，不认为是犯罪。

第七条 明知他人实施敲诈勒索犯罪，为其提供信用卡、手机卡、通讯工具、通讯传输通道、网络技术支持等帮助的，以共同犯罪论处。

第八条 对犯敲诈勒索罪的被告人，应当在二千元以上、敲诈勒索数额的二倍以下判处罚金；被告人没有获得财物的，应当在二千元以上十万元以下判处罚金。

考点47 诈骗罪

第二百六十六条 [诈骗罪] 诈骗公私财物，数额较大的，处三年以下有期徒刑、拘役或者管制，并处或者单处罚金；数额巨大或者有其他严重情节的，处三年以上十年以下有期徒刑，并处罚金；数额特别巨大或者有其他特别严重情节的，处十年以上有期徒刑或者无期徒刑，并处罚金或者没收财产。本法另有规定的，依照规定〔2023年回忆~诈骗罪及其帮助犯；2020年回忆~行贿罪、诈骗罪；2018年回忆~盗窃罪、诈骗罪；2016年真题~诈骗罪、敲诈勒索罪；2011年真题~犯罪未遂、诈骗罪、敲诈勒索罪；2010年真题~诈骗罪、敲诈勒索罪〕

《刑法》

第二百一十条第二款 [诈骗特种发票定诈骗罪] 使用欺骗手段骗取增值税专用发票或者可用于骗取出口退税、抵扣税款的其他发票的，依照本法第二百六十六条的规定定罪处罚。

第三百条第三款 犯第一款罪又有奸淫妇女、诈骗财物等犯罪行为的，依照数罪并罚的规定处罚。

《诈骗刑事案件解释》

第一条 诈骗公私财物价值三千元至一万元以上、三万元至十万元以上、五十万元以上的，应当分别认定为刑法第二百六十六条规定的"数额较大"、"数额巨大"、"数额特别巨大"。

各省、自治区、直辖市高级人民法院、人民检察院可以结合本地区经济社会发展状况,在前款规定的数额幅度内,共同研究确定本地区执行的具体数额标准,报最高人民法院、最高人民检察院备案。

第二条 诈骗公私财物达到本解释第一条规定的数额标准,具有下列情形之一的,可以依照刑法第二百六十六条的规定酌情从严惩处:

(一)通过发送短信、拨打电话或者利用互联网、广播电视、报刊杂志等发布虚假信息,对不特定多数人实施诈骗的;

(二)诈骗救灾、抢险、防汛、优抚、扶贫、移民、救济、医疗款物的;

(三)以赈灾募捐名义实施诈骗的;

(四)诈骗残疾人、老年人或者丧失劳动能力人的财物的;

(五)造成被害人自杀、精神失常或其他严重后果的。

诈骗数额接近本解释第一条规定的"数额巨大"、"数额特别巨大"的标准,并具有前款规定的情形之一或者属于诈骗集团首要分子的,应当分别认定为刑法第二百六十六条规定的"其他严重情节"、"其他特别严重情节"。

第三条 诈骗公私财物虽已达到本解释第一条规定的"数额较大"的标准,但具有下列情形之一,且行为人认罪、悔罪的,可以根据刑法第三十七条、刑事诉讼法第一百四十二条(现第一百七十七条)的规定不起诉或者免予刑事处罚:

(一)具有法定从宽处罚情节的;

(二)一审宣判前全部退赃、退赔的;

(三)没有参与分赃或者获赃较少且不是主犯的;

(四)被害人谅解的;

(五)其他情节轻微、危害不大的。

第四条 诈骗近亲属的财物,近亲属谅解的,一般可不按犯罪处理。

诈骗近亲属的财物,确有追究刑事责任必要的,具体处理也应酌情从宽。

第五条 诈骗未遂,以数额巨大的财物为诈骗目标的,或者具有其他严重情节的,应当定罪处罚。

利用发送短信、拨打电话、互联网等电信技术手段对不特定多数人实施诈骗,诈骗数额难以查证,但具有下列情形之一的,应当认定为刑法第二百六十六条规定的"其他严重情节",以诈骗罪(未遂)定罪处罚:

(一)发送诈骗信息五千条以上的;

(二)拨打诈骗电话五百人次以上的;

(三)诈骗手段恶劣、危害严重的。

实施前款规定行为,数量达到前款第(一)、(二)项规定标准十倍以上的,或者诈骗手段特别恶劣、危害特别严重的,应当认定为刑法第二百六十六条规定的"其他特别严重情节",以诈骗罪(未遂)定罪处罚。

第六条 诈骗既有既遂,又有未遂,分别达到不同量刑幅度的,依照处罚较重的规定处罚;达到同一量刑幅度的,以诈骗罪既遂处罚。

第七条 明知他人实施诈骗犯罪,为其提供信用卡、手机卡、通讯工具、通讯传输通道、网络技术支持、费用结算等帮助的,以共同犯罪论处。

第八条 冒充国家机关工作人员进行诈骗,同时构成诈骗罪和招摇撞骗罪的,依照处罚较重的规定定罪处罚。

第九条 案发后查封、扣押、冻结在案的诈骗财物及其孳息,权属明确的,应当发还被害人;权属不明确的,可按被骗款物占查封、扣押、冻结在案的财物及其孳息总额的比例发还被害人,但已获退赔的应予扣除。

第十条 行为人已将诈骗财物用于清偿债务或者转让给他人,具有下列情形之一的,应当依法追缴:

(一)对方明知是诈骗财物而收取的;

(二)对方无偿取得诈骗财物的;

(三)对方以明显低于市场的价格取得诈骗财物的;

(四)对方取得诈骗财物系源于非法债务或者违法犯罪活动的。

他人善意取得诈骗财物的,不予追缴。

《刑法第266条的解释》

以欺诈、伪造证明材料或者其他手段骗取养老、医疗、工伤、失业、生育等社会保险金或者其他社会保障待遇的,属于刑法第二百六十六条规定的诈骗公私财物的行为。

《扰乱电信市场管理秩序案件解释》

第九条 以虚假、冒用的身份证件办理入网手续并使用移动电话,造成电信资费损失数额较大的,依照刑法第二百六十六条的规定,以诈骗罪定罪处罚。

考点48 侵占罪与职务侵占罪

第二百七十条 [侵占罪]将代为保管的他人财物非法占为己有,数额较大,拒不退还的,处二年以下有期徒刑、拘役或者罚金;数额巨大或者有其他严重情节的,处二年以上五年以下有期徒刑,并处罚金。

将他人的遗忘物或者埋藏物非法占为己有,数额较大,拒不交出的,依照前款的规定处罚。

[告诉才处理]本条罪,告诉的才处理。[2023年回忆~侵占罪;2016年真题~侵占罪、故意杀人罪、抢劫罪;2015年真题~死者的占有、盗窃罪、侵占罪;2013年真题~侵占罪;2011年真题~盗窃罪、侵占罪]

第二百七十一条 [职务侵占罪]公司、企业或者其他单位的工作人员,利用职务上的便利,将本单位财物非法占为己有,数额较大的,处三年以下有期徒刑或者拘役,并处罚金;数额巨大的,处三年以上十年以下有期徒刑,并处罚金;数额特别巨大的,处十年以上有期徒刑或者无期徒刑,并处罚金。

[贪污罪的提示款条]国有公司、企业或者其他国有单位中从事公务的人员和国有公司、企业或者其他国有单位委派到非国有公司、企业以及其他单位从事公务的人员有前款行为的,依照本法第三百八十二条、第三百八十三条的规定定罪处罚。

第二百七十二条 [挪用资金罪]公司、企业或者其他单位的工作人员,利用职务上的便利,挪用本单位资金归个人使用或者借贷给他人,数额较大、超过三个月未还的,或者虽未超过三个月,但数额较大、进行营利活动的,或者进行非法活动的,处三年以下有期徒刑或者拘役;挪用本单位资金数额巨大的,处三年以上七年以下有期徒刑;数额特别巨大的,处七年以上有期徒刑。

[挪用公款罪的提示条款]国有公司、企业或者其他国有单位中从事公务的人员和国有公司、企业或者其他国有单位委派到非国有公司、企业以及其他单位从事公务的人员有前款行为的,依照本法第三百八十四条的规定定罪处罚。

有第一款行为,在提起公诉前将挪用的资金退还的,可以从轻或者减轻处罚。其中,犯罪较轻的,可以减轻或者免除处罚。

《贪污贿赂刑事案件解释》

第十一条第一款 刑法第163条规定的非国家工作人员受贿罪、第271条规定的职务侵占罪中的"数额较大""数额巨大"的数额起点,按照本解释关于受贿罪、贪污罪相对应的数额标准规定的2倍、5倍执行。

《最高人民法院关于审理贪污、职务侵占案件如何认定共同犯罪几个问题的解释》

第一条 行为人与国家工作人员勾结,利用国家工作人员的职务便利,共同侵吞、窃取、骗取或者以其他手段非法占有公共财物的,以贪污罪共犯论处。

第二条 行为人与公司、企业或者其他单位的人员勾结,利用公司、企业或者其他单位人员的职务便利,共同将该单位财物非法占为己有,数额较大的,以职务侵占罪共犯论处。

第三条 公司、企业或者其他单位中,不具有国家工作人员身份的人与国家工作人员勾结,分别利用各自的职务便利,共同将本单位财物非法占为己有的,按照主犯的犯罪性质定罪。

专题十八 妨害社会管理秩序罪

考点49 扰乱公共秩序罪

(一)妨害公务罪

第二百七十七条 [妨害公务罪]以暴力、威胁方法阻碍国家机关工作人员依法执行职务的,处三年以下有期徒刑、拘役、管制或者罚金。

以暴力、威胁方法阻碍全国人民代表大会和地方各级人民代表大会代表依法执行代表职务的,依照前款的规定处罚。

在自然灾害和突发事件中,以暴力、威胁方法阻碍红十字会工作人员依法履行职责的,依照第一款的规定处罚。

故意阻碍国家安全机关、公安机关依法执行国家安全工作任务,未使用暴力、威胁方法,造成严重后果的,依照第一款的规定处罚。

[袭警罪]暴力袭击正在依法执行职务的人民警察的,处三年以下有期徒刑、拘役或者管制;使用枪支、管制刀具,或者以驾驶机动车撞击等手段,严重危及其人身安全的,处三年以上七年以下有期徒刑。

(二)招摇撞骗罪

第二百七十九条 [招摇撞骗罪]冒充国家机关工作人员招摇撞骗的,处三年以下有期徒刑、拘役、管制或者剥夺政治权利;情节严重的,处三年以上十年以下有期徒刑。

冒充人民警察招摇撞骗的,依照前款的规定从重处罚。

《刑法》

第三百七十二条 [冒充军人招摇撞骗罪]冒充军人招摇撞骗的,处三年以下有期徒刑、拘役、管制或者剥夺政治权利;情节严重的,处三年以上十年以下有期徒刑。

第四百五十条 [本章适用对象]本章适用于中国人民解放军的现役军官、文职干部、士兵及具有军籍的学员和中国人民武装警察部队的现役警官、文职干部、士兵及具有军籍的学员以及文职人员、执行军事任务的预备役人员和其他人员。

(三)伪造、变造、买卖身份证件罪

第二百八十条 [伪造、变造、买卖国家机关公文、证件、印章罪;盗窃、抢夺、毁灭国家机关公文、证件、印章罪]伪造、变造、买卖或者盗窃、抢夺、毁灭国家机关的公文、证件、印章的,处三年以下有期徒刑、拘役、管制或者剥夺政治权利,并处罚金;情节严重的,处三年以上十年以下有期徒刑,并处罚金。

[伪造公司、企业、事业单位、人民团体印章罪]伪造公司、企业、事业单位、人民团体的印章的,处三年以下有期徒刑、拘役、管制或者剥夺政治权利,并处罚金。

[伪造、变造、买卖身份证件罪]伪造、变造、买卖居民身份证、护照、社会保障卡、驾驶证等依法可以用于证明身份的证件的,处三年以下有期徒刑、拘役、管制或者剥夺政治权利,并处罚金;情节严重的,处三年以上七年以下有期徒刑,并处罚金。

第二百八十条之一 [使用虚假身份证件、盗用身份证件罪]在依照国家规定应当提供身份证明的活动中,使用伪造、变造的或者盗用他人的居民身份证、护照、社会保障卡、驾驶证等依法可以用于证明身份的证件,情节严重的,处拘役或者管制,并处或者单处罚金。

有前款行为,同时构成其他犯罪的,依照处罚较重的规定定罪处罚。

(四)考试相关犯罪

第二百八十四条之一 [组织考试作弊罪]在法律规定的国家考试中,组织作弊的,处三年以下有期徒刑或者拘役,并处或者单处罚金;情节严重的,处三年以上七年以下有期徒刑,并处罚金。

为他人实施前款犯罪提供作弊器材或者其他帮助的,依照前款的规定处罚。

[非法出售、提供试题、答案罪]为实施考试作弊行为,向他人非法出售或者提供第一款规定的考试的试题、答案的,依照第一款的规定处罚。

[代替考试罪]代替他人或者让他人代替自己参加第

一款规定的考试的,处拘役或者管制,并处或者单处罚金。

(五)计算机系统相关犯罪

第二百八十五条 [非法侵入计算机信息系统罪]违反国家规定,侵入国家事务、国防建设、尖端科学技术领域的计算机信息系统的,处三年以下有期徒刑或者拘役。

[非法获取计算机信息系统数据、非法控制计算机信息系统罪]违反国家规定,侵入前款规定以外的计算机信息系统或者采用其他技术手段,获取该计算机信息系统中存储、处理或者传输的数据,或者对该计算机信息系统实施非法控制,情节严重的,处三年以下有期徒刑或者拘役,并处或者单处罚金;情节特别严重的,处三年以上七年以下有期徒刑,并处罚金。

[提供侵入、非法控制计算机信息系统程序、工具罪]提供专门用于侵入、非法控制计算机信息系统的程序、工具,或者明知他人实施侵入、非法控制计算机信息系统的违法犯罪行为而为其提供程序、工具,情节严重的,依照前款的规定处罚。

单位犯前三款罪的,对单位判处罚金,并对其直接负责的主管人员和其他直接责任人员,依照各该款的规定处罚。

第二百八十六条 [破坏计算机信息系统罪]违反国家规定,对计算机信息系统功能进行删除、修改、增加、干扰,造成计算机信息系统不能正常运行,后果严重的,处五年以下有期徒刑或者拘役;后果特别严重的,处五年以上有期徒刑。

违反国家规定,对计算机信息系统中存储、处理或传输的数据和应用程序进行删除、修改、增加的操作,后果严重的,依照前款的规定处罚。

故意制作、传播计算机病毒等破坏性程序,影响计算机系统正常运行,后果严重的,依照第一款的规定处罚。

单位犯前三款罪的,对单位判处罚金,并对其直接负责的主管人员和其他直接责任人员,依照第一款的规定处罚。

第二百八十六条之一 [拒不履行信息网络安全管理义务罪]网络服务提供者不履行法律、行政法规规定的信息网络安全管理义务,经监管部门责令采取改正措施而拒不改正,有下列情形之一的,处三年以下有期徒刑、拘役或者管制,并处或者单处罚金:

(一)致使违法信息大量传播的;

(二)致使用户信息泄露,造成严重后果的;

(三)致使刑事案件证据灭失,情节严重的;

(四)有其他严重情节的。

单位犯前款罪的,对单位判处罚金,并对其直接负责的主管人员和其他直接责任人员,依照前款的规定处罚。

有前两款行为,同时构成其他犯罪的,依照处罚较重的规定定罪处罚。

第二百八十七条之一 [非法利用信息网络罪]利用信息网络实施下列行为之一,情节严重的,处三年以下有期徒刑或者拘役,并处或者单处罚金:

(一)设立用于实施诈骗、传授犯罪方法、制作或者销售违禁物品、管制物品等违法犯罪活动的网站、通讯群组的;

(二)发布有关制作或者销售毒品、枪支、淫秽物品等违禁物品、管制物品或者其他违法犯罪信息的;

(三)为实施诈骗等违法犯罪活动发布信息的。

单位犯前款罪的,对单位判处罚金,并对其直接负责的主管人员和其他直接责任人员,依照第一款的规定处罚。

有前两款行为,同时构成其他犯罪的,依照处罚较重的规定定罪处罚。

第二百八十七条之二 [帮助信息网络犯罪活动罪]明知他人利用信息网络实施犯罪,为其犯罪提供互联网接入、服务器托管、网络存储、通讯传输等技术支持,或者提供广告推广、支付结算等帮助,情节严重的,处三年以下有期徒刑或者拘役,并处或者单处罚金。

单位犯前款罪的,对单位判处罚金,并对其直接负责的主管人员和其他直接责任人员,依照第一款的规定处罚。

有前两款行为,同时构成其他犯罪的,依照处罚较重的规定定罪处罚。[2023年回忆~帮助信息网络犯罪活动罪]

(六)编造、故意传播虚假信息罪

第二百九十一条之一 [投放虚假危险物质罪;编造、故意传播虚假恐怖信息罪]投放虚假的爆炸性、毒害性、放射性、传染病病原体等物质,或者编造爆炸威胁、生化威胁、放射威胁等恐怖信息,或者明知是编造的恐怖信息而故意传播,严重扰乱社会秩序的,处五年以下有期徒刑、拘役或者管制;造成严重后果的,处五年以上有期徒刑。

[编造、故意传播虚假信息罪]编造虚假的险情、疫情、灾情、警情,在信息网络或者其他媒体上传播,或者明知是上述虚假信息,故意在信息网络或者其他媒体上传播,严重扰乱社会秩序的,处三年以下有期徒刑、拘役或者管制;造成严重后果的,处三年以上七年以下有期徒刑。

(七)高空抛物罪

第二百九十一条之二 [高空抛物罪]从建筑物或者其他高空抛掷物品,情节严重的,处一年以下有期徒刑、拘役或者管制,并处或者单处罚金。

有前款行为,同时构成其他犯罪的,依照处罚较重的规定定罪处罚。

《依法妥善审理高空抛物、坠物案件的意见》

5.准确认定高空抛物犯罪。对于高空抛物行为,应当根据行为人的动机、抛物场所、抛掷物的情况以及造成的后果等因素,全面考量行为的社会危害程度,准确判断行为性质,正确适用罪名,准确裁量刑罚。

故意从高空抛弃物品,尚未造成严重后果,但足以危害公共安全的,依照刑法第一百一十四条规定的以危险方法危害公共安全罪定罪处罚;致人重伤、死亡或者使公私财产遭受重大损失的,依照刑法第一百一十五条第一款的规定处罚。为伤害、杀害特定人员实施上述行为的,依照故意伤害罪、故意杀人罪定罪处罚。

(八)赌博罪、开设赌场罪

第三百零三条 [赌博罪]以营利为目的,聚众赌博或者以赌博为业的,处三年以下有期徒刑、拘役或者管制,并处罚金。

[开设赌场罪]开设赌场的,处五年以下有期徒刑、拘役或者管制,并处罚金;情节严重的,处五年以上十年以下有期徒刑,并处罚金。

[组织参与国(境)外赌博罪]组织中华人民共和国公民参与国(境)外赌博,数额巨大或者有其他严重情节的,依照前款的规定处罚。

《赌博刑事案件解释》

第二条 以营利为目的,在计算机网络上建立赌博网站,或者为赌博网站担任代理,接受投注的,属于刑法第三百零三条规定的"开设赌场"。

第四条 明知他人实施赌博犯罪活动,而为其提供资金、计算机网络、通讯、费用结算等直接帮助的,以赌博罪的共犯论处。

第六条 未经国家批准擅自发行、销售彩票,构成犯罪的,依照刑法第二百二十五条第(四)项的规定,以非法经营罪定罪处罚。

第七条 通过赌博或者为国家工作人员赌博提供资金的形式实施行贿、受贿行为,构成犯罪的,依照刑法关于贿赂犯罪的规定定罪处罚。

第九条 不以营利为目的,进行带有少量财物输赢的娱乐活动,以及提供棋牌室等娱乐场所只收取正常的场所和服务费用的经营行为等,不以赌博论处。

考点50 妨害司法罪

(一)伪证罪

第三百零五条 [伪证罪]在刑事诉讼中,证人、鉴定人、记录人、翻译人对与案件有重要关系的情节,故意作虚假证明、鉴定、记录、翻译,意图陷害他人或者隐匿罪证的,处三年以下有期徒刑或者拘役;情节严重的,处三年以上七年以下有期徒刑。

《刑法》

第二百四十三条 [诬告陷害罪]捏造事实诬告陷害他人,意图使他人受刑事追究,情节严重的,处三年以下有期徒刑、拘役或者管制;造成严重后果的,处三年以上十年以下有期徒刑。

[从重情节]国家机关工作人员犯前款罪的,从重处罚。

[对故意要素的提示性规定]不是有意诬陷,而是错告,或者检举失实的,不适用前两款的规定。

(二)辩护人、诉讼代理人毁灭证据、伪造证据、妨害作证罪

第三百零六条 [辩护人、诉讼代理人毁灭证据、伪造证据、妨害作证罪]在刑事诉讼中,辩护人、诉讼代理人毁灭、伪造证据,帮助当事人毁灭、伪造证据,威胁、引诱证人违背事实改变证言或者作伪证的,处三年以下有期徒刑或者拘役;情节严重的,处三年以上七年以下有期徒刑。

辩护人、诉讼代理人提供、出示、引用的证人证言或者其他证据失实,不是有意伪造的,不属于伪造证据。

《刑法》

第三百零七条 [妨害作证罪]以暴力、威胁、贿买等方法阻止证人作证或者指使他人作伪证的,处三年以下有期徒刑或者拘役;情节严重的,处三年以上七年以下有期徒刑。

[帮助毁灭、伪造证据罪]帮助当事人毁灭、伪造证据,情节严重的,处三年以下有期徒刑或者拘役。

司法工作人员犯前两款罪的,从重处罚。

(三)虚假诉讼罪

第三百零七条之一 [虚假诉讼罪]以捏造的事实提起民事诉讼,妨害司法秩序或者严重侵害他人合法权益的,处三年以下有期徒刑、拘役或者管制,并处或者单处罚金;情节严重的,处三年以上七年以下有期徒刑,并处罚金。

单位犯前款罪的,对单位判处罚金,并对其直接负责的主管人员和其他直接责任人员,依照前款的规定处罚。

[罪数规定]有第一款行为,非法占有他人财产或者逃避合法债务,又构成其他犯罪的,依照处罚较重的规定定罪从重处罚。

司法工作人员利用职权,与他人共同实施前三款行为的,从重处罚;同时构成其他犯罪的,依照处罚较重的规定定罪从重处罚。

《虚假诉讼刑事案件解释》

第一条 采取伪造证据、虚假陈述等手段,实施下列行为之一,捏造民事法律关系,虚构民事纠纷,向人民法院提起民事诉讼的,应当认定为刑法第三百零七条之一第一款规定的"以捏造的事实提起民事诉讼":

(一)与夫妻一方恶意串通,捏造夫妻共同债务的;

(二)与他人恶意串通,捏造债权债务关系和以物抵债协议的;

(三)与公司、企业的法定代表人、董事、监事、经理或者其他管理人员恶意串通,捏造公司、企业债务或者担保义务的;

(四)捏造知识产权侵权关系或者不正当竞争关系的;

(五)在破产案件审理过程中申报捏造的债权的;

(六)与被执行人恶意串通,捏造债权或者对查封、扣押、冻结财产的优先权、担保物权的;

(七)单方或者与他人恶意串通,捏造身份、合同、侵权、继承等民事法律关系的其他行为。

隐瞒债务已经全部清偿的事实,向人民法院提起民事诉讼,要求他人履行债务的,以"以捏造的事实提起民事诉讼"论。

向人民法院申请执行基于捏造的事实作出的仲裁裁决、公证债权文书,或者在民事执行过程中以捏造的事实对执行标的提出异议、申请参与执行财产分配的,属于刑法第三百零七条之一第一款规定的"以捏造的事实提起民事诉讼"。

第二条 以捏造的事实提起民事诉讼,有下列情形

之一的,应当认定为刑法第三百零七条之一第一款规定的"妨害司法秩序或者严重侵害他人合法权益":

(一)致使人民法院基于捏造的事实采取财产保全或者行为保全措施的;

(二)致使人民法院开庭审理,干扰正常司法活动的;

(三)致使人民法院基于捏造的事实作出裁判文书、制作财产分配方案,或者立案执行基于捏造的事实作出的仲裁裁决、公证债权文书的;

(四)多次以捏造的事实提起民事诉讼的;

(五)曾因以捏造的事实提起民事诉讼被采取民事诉讼强制措施或者受过刑事追究的;

(六)其他妨害司法秩序或者严重侵害他人合法权益的情形。

(四)窝藏、包庇罪

第三百一十条 [窝藏、包庇罪]明知是犯罪的人而为其提供隐藏处所、财物,帮助其逃匿或者作假证明包庇的,处三年以下有期徒刑、拘役或者管制;情节严重的,处三年以上十年以下有期徒刑。

[事前通谋定共犯]犯前款罪,事前通谋的,以共同犯罪论处。

第三百六十二条 [窝藏、包庇罪]旅馆业、饮食服务业、文化娱乐业、出租汽车业等单位的人员,在公安机关查处卖淫、嫖娼活动时,为违法犯罪分子通风报信,情节严重的,依照本法第三百一十条的规定定罪处罚。

《窝藏、包庇刑事案件解释》

第一条 明知是犯罪的人,为帮助其逃匿,实施下列行为之一的,应当依照刑法第三百一十条第一款的规定,以窝藏罪定罪处罚:

(一)为犯罪的人提供房屋或者其他可以用于隐藏的处所的;

(二)为犯罪的人提供车辆、船只、航空器等交通工具,或者提供手机等通讯工具的;

(三)为犯罪的人提供金钱的;

(四)其他为犯罪的人提供隐藏处所、财物,帮助其逃匿的情形。

保证人在犯罪的人取保候审期间,协助其逃匿,或者明知犯罪的人的藏匿地点、联系方式,但拒绝向司法机关提供的,应当依照刑法第三百一十条第一款的规定,对保证人以窝藏罪定罪处罚。

虽然为犯罪的人提供隐藏处所、财物,但不是出于帮助犯罪的人逃匿的目的,不以窝藏罪定罪处罚;对未履行法定报告义务的行为人,依法移送有关主管机关给予行政处罚。

第二条 明知是犯罪的人,为帮助其逃避刑事追究,或者帮助其获得从宽处罚,实施下列行为之一的,应当依照刑法第三百一十条第一款的规定,以包庇罪定罪处罚:

(一)故意顶替犯罪的人欺骗司法机关的;

(二)故意向司法机关作虚假陈述或者提供虚假证明,以证明犯罪的人没有实施犯罪行为,或者犯罪的人所实施行为不构成犯罪的;

(三)故意向司法机关提供虚假证明,以证明犯罪

的人具有法定从轻、减轻、免除处罚情节的;

(四)其他作假证明包庇的行为。

第六条 认定窝藏、包庇罪,以被窝藏、包庇的人的行为构成犯罪为前提。

被窝藏、包庇的人实施的犯罪事实清楚,证据确实、充分,但尚未到案、尚未依法审判或者因不具有刑事责任能力依法未予追究刑事责任的,不影响窝藏、包庇罪的认定。但是,被窝藏、包庇的人归案后被宣告无罪的,应当依照法定程序宣告窝藏、包庇行为人无罪。

第七条 为帮助同一个犯罪的人逃避刑事处罚,实施窝藏、包庇行为,又实施洗钱行为,或者掩饰、隐瞒犯罪所得及其收益行为,或者帮助毁灭证据行为,或者伪证行为的,依照处罚较重的犯罪定罪,并从重处罚,不实行数罪并罚。

第八条 共同犯罪人之间互相实施的窝藏、包庇行为,不以窝藏、包庇罪定罪处罚,但对共同犯罪以外的犯罪人实施窝藏、包庇行为的,以所犯共同犯罪和窝藏、包庇罪并罚。

(五)掩饰、隐瞒犯罪所得、犯罪所得收益罪

第三百一十二条 [掩饰、隐瞒犯罪所得、犯罪所得收益罪]明知是犯罪所得及其产生的收益而予以窝藏、转移、收购、代为销售或者以其他方法掩饰、隐瞒的,处三年以下有期徒刑、拘役或者管制,并处或者单处罚金;情节严重的,处三年以上七年以下有期徒刑,并处罚金。

单位犯前款罪的,对单位判处罚金,并对其直接负责的主管人员和其他直接责任人员,依照前款的规定处罚。

[2023年回忆~掩饰、隐瞒犯罪所得、犯罪所得收益罪;2015年真题~掩饰、隐瞒犯罪所得罪,信用卡诈骗罪]

《掩饰、隐瞒犯罪所得、犯罪所得收益刑事案件解释》

第一条 明知是犯罪所得及其产生的收益而予以窝藏、转移、收购、代为销售或者以其他方法掩饰、隐瞒,具有下列情形之一的,应当依照刑法第三百一十二条第一款的规定,以掩饰、隐瞒犯罪所得、犯罪所得收益罪定罪处罚:

(一)一年内曾因掩饰、隐瞒犯罪所得及其产生的收益行为受过行政处罚,又实施掩饰、隐瞒犯罪所得及其产生的收益行为的;

(二)掩饰、隐瞒的犯罪所得系电力设备、交通设施、广播电视设施、公用电信设施、军事设施或者救灾、抢险、防汛、优抚、扶贫、移民、救济款物的;

(三)掩饰、隐瞒行为致使上游犯罪无法及时查处,并造成公私财物损失无法挽回的;

(四)实施其他掩饰、隐瞒犯罪所得及其产生的收益行为,妨害司法机关对上游犯罪进行追究的。

人民法院审理掩饰、隐瞒犯罪所得、犯罪所得收益刑事案件,应综合考虑上游犯罪的性质、掩饰、隐瞒犯罪所得及其收益的情节、后果及社会危害程度等,依法定罪处罚。

司法解释对掩饰、隐瞒涉及计算机信息系统数据、计算机信息系统控制权的犯罪所得及其产生的收益行为构成犯罪已有规定的,审理此类案件依照该规定。

依照全国人民代表大会常务委员会《关于〈中华人民共和国刑法〉第三百四十一条、第三百一十二条的解释》,明知是非法狩猎的野生动物而收购,数量达到五十只以上的,以掩饰、隐瞒犯罪所得罪定罪处罚。

第二条 掩饰、隐瞒犯罪所得及其产生的收益行为符合本解释第一条的规定,认罪、悔罪并退赃、退赔,且具有下列情形之一的,可以认定为犯罪情节轻微,免予刑事处罚:

(一)具有法定从宽处罚情节的;

(二)为近亲属掩饰、隐瞒犯罪所得及其产生的收益,且系初犯、偶犯的;

(三)有其他情节轻微情形的。

第四条 掩饰、隐瞒犯罪所得及其产生的收益的数额,应当以实施掩饰、隐瞒行为时为准。收购或者代为销售财物的价格高于其实际价值的,以收购或者代为销售的价格计算。

多次实施掩饰、隐瞒犯罪所得及其产生的收益行为,未经行政处罚,依法应当追诉的,犯罪所得、犯罪所得收益的数额应当累计计算。

第五条 事前与盗窃、抢劫、诈骗、抢夺等犯罪分子通谋,掩饰、隐瞒犯罪所得及其产生的收益的,以盗窃、抢劫、诈骗、抢夺等犯罪的共犯论处。

第六条 对犯罪所得及其产生的收益实施盗窃、抢劫、诈骗、抢夺等行为,构成犯罪的,分别以盗窃罪、抢劫罪、诈骗罪、抢夺罪等定罪处罚。

第七条 明知是犯罪所得及其产生的收益而予以掩饰、隐瞒,构成刑法第三百一十二条规定的犯罪,同时构成其他犯罪的,依照处罚较重的规定定罪处罚。

第八条 认定掩饰、隐瞒犯罪所得、犯罪所得收益罪,以上游犯罪事实成立为前提。上游犯罪尚未依法裁判,但查证属实的,不影响掩饰、隐瞒犯罪所得、犯罪所得收益罪的认定。

上游犯罪事实经查证属实,但因行为人未达到刑事责任年龄等原因依法不予追究刑事责任的,不影响掩饰、隐瞒犯罪所得、犯罪所得收益罪的认定。

第九条 盗用单位名义实施掩饰、隐瞒犯罪所得及其产生的收益行为,违法所得由行为人私分的,依照刑法和司法解释有关自然人犯罪的规定定罪处罚。

第十条 通过犯罪直接得到的赃款、赃物,应当认定为刑法第三百一十二条规定的"犯罪所得"。上游犯罪的行为人对犯罪所得进行处理后得到的孳息、租金等,应当认定为刑法第三百一十二条规定的"犯罪所得产生的收益"。

明知是犯罪所得及其产生的收益而采取窝藏、转移、收购、代为销售以外的方法,如居间介绍买卖、收受、持有、使用、加工、提供资金账户、协助将财物转换为现金、金融票据、有价证券、协助将资金转移、汇往境外等,应当认定为刑法第三百一十二条规定的"其他方法"。

第十一条 掩饰、隐瞒犯罪所得、犯罪所得收益罪是选择性罪名,审理此类案件,应当根据具体犯罪行为及其指向的对象,确定适用的罪名。

《危害药品安全刑事案件解释》

第十三条 明知系利用医保骗保购买的药品而非法收购、销售,金额五万元以上的,应当依照刑法第三百一十二条的规定,以掩饰、隐瞒犯罪所得罪定罪处罚;指使、教唆、授意他人利用医保骗保购买药品,进而非法收购、销售,符合刑法第二百六十六条规定的,以诈骗罪定罪处罚。

对于利用医保骗保购买药品的行为人是否追究刑事责任,应当综合骗取医保基金的数额、手段、认罪悔罪态度等案件具体情节,依法妥当决定。利用医保骗保购买药品的行为人是否被追究刑事责任,不影响对非法收购、销售有关药品的行为人定罪处罚。

对于第一款规定的主观明知,应当根据药品标志、收购渠道、价格、规模及药品追溯信息等综合认定。

《刑法第341条、第312条的解释》

知道或者应当知道是国家重点保护的珍贵、濒危野生动物及其制品,为食用或者其他目的而非法购买的,属于刑法第三百四十一条第一款规定的非法收购国家重点保护的珍贵、濒危野生动物及其制品的行为。

知道或者应当知道是刑法第三百四十一条第二款规定的非法狩猎的野生动物而购买的,属于刑法第三百一十二条第一款规定的明知是犯罪所得而收购的行为。

考点51 妨害国(边)境管理罪

第三百一十八条 [组织他人偷越国(边)境罪]组织他人偷越国(边)境的,处二年以上七年以下有期徒刑,并处罚金;有下列情形之一的,处七年以上有期徒刑或者无期徒刑,并处罚金或者没收财产:

(一)组织他人偷越国(边)境集团的首要分子;

(二)多次组织他人偷越国(边)境或者组织他人偷越国(边)境人数众多的;

(三)造成被组织人重伤、死亡的;

(四)剥夺或者限制被组织人人身自由的;

(五)以暴力、威胁方法抗拒检查的;

(六)违法所得数额巨大的;

(七)有其他特别严重情节的。

犯前款罪,对被组织人有杀害、伤害、强奸、拐卖等犯罪行为,或者对检查人员有杀害、伤害等犯罪行为的,依照数罪并罚的规定处罚。

《刑法》

第二百九十四条第二款 [入境发展黑社会组织罪]境外的黑社会组织的人员到中华人民共和国境内发展组织成员的,处三年以上十年以下有期徒刑。

第三百二十二条 [偷越国(边)境罪]违反国(边)境管理法规,偷越国(边)境,情节严重的,处一年以下有期徒刑、拘役或者管制,并处罚金;为参加恐怖活动组织、接受恐怖活动培训或者实施恐怖活动,偷越国(边)境的,处一年以上三年以下有期徒刑,并处罚金。

第三百五十八条第四款 [协助组织卖淫罪]为组织卖淫的人招募、运送人员或者有其他协助组织他人卖淫行为的,处五年以下有期徒刑,并处罚金;情节严重的,处五年以上十年以下有期徒刑,并处罚金。

考点53 危害公共卫生罪

第三百三十六条 [非法行医罪]未取得医生执业资格的人非法行医,情节严重的,处三年以下有期徒刑、拘役或者管制,并处或者单处罚金;严重损害就诊人身体健康的,处三年以上十年以下有期徒刑,并处罚金;造成就诊人死亡的,处十年以上有期徒刑,并处罚金。

[非法进行节育手术罪]未取得医生执业资格的人擅自为他人进行节育复通手术、假节育手术、终止妊娠手术或者摘取宫内节育器,情节严重的,处三年以下有期徒刑、拘役或者管制,并处或者单处罚金;严重损害就诊人身体健康的,处三年以上十年以下有期徒刑,并处罚金;造成就诊人死亡的,处十年以上有期徒刑,并处罚金。

《刑法》

第三百三十五条 [医疗事故罪]医务人员由于严重不负责任,造成就诊人死亡或者严重损害就诊人身体健康的,处三年以下有期徒刑或者拘役。

《非法行医刑事案件解释》

第一条 具有下列情形之一的,应认定为刑法第三百三十六条第一款规定的"未取得医生执业资格的人非法行医":

(一)未取得或者以非法手段取得医师资格从事医疗活动的;

(二)被依法吊销医师执业证书期间从事医疗活动的;

(三)未取得乡村医生执业证书,从事乡村医疗活动的;

(四)家庭接生员实施家庭接生以外的医疗行为的。

第二条 具有下列情形之一的,应认定为刑法第三百三十六条第一款规定的"情节严重":

(一)造成就诊人轻度残疾、器官组织损伤导致一般功能障碍的;

(二)造成甲类传染病传播、流行或者有传播、流行危险的;

(三)使用假药、劣药或不符合国家规定标准的卫生材料、医疗器械,足以严重危害人体健康的;

(四)非法行医被卫生行政部门行政处罚两次以后,再次非法行医的;

(五)其他情节严重的情形。

第三条 具有下列情形之一的,应认定为刑法第三百三十六条第一款规定的"严重损害就诊人身体健康":

(一)造成就诊人中度以上残疾、器官组织损伤导致严重功能障碍的;

(二)造成三名以上就诊人轻度残疾、器官组织损伤导致一般功能障碍的。

第四条 非法行医行为系造成就诊人死亡的直接、主要原因的,应认定为刑法第三百三十六条第一款规定的"造成就诊人死亡"。

非法行医行为并非造成就诊人死亡的直接、主要原因的,可不认定为刑法第三百三十六条第一款规定的"造成就诊人死亡"。但是,根据案件情况,可以认定为刑法第三百三十六条第一款规定的"情节严重"。

第五条 实施非法行医犯罪,同时构成生产、销售假药罪,生产、销售劣药罪,诈骗罪等其他犯罪的,依照刑法处罚较重的规定定罪处罚。

考点54 破坏环境资源保护罪

(一)污染环境罪

第三百三十八条 [污染环境罪]违反国家规定,排放、倾倒或者处置有放射性的废物、含传染病病原体的废物、有毒物质或者其他有害物质,严重污染环境的,处三年以下有期徒刑或者拘役,并处或者单处罚金;情节严重的,处三年以上七年以下有期徒刑,并处罚金;有下列情形之一的,处七年以上有期徒刑,并处罚金:

(一)在饮用水水源保护区、自然保护地核心保护区等依法确定的重点保护区域排放、倾倒、处置有放射性的废物、含传染病病原体的废物、有毒物质,情节特别严重的;

(二)向国家确定的重要江河、湖泊水域排放、倾倒、处置有放射性的废物、含传染病病原体的废物、有毒物质,情节特别严重的;

(三)致使大量永久基本农田基本功能丧失或者遭受永久性破坏的;

(四)致使多人重伤、严重疾病,或者致人严重残疾、死亡的。

有前款行为,同时构成其他犯罪的,依照处罚较重的规定定罪处罚。

《刑法》

第三百四十六条 [单位犯本节之罪的处罚]单位犯本节第三百三十八条至第三百四十五条规定之罪的,对单位判处罚金,并对其直接负责的主管人员和其他直接责任人员,依照本节各该条的规定处罚。

《环境污染刑事案件解释》

第一条 实施刑法第三百三十八条规定的行为,具有下列情形之一的,应当认定为"严重污染环境":

(一)在饮用水水源保护区、自然保护地核心保护区等依法确定的重点保护区域排放、倾倒、处置有放射性的废物、含传染病病原体的废物、有毒物质的;

(二)非法排放、倾倒、处置危险废物三吨以上的;

(三)排放、倾倒、处置含铅、汞、镉、铬、砷、铊、锑的污染物,超过国家或者地方污染物排放标准三倍以上的;

(四)排放、倾倒、处置含镍、铜、锌、银、钒、锰、钴的污染物,超过国家或者地方污染物排放标准十倍以上的;

(五)通过暗管、渗井、渗坑、裂隙、溶洞、灌注、非紧急情况下开启大气应急排放通道等逃避监管的方式排放、倾倒、处置有放射性的废物、含传染病病原体的废物、有毒物质的;

(六)二年内曾因在重污染天气预警期间,违反国家规定,超标排放二氧化硫、氮氧化物等实行排放总量控制的大气污染物受过二次以上行政处罚,又实施此类行为的;

（七）重点排污单位、实行排污许可重点管理的单位篡改、伪造自动监测数据或者干扰自动监测设施，排放化学需氧量、氨氮、二氧化硫、氮氧化物等污染物的；

（八）二年内曾因违反国家规定，排放、倾倒、处置有放射性的废物、含传染病病原体的废物、有毒物质受过二次以上行政处罚，又实施此类行为的；

（九）违法所得或者致使公私财产损失三十万元以上的；

（十）致使乡镇集中式饮用水水源取水中断十二小时以上的；

（十一）其他严重污染环境的情形。

第二条　实施刑法第三百三十八条规定的行为，具有下列情形之一的，应当认定为"情节严重"：

（一）在饮用水水源保护区、自然保护地核心保护区等依法确定的重点保护区域排放、倾倒、处置有放射性的废物、含传染病病原体的废物、有毒物质，造成相关区域的生态功能退化或者野生生物资源严重破坏的；

（二）向国家确定的重要江河、湖泊水域排放、倾倒、处置有放射性的废物、含传染病病原体的废物、有毒物质，造成相关水域的生态功能退化或者水生生物资源严重破坏的；

（三）非法排放、倾倒、处置危险废物一百吨以上的；

（四）违法所得或者致使公私财产损失一百万元以上的；

（五）致使县级城区集中式饮用水水源取水中断十二小时以上的；

（六）致使永久基本农田、公益林地十亩以上，其他农用地二十亩以上，其他土地五十亩以上基本功能丧失或者遭受永久性破坏的；

（七）致使森林或者其他林木死亡五十立方米以上，或者幼树死亡二千五百株以上的；

（八）致使疏散、转移群众五千人以上的；

（九）致使三十人以上中毒的；

（十）致使一人以上重伤、严重疾病或者三人以上轻伤的；

（十一）其他情节严重的情形。

第三条　实施刑法第三百三十八条规定的行为，具有下列情形之一的，应当处七年以上有期徒刑，并处罚金：

（一）在饮用水水源保护区、自然保护地核心保护区等依法确定的重点保护区域排放、倾倒、处置有放射性的废物、含传染病病原体的废物、有毒物质，具有下列情形之一的：

1. 致使设区的市级城区集中式饮用水水源取水中断十二小时以上的；

2. 造成自然保护地主要保护的生态系统严重退化，或者主要保护的自然景观损毁的；

3. 造成国家重点保护的野生动植物资源或者国家重点保护物种栖息地、生长环境严重破坏的；

4. 其他情节特别严重的情形。

（二）向国家确定的重要江河、湖泊水域排放、倾倒、

处置有放射性的废物、含传染病病原体的废物、有毒物质，具有下列情形之一的：

1. 造成国家确定的重要江河、湖泊水域生态系统严重退化的；

2. 造成国家重点保护的野生动植物资源严重破坏的；

3. 其他情节特别严重的情形。

（三）致使永久基本农田五十亩以上基本功能丧失或者遭受永久性破坏的；

（四）致使三人以上重伤、严重疾病，或者一人以上严重残疾、死亡的。

第六条　实施刑法第三百三十八条规定的行为，行为人认罪认罚，积极修复生态环境，有效合规整改的，可以从宽处罚；犯罪情节轻微的，可以不起诉或者免于刑事处罚；情节显著轻微危害不大的，不作为犯罪处理。

（二）盗伐林木罪

第三百四十五条　[盗伐林木罪]盗伐森林或者其他林木，数量较大的，处三年以下有期徒刑、拘役或者管制，并处或者单处罚金；数量巨大的，处三年以上七年以下有期徒刑，并处罚金；数量特别巨大的，处七年以上有期徒刑，并处罚金。

[滥伐林木罪]违反森林法的规定，滥伐森林或者其他林木，数量较大的，处三年以下有期徒刑、拘役或者管制，并处或者单处罚金；数量巨大的，处三年以上七年以下有期徒刑，并处罚金。

[非法收购、运输盗伐、滥伐的林木罪]非法收购、运输明知是盗伐、滥伐的林木，情节严重的，处三年以下有期徒刑、拘役或者管制，并处或者单处罚金；情节特别严重的，处三年以上七年以下有期徒刑，并处罚金。

盗伐、滥伐国家级自然保护区内的森林或者其他林木的，从重处罚。〔2020年回忆~共同犯罪、滥伐林木罪、徇私枉法罪〕

《破坏森林资源刑事案件解释》

第三条　以非法占有为目的，具有下列情形之一的，应当认定为刑法第三百四十五条第一款规定的"盗伐森林或者其他林木"：

（一）未取得采伐许可证，擅自采伐国家、集体或者他人所有的林木的；

（二）违反森林法第五十六条第三款的规定，擅自采伐国家、集体或者他人所有的林木的；

（三）在采伐许可证规定的地点以外采伐国家、集体或者他人所有的林木的。

不以非法占有为目的，违反森林法的规定，进行开垦、采石、采砂、采土或者其他活动，造成国家、集体或者他人所有的林木毁坏，符合刑法第二百七十五条规定的，以故意毁坏财物罪定罪处罚。

第四条　盗伐森林或者其他林木，涉案林木具有下列情形之一的，应当认定为刑法第三百四十五条第一款规定的"数量较大"：

（一）立木蓄积五立方米以上的；

（二）幼树二百株以上的；

(三)数量虽未分别达到第一项、第二项规定标准,但按相应比例折算合计达到有关标准的;

(四)价值二万元以上的。

实施前款规定的行为,达到第一项至第四项规定标准十倍、五十倍以上的,应当分别认定为刑法第三百四十五条第一款规定的"数量巨大"、"数量特别巨大"。

实施盗伐林木的行为,所涉林木系风倒、火烧、水毁或者林业有害生物等自然原因死亡或者严重毁损的,在决定应否追究刑事责任和裁量刑罚时,应当从严把握;情节显著轻微危害不大的,不作为犯罪处理。

第五条 具有下列情形之一的,应当认定为刑法第三百四十五条第二款规定的"滥伐森林或者其他林木":

(一)未取得采伐许可证,或者违反采伐许可证规定的时间、地点、数量、树种、方式,任意采伐本单位或者本人所有的林木的;

(二)违反森林法第五十六条第三款的规定,任意采伐本单位或者本人所有的林木的;

(三)在采伐许可证规定的地点,超过规定的数量采伐国家、集体或他人所有的林木的。

林木权属存在争议,一方未取得采伐许可证擅自砍伐的,以滥伐林木论处。

第六条 滥伐森林或者其他林木,涉案林木具有下列情形之一的,应当认定为刑法第三百四十五条第二款规定的"数量较大":

(一)立木蓄积二十立方米以上的;

(二)幼树一千株以上的;

(三)数量虽未分别达到第一项、第二项规定标准,但按相应比例折算合计达到有关标准的;

(四)价值五万元以上的。

实施前款规定的行为,达到第一项至第四项规定标准五倍以上的,应当认定为刑法第三百四十五条第二款规定的"数量巨大"。

实施滥伐林木的行为,所涉林木系风倒、火烧、水毁或者林业有害生物等自然原因死亡或者严重毁损的,一般不以犯罪论处;确有必要追究刑事责任的,应当从宽处理。

第七条 认定刑法第三百四十五条第三款规定的"明知是盗伐、滥伐的林木",应当根据涉案林木的销售价格、来源以及收购、运输行为违反有关规定等情节,结合行为人的职业要求、经历经验、前科情况等作出综合判断。

具有下列情形之一的,可以认定行为人明知是盗伐、滥伐的林木,但有相反证据或者能够作出合理解释的除外:

(一)收购明显低于市场价格出售的林木的;

(二)木材经营加工企业伪造、涂改产品或者原料出入库台账的;

(三)交易方式明显不符合正常习惯的;

(四)逃避、抗拒执法检查的;

(五)其他足以认定行为人明知的情形。

第八条 非法收购、运输明知是盗伐、滥伐的林木,具有下列情形之一的,应当认定为刑法第三百四十五条第三款规定的"情节严重":

(一)涉案林木立木蓄积二十立方米以上的;

(二)涉案幼树一千株以上的;

(三)涉案林木数量虽未分别达到第一项、第二项规定标准,但按相应比例折算合计达到有关标准的;

(四)涉案林木价值五万元以上的;

(五)其他情节严重的情形。

实施前款规定的行为,达到第一项至第四项规定标准五倍以上或者具有其他特别严重情节的,应当认定为刑法第三百四十五条第三款规定的"情节特别严重"。

第九条 多次实施本解释规定的行为,未经处理,且依法应当追诉的,数量、数额累计计算。

第十条 伪造、变造、买卖采伐许可证,森林、林地、林木权属证书以及占用或者征用林地审核同意书等国家机关批准的林业证件、文件构成犯罪的,依照刑法第二百八十条第一款的规定,以伪造、变造、买卖国家机关公文、证件罪定罪处罚。

买卖允许进出口证明书等经营许可证明,同时构成刑法第二百二十五条、第二百八十条规定之罪的,依照处罚较重的规定定罪处罚。

第十一条 下列行为,符合刑法第二百六十四条规定的,以盗窃罪定罪处罚:

(一)盗窃国家、集体或者他人所有并已经伐倒的树木的;

(二)偷砍他人在自留地或者房前屋后种植的零星树木的。

非法实施采种、采脂、掘根、剥树皮等行为,符合刑法第二百六十四条规定的,以盗窃罪论处。在决定应否追究刑事责任和裁量刑罚时,应当综合考虑涉案林木资源的损害程度以及行为人获利数额、行为动机、前科情况等情节;认为情节显著轻微危害不大的,不作为犯罪处理。

第十三条 单位犯刑法第三百四十二条、第三百四十四条、第三百四十五条规定之罪的,依照本解释规定的相应自然人犯罪的定罪量刑标准,对直接负责的主管人员和其他直接责任人员定罪处罚,并对单位判处罚金。

考点55 走私、贩卖、运输、制造毒品罪

第三百四十七条 [走私、贩卖、运输、制造毒品罪] 走私、贩卖、运输、制造毒品,无论数量多少,都应当追究刑事责任,予以刑事处罚。

走私、贩卖、运输、制造毒品,有下列情形之一的,处十五年有期徒刑、无期徒刑或者死刑,并处没收财产:

(一)走私、贩卖、运输、制造鸦片一千克以上、海洛因或者甲基苯丙胺五十克以上或者其他毒品数量大的;

(二)走私、贩卖、运输、制造毒品集团的首要分子;

(三)武装掩护走私、贩卖、运输、制造毒品的;

(四)以暴力抗拒检查、拘留、逮捕,情节严重的;

(五)参与有组织的国际贩毒活动的。

走私、贩卖、运输、制造鸦片二百克以上不满一千克、海洛因或者甲基苯丙胺十克以上不满五十克或者其他毒品数量较大的，处七年以上有期徒刑，并处罚金。

走私、贩卖、运输、制造鸦片不满二百克、海洛因或者甲基苯丙胺不满十克或者其他少量毒品的，处三年以下有期徒刑、拘役或者管制，并处罚金；情节严重的，处三年以上七年以下有期徒刑，并处罚金。

单位犯第二款、第三款、第四款罪的，对单位判处罚金，并对其直接负责的主管人员和其他直接责任人员，依照各该款的规定处罚。

利用、教唆未成年人走私、贩卖、运输、制造毒品，或者向未成年人出售毒品的，从重处罚。

对多次走私、贩卖、运输、制造毒品，未经处理的，毒品数量累计计算。

第三百五十条 [非法生产、买卖、运输制毒物品、走私制毒物品罪] 违反国家规定，非法生产、买卖、运输醋酸酐、乙醚、三氯甲烷或者其他用于制造毒品的原料、配剂，或者携带上述物品进出境，情节较重的，处三年以下有期徒刑、拘役或者管制，并处罚金；情节严重的，处三年以上七年以下有期徒刑，并处罚金；情节特别严重的，处七年以上有期徒刑，并处罚金或者没收财产。

明知他人制造毒品而为其生产、买卖、运输前款规定的物品的，以制造毒品罪的共犯论处。

单位犯前两款罪的，对单位判处罚金，并对其直接负责的主管人员和其他直接责任人员，依照前两款的规定处罚。

《刑法》

第一百五十七条 [武装掩护走私、抗拒缉私的处罚] 武装掩护走私的，依照本法第一百五十一条第一款的规定从重处罚。

[妨害公务数罪并罚] 以暴力、威胁方法抗拒缉私的，以走私罪和本法第二百七十七条规定的阻碍国家机关工作人员依法执行职务罪，依照数罪并罚的规定处罚。

第三百五十六条 [毒品再犯] 因走私、贩卖、运输、制造、非法持有毒品罪被判过刑，又犯本节规定之罪的，从重处罚。

第三百五十七条 [毒品的解释] 本法所称的毒品，是指鸦片、海洛因、甲基苯丙胺（冰毒）、吗啡、大麻、可卡因以及国家规定管制的其他能够使人形成瘾癖的麻醉药品和精神药品。

毒品的数量以查证属实的走私、贩卖、运输、制造、非法持有毒品的数量计算，不以纯度折算。

《毒品犯罪案件解释》

第三条 在实施走私、贩卖、运输、制造毒品犯罪的过程中，携带枪支、弹药或者爆炸物用于掩护的，应当认定为刑法第三百四十七条第二款第三项规定的"武装掩护走私、贩卖、运输、制造毒品"。枪支、弹药、爆炸物种类的认定，依照相关司法解释的规定执行。

在实施走私、贩卖、运输、制造毒品犯罪的过程中，以暴力抗拒检查、拘留、逮捕，造成执法人员死亡、重伤、多人轻伤或者具有其他严重情节的，应当认定为刑法第三百四十七条第二款第四项规定的"以暴力抗拒检查、拘留、逮捕，情节严重"。

第四条 走私、贩卖、运输、制造毒品，具有下列情形之一的，应当认定为刑法第三百四十七条第四款规定的"情节严重"：

（一）向多人贩卖毒品或者多次走私、贩卖、运输、制造毒品的；

（二）在戒毒场所、监管场所贩卖毒品的；

（三）向在校学生贩卖毒品的；

（四）组织、利用残疾人、严重疾病患者、怀孕或者正在哺乳自己婴儿的妇女走私、贩卖、运输、制造毒品的；

（五）国家工作人员走私、贩卖、运输、制造毒品的；

（六）其他情节严重的情形。

第十四条 利用信息网络，设立用于实施传授制造毒品、非法生产制毒物品的方法，贩卖毒品、非法买卖制毒物品或者组织他人吸食、注射毒品等违法犯罪活动的网站、通讯群组，或者发布实施前述违法犯罪活动的信息，情节严重的，应当依照刑法第二百八十七条之一的规定，以非法利用信息网络罪定罪处罚。

实施刑法第二百八十七条之一、第二百八十七条之二规定的行为，同时构成贩卖毒品罪、非法买卖制毒物品罪、传授犯罪方法罪等犯罪的，依照处罚较重的规定定罪处罚。

考点56 组织、强迫、引诱、容留、介绍卖淫罪

第三百五十八条 [组织卖淫罪；强迫卖淫罪] 组织、强迫他人卖淫的，处五年以上十年以下有期徒刑，并处罚金；情节严重的，处十年以上有期徒刑或者无期徒刑，并处罚金或者没收财产。

组织、强迫未成年人卖淫的，依照前款的规定从重处罚。

犯前两款罪，并有杀害、伤害、强奸、绑架等犯罪行为的，依照数罪并罚的规定处罚。

[协助组织卖淫罪] 为组织卖淫的人招募、运送人员或者有其他协助组织他人卖淫行为的，处五年以下有期徒刑，并处罚金；情节严重的，处五年以上十年以下有期徒刑，并处罚金。

《刑法》

第三百五十九条 [引诱、容留、介绍卖淫罪] 引诱、容留、介绍他人卖淫的，处五年以下有期徒刑、拘役或者管制，并处罚金；情节严重的，处五年以上有期徒刑，并处罚金。

[引诱幼女卖淫罪] 引诱不满十四周岁的幼女卖淫的，处五年以上有期徒刑，并处罚金。

第三百六十一条 [特殊业务人员的提示条款] 旅馆业、饮食服务业、文化娱乐业、出租汽车业等单位的人员，利用本单位的条件，组织、强迫、引诱、容留、介绍他人卖淫的，依照本法第三百五十八条、第三百五十九条的规定定罪处罚。

前款所列单位的主要负责人，犯前款罪的，从重处罚。

《组织、强迫、引诱、容留、介绍卖淫刑事案件解释》

第一条 以招募、雇佣、纠集等手段,管理或者控制他人卖淫,卖淫人员在3人以上的,应当认定为刑法第三百五十八条规定的"组织他人卖淫"。

组织卖淫者是否设置固定的卖淫场所、组织卖淫者人数多少、规模大小,不影响组织卖淫行为的认定。

第二条 组织他人卖淫,具有下列情形之一的,应当认定为刑法第三百五十八条第一款规定的"情节严重":

(一)卖淫人员累计达10人以上的;

(二)卖淫人员中未成年人、孕妇、智障人员、患有严重性病的人累计达5人以上的;

(三)组织境外人员在境内卖淫或者组织境内人员出境卖淫的;

(四)非法获利人民币100万元以上的;

(五)造成被组织卖淫的人自残、自杀或者其他严重后果的;

(六)其他情节严重的情形。

第三条 在组织卖淫犯罪活动中,对被组织卖淫的人有引诱、容留、介绍卖淫行为的,依照处罚较重的规定定罪处罚。但是,对被组织卖淫的人以外的其他人有引诱、容留、介绍卖淫行为的,应当分别定罪,实行数罪并罚。

第四条 明知他人实施组织卖淫犯罪活动而为其招募、运送人员或者充当保镖、打手、管账人等的,依照刑法第三百五十八条第四款的规定,以协助组织卖淫罪定罪处罚,不以组织卖淫罪的从犯论处。

在具有营业执照的会所、洗浴中心等经营场所担任保洁员、收银员、保安员等,从事一般服务性、劳务性工作,仅领取正常薪酬,且无前款所列协助组织卖淫行为的,不认定为协助组织卖淫罪。

第五条 协助组织他人卖淫,具有下列情形之一的,应当认定为刑法第三百五十八条第四款规定的"情节严重":

(一)招募、运送卖淫人员累计达10人以上的;

(二)招募、运送的卖淫人员中未成年人、孕妇、智障人员、患有严重性病的人累计达5人以上的;

(三)协助组织境外人员在境内卖淫或者协助组织境内人员出境卖淫的;

(四)非法获利人民币50万元以上的;

(五)造成被招募、运送或者被组织卖淫的人自残、自杀或者其他严重后果的;

(六)其他情节严重的情形。

第六条 强迫他人卖淫,具有下列情形之一的,应当认定为刑法第三百五十八条第一款规定的"情节严重":

(一)卖淫人员累计达5人以上的;

(二)卖淫人员中未成年人、孕妇、智障人员、患有严重性病的人累计达3人以上的;

(三)强迫不满14周岁的幼女卖淫的;

(四)造成被强迫卖淫的人自残、自杀或者其他严重后果的;

(五)其他情节严重的情形。

行为人既有组织卖淫犯罪行为,又有强迫卖淫行为,且具有下列情形之一的,以组织、强迫卖淫"情节严重"论处:

(一)组织卖淫、强迫卖淫行为中具有本解释第二条、本条前款规定的"情节严重"情形之一的;

(二)卖淫人员累计达到本解释第二条第一、二项规定的组织卖淫"情节严重"人数标准的;

(三)非法获利数额相加达到本解释第二条第四项规定的组织卖淫"情节严重"数额标准的。

第七条 根据刑法第三百五十八条第三款的规定,犯组织、强迫卖淫罪,并有杀害、伤害、强奸、绑架等犯罪行为的,依照数罪并罚的规定处罚。协助组织卖淫行为人参与实施上述行为的,以共同犯罪论处。

根据刑法第三百五十八条第二款的规定,组织、强迫未成年人卖淫的,应当从重处罚。

第八条 引诱、容留、介绍他人卖淫,具有下列情形之一的,应当依照刑法第三百五十九条第一款的规定定罪处罚:

(一)引诱他人卖淫的;

(二)容留、介绍2人以上卖淫的;

(三)容留、介绍未成年人、孕妇、智障人员、患有严重性病的人卖淫的;

(四)1年内曾因引诱、容留、介绍卖淫行为被行政处罚,又实施容留、介绍卖淫行为的;

(五)非法获利人民币1万元以上的。

利用信息网络发布招嫖违法信息,情节严重的,依照刑法第二百八十七条之一的规定,以非法利用信息网络罪定罪处罚。同时构成介绍卖淫罪的,依照处罚较重的规定定罪处罚。

引诱、容留、介绍他人卖淫是否以营利为目的,不影响犯罪的成立。

引诱不满14周岁的幼女卖淫的,依照刑法第三百五十九条第二款的规定,以引诱幼女卖淫罪定罪处罚。

被引诱卖淫的人员中既有不满14周岁的幼女,又有其他人员的,分别以引诱幼女卖淫罪和引诱卖淫罪定罪,实行并罚。

第九条 引诱、容留、介绍他人卖淫,具有下列情形之一的,应当认定为刑法第三百五十九条第一款规定的"情节严重":

(一)引诱5人以上或者引诱、容留、介绍10人以上卖淫的;

(二)引诱3人以上的未成年人、孕妇、智障人员、患有严重性病的人卖淫,或者引诱、容留、介绍5人以上该类人员卖淫的;

(三)非法获利人民币5万元以上的;

(四)其他情节严重的情形。

专题十九 贪污贿赂罪

考点58 贪污罪

第三百八十二条 [贪污罪] 国家工作人员利用职务上的便利,侵吞、窃取、骗取或者以其他手段非法占有公财物的,是贪污罪。

受国家机关、国有公司、企业、事业单位、人民团体委托管理、经营国有财产的人员,利用职务上的便利,侵吞、窃取、骗取或者以其他手段非法占有国有财物的,以贪污论。

与前两款所列人员勾结,伙同贪污的,以共犯论处。

[2014年真题~贪污罪;共同犯罪、从犯、贪污罪;2012年真题~贪污罪]

第三百八十三条 [对犯贪污罪的处罚规定]对犯贪污罪的,根据情节轻重,分别依下列规定处罚:

(一)贪污数额较大或者有其他较重情节的,处三年以下有期徒刑或者拘役,并处罚金。

(二)贪污数额巨大或者有其他严重情节的,处三年以上十年以下有期徒刑,并处罚金或者没收财产。

(三)贪污数额特别巨大或者有其他特别严重情节的,处十年以上有期徒刑或者无期徒刑,并处罚金或者没收财产;数额特别巨大,并使国家和人民利益遭受特别重大损失的,处无期徒刑或者死刑,并处没收财产。

对多次贪污未经处理的,按照累计贪污数额处罚。

犯第一款罪,在提起公诉前如实供述自己罪行、真诚悔罪、积极退赃,避免、减少损害结果的发生,有第一项规定情形的,可以从轻、减轻或者免除处罚;有第二项、第三项规定情形的,可以从轻处罚。

犯第一款罪,有第三项规定情形被判处死刑缓期执行的,人民法院根据犯罪情节等情况可以同时决定在其死刑缓期执行二年期满依法减为无期徒刑后,终身监禁,不得减刑、假释。

第三百九十四条 [贪污罪]国家工作人员在国内公务活动或者对外交往中接受礼物,依照国家规定应当交公而不交公,数额较大的,依照本法第三百八十二条、第三百八十三条的规定定罪处罚。

《刑法》

第九十一条 [公共财产的范围]本法所称公共财产,是指下列财产:

(一)国有财产;

(二)劳动群众集体所有的财产;

(三)用于扶贫和其他公益事业的社会捐助或者专项基金的财产。

在国家机关、国有公司、企业、集体企业和人民团体管理、使用或者运输中的私人财产,以公共财产论。

第九十三条 [国家工作人员的范围]本法所称国家工作人员,是指国家机关中从事公务的人员。

国有公司、企业、事业单位、人民团体中从事公务的人员和国家机关、国有公司、企业、事业单位委派到非国有公司、企业、事业单位、社会团体从事公务的人员,以及其他依照法律从事公务的人员,以国家工作人员论。

第一百八十三条第二款 [贪污罪的提示条款]国有保险公司工作人员和国有保险公司委派到非国有保险公司从事公务的人员有前款行为的,依照本法第三百八十二条、第三百八十三条的规定定罪处罚。

第二百七十一条第二款 [贪污罪的提示条款]国有公司、企业或者其他国有单位中从事公务的人员和国有公司、企业或者其他国有单位委派到非国有公司、企业以及其他单位从事公务的人员有前款行为的,依照本法第三百八十二条、第三百八十三条的规定定罪处罚。

《贪污贿赂刑事案件解释》

第一条 贪污或者受贿数额在三万元以上不满二十万元的,应当认定为刑法第三百八十三条第一款规定的"数额较大",依法判处三年以下有期徒刑或者拘役,并处罚金。

贪污数额在一万元以上不满三万元,具有下列情形之一的,应当认定为刑法第三百八十三条第一款规定的"其他较重情节",依法判处三年以下有期徒刑或者拘役,并处罚金:

(一)贪污救灾、抢险、防汛、优抚、扶贫、移民、救济、防疫、社会捐助等特定款物的;

(二)曾因贪污、受贿、挪用公款受过党纪、行政处分的;

(三)曾因故意犯罪受过刑事追究的;

(四)赃款赃物用于非法活动的;

(五)拒不交待赃款赃物去向或者拒不配合追缴工作,致使无法追缴的;

(六)造成恶劣影响或者其他严重后果的。

受贿数额在一万元以上不满三万元,具有前款第二项至第六项规定的情形之一,或者具有下列情形之一的,应当认定为刑法第三百八十三条第一款规定的"其他较重情节",依法判处三年以下有期徒刑或者拘役,并处罚金:

(一)多次索贿的;

(二)为他人谋取不正当利益,致使公共财产、国家和人民利益遭受损失的;

(三)为他人谋取职务提拔、调整的。

第二条 贪污或者受贿数额在二十万元以上不满三百万元的,应当认定为刑法第三百八十三条第一款规定的"数额巨大",依法判处三年以上十年以下有期徒刑,并处罚金或者没收财产。

贪污数额在十万元以上不满二十万元,具有本解释第一条第二款规定的情形之一的,应当认定为刑法第三百八十三条第一款规定的"其他严重情节",依法判处三年以上十年以下有期徒刑,并处罚金或者没收财产。

受贿数额在十万元以上不满二十万元,具有本解释第一条第三款规定的情形之一的,应当认定为刑法第三百八十三条第一款规定的"其他严重情节",依法判处三年以上十年以下有期徒刑,并处罚金或者没收财产。

第三条 贪污或者受贿数额在三百万元以上的,应当认定为刑法第三百八十三条第一款规定的"数额特别巨大",依法判处十年以上有期徒刑、无期徒刑或者死刑,并处罚金或者没收财产。

贪污数额在一百五十万元以上不满三百万元,具有本解释第一条第二款规定的情形之一的,应当认定为刑法第三百八十三条第一款规定的"其他特别严重情节",依法判处十年以上有期徒刑或者死刑,并处罚金或者没收财产。

受贿数额在一百五十万元以上不满三百万元,具有本解释第一条第三款规定的情形之一的,应当认定为刑法第三百八十三条第一款规定的"其他特别严重情节",依法判处十年以上有期徒刑、无期徒刑或者死刑,并处罚金或者没收财产。

第四条 贪污、受贿数额特别巨大,犯罪情节特别严重、社会影响特别恶劣、给国家和人民利益造成特别重大损失的,可以判处死刑。

符合前款规定的情形,但具有自首、立功,如实供述自己罪行、真诚悔罪、积极退赃,或者避免、减少损害结果的发生等情节,不是必须立即执行的,可以判处死刑缓期二年执行。

符合第一款规定情形的,根据犯罪情节等情况可以判处死刑缓期二年执行,同时裁判决定在其死刑缓期执行二年期满依法减为无期徒刑后,终身监禁,不得减刑、假释。

考点59 挪用公款罪

第三百八十四条 [挪用公款罪]国家工作人员利用职务上的便利,挪用公款归个人使用,进行非法活动的,或者挪用公款数额较大、进行营利活动的,或者挪用公款数额较大、超过三个月未还的,是挪用公款罪,处五年以下有期徒刑或者拘役;情节严重的,处五年以上有期徒刑。挪用公款数额巨大不退还的,处十年以上有期徒刑或者无期徒刑。

挪用用于救灾、抢险、防汛、优抚、扶贫、移民、救济款物归个人使用的,从重处罚。[2010年真题~挪用公款罪]

《刑法》

第一百八十五条第二款 [挪用公款罪的提示条款]国有商业银行、证券交易所、期货交易所、证券公司、期货经纪公司、保险公司或者其他国有金融机构的工作人员和国有商业银行、证券交易所、期货交易所、证券公司、期货经纪公司、保险公司或者其他国有金融机构委派到前款规定中的非国有机构从事公务的人员有前款行为的,依照本法第三百八十四条的规定定罪处罚。

第二百七十二条第二款 [挪用公款罪的提示条款]国有公司、企业或者其他国有单位中从事公务的人员和国有公司、企业或者其他国有单位委派到非国有公司、企业以及其他单位从事公务的人员有前款行为的,依照本法第三百八十四条的规定定罪处罚。

《挪用公款案件解释》

第一条 刑法第三百八十四条规定的"挪用公款归个人使用",包括挪用者本人使用或者给他人使用。

挪用公款给私有公司、私有企业使用的,属于挪用公款归个人使用。

第二条 对挪用公款罪,应区分三种不同情况予以认定:

(一)挪用公款归个人使用,数额较大、超过三个月未还的,构成挪用公款罪。

挪用正在生息或者需要支付利息的公款归个人使用,数额较大,超过三个月但在案发前全部归还本金的,可以从轻处罚或者免除处罚。给国家、集体造成的利息损失应予追缴。挪用公款数额巨大,超过三个月,案发前全部归还的,可以酌情从轻处罚。

(二)挪用公款数额较大,归个人进行营利活动的,构成挪用公款罪,不受挪用时间和是否归还的限制。在案发前部分或者全部归还本息的,可以从轻处罚;情节轻微的,可以免除处罚。

挪用公款存入银行、用于集资、购买股票、国债等,属于挪用公款进行营利活动。所获取的利息、收益等违法所得,应当追缴,但不计入挪用公款的数额。

(三)挪用公款归个人使用,进行赌博、走私等非法活动的,构成挪用公款罪,不受"数额较大"和挪用时间的限制。

挪用公款给他人使用,不知道使用人公款进行营利活动或者用于非法进行营利活动或者用于非法活动,数额较大、超过三个月未还的,构成挪用公款罪;明知使用人用于营利活动或者非法活动的,应当认定为挪用人挪用公款进行营利活动或者非法活动。

第四条 多次挪用公款不还,挪用公款数额累计计算;多次挪用公款,并以后次挪用的公款归还前次挪用的公款,挪用公款数额以案发时未还的实际数额认定。

第五条 "挪用公款数额巨大不退还的",是指挪用公款数额巨大,因客观原因在一审宣判前不能退还的。

第六条 携带挪用的公款潜逃的,依照刑法第三百八十二条、第三百八十三条的规定定罪处罚。

第七条 因挪用公款索取、收受贿赂构成犯罪的,依照数罪并罚的规定处罚。

挪用公款进行非法活动构成其他犯罪的,依照数罪并罚的规定处罚。

第八条 挪用公款给他人使用,使用人与挪用人共谋,指使或者参与策划取得挪用款的,以挪用公款罪的共犯定罪处罚。

《刑法第384条第1款的解释》

有下列情形之一的,属于挪用公款"归个人使用":

(一)将公款供本人、亲友或者其他自然人使用的;

(二)以个人名义将公款供其他单位使用的;

(三)个人决定以单位名义将公款供其他单位使用,谋取个人利益的。

《贪污贿赂刑事案件解释》

第五条 挪用公款归个人使用,进行非法活动,数额在三万元以上的,应当依照刑法第三百八十四条的规定以挪用公款罪追究刑事责任;数额在三百万元以上的,应当认定为刑法第三百八十四条第一款规定的"数额巨大"。具有下列情形之一的,应当认定为刑法第三百八十四条第一款规定的"情节严重":

(一)挪用公款数额在一百万元以上的;

(二)挪用救灾、抢险、防汛、优抚、扶贫、移民、救济特定款物,数额在五十万元以上不满一百万元的;

(三)挪用公款不退还,数额在五十万元以上不满一

（四）其他严重的情节。

第六条 挪用公款归个人使用，进行营利活动或者超过三个月未还，数额在五万元以上的，应当认定为刑法第三百八十四条第一款规定的"数额较大"；数额在五百万元以上的，应当认定为刑法第三百八十四条第一款规定的"数额巨大"。具有下列情形之一的，应当认定为刑法第三百八十四条第一款规定的"情节严重"：

（一）挪用公款数额在二百万元以上的；

（二）挪用救灾、抢险、防汛、优抚、扶贫、移民、救济特定款物，数额在一百万元以上不满二百万元的；

（三）挪用公款不退还，数额在一百万元以上不满二百万元的；

（四）其他严重的情节。

考点60 贿赂类犯罪

(一)受贿犯罪

第三百八十五条 [受贿罪]国家工作人员利用职务上的便利，索取他人财物的，或者非法收受他人财物，为他人谋取利益的，是受贿罪。

[经济受贿]国家工作人员在经济往来中，违反国家规定，收受各种名义的回扣、手续费，归个人所有的，以受贿论处。〔2014年真题～为亲友非法牟利罪、受贿罪；从犯、受贿罪；2012年真题～共犯、受贿罪〕

第三百八十六条 [对犯受贿罪的处罚规定]对犯受贿罪的，根据受贿所得数额及情节，依照本法第三百八十三条的规定处罚。索贿的从重处罚。

第三百八十八条 [斡旋型受贿罪]国家工作人员利用本人职权或者地位形成的便利条件，通过其他国家工作人员职务上的行为，为请托人谋取不正当利益，索取请托人财物或者收受请托人财物的，以受贿论处。〔2023年回忆～斡旋受贿；2019年回忆～斡旋受贿〕

第三百八十八条之一 [利用影响力受贿罪]国家工作人员的近亲属或者其他与该国家工作人员关系密切的人，通过该国家工作人员职务上的行为，或者利用该国家工作人员职权或者地位形成的便利条件，通过其他国家工作人员职务上的行为，为请托人谋取不正当利益，索取请托人财物或者收受请托人财物，数额较大或者有其他较重情节的，处三年以下有期徒刑或者拘役，并处罚金；数额巨大或者有其他严重情节的，处三年以上七年以下有期徒刑，并处罚金；数额特别巨大或者有其他特别严重情节的，处七年以上有期徒刑，并处罚金或者没收财产。

离职的国家工作人员或者其近亲属以及其他与其关系密切的人，利用该离职的国家工作人员原职权或者地位形成的便利条件实施前款行为的，依照前款的规定定罪处罚。〔2013年真题～介绍贿赂罪、利用影响力受贿罪〕

《刑法》

第一百六十三条 [非国家工作人员受贿罪]公司、企业或者其他单位的工作人员，利用职务上的便利，索取他人财物或者非法收受他人财物，为他人谋取利益，数额较大的，处三年以下有期徒刑或者拘役，并处罚金；数额巨大或者有其他严重情节的，处三年以上十年以下有期徒刑，并处罚金；数额特别巨大或者有其他特别严重情节的，处十年以上有期徒刑或者无期徒刑，并处罚金。

公司、企业或者其他单位的工作人员在经济往来中，利用职务上的便利，违反国家规定，收受各种名义的回扣、手续费，归个人所有的，依照前款的规定处罚。

[受贿罪]国有公司、企业或者其他国有单位中从事公务的人员和国有公司、企业或者其他国有单位委派到非国有公司、企业以及其他单位从事公务的人员有前两款行为的，依照本法第三百八十五条、第三百八十六条的规定定罪处罚。〔2012年真题～非国家工作人员受贿罪〕

第一百六十六条 [为亲友非法牟利罪]国有公司、企业、事业单位的工作人员，利用职务便利，有下列情形之一，致使国家利益遭受重大损失的，处三年以下有期徒刑或者拘役，并处或者单处罚金；致使国家利益遭受特别重大损失的，处三年以上七年以下有期徒刑，并处罚金：

（一）将本单位的盈利业务交由自己的亲友进行经营的；

（二）以明显高于市场的价格从自己的亲友经营管理的单位采购商品、接受服务或者以明显低于市场的价格向自己的亲友经营管理的单位销售商品、提供服务的；

（三）从自己的亲友经营管理的单位采购、接受不合格商品、服务的。

其他公司、企业的工作人员违反法律、行政法规规定，实施前款行为，致使公司、企业利益遭受重大损失的，依照前款的规定处罚。〔2014年真题～为亲友非法牟利罪、受贿罪〕

第一百八十四条第二款 [受贿罪的提示条款]国有金融机构工作人员和国有金融机构委派到非国有金融机构从事公务的人员有前款行为的，依照本法第三百八十五条、第三百八十六条的规定定罪处罚。

《贪污贿赂刑事案件解释》

第十二条 贿赂犯罪中的"财物"，包括货币、物品和财产性利益。财产性利益包括可以折算为货币的物质利益如房屋装修、债务免除等，以及需要支付货币的其他利益如会员服务、旅游等。后者的犯罪数额，以实际支付或者应当支付的数额计算。

第十三条 具有下列情形之一的，应当认定为"为他人谋取利益"，构成犯罪的，应当依照刑法关于受贿犯罪的规定定罪处罚：

（一）实际或者承诺为他人谋取利益的；

（二）明知他人有具体请托事项的；

（三）履职时未被请托，但事后基于该履职事由收受他人财物的。

国家工作人员索取、收受具有上下级关系的下属或具有行政管理关系的被管理人员的财物价值3万元以上，可能影响职权行使的，视为承诺为他人谋取利益。

第十五条 对多次受贿未经处理的，累计计算受贿数额。

国家工作人员利用职务上的便利为请托人谋取利益前后多次收受请托人财物，受请托之前收受的财物数额在一万元以上的，应当一并计入受贿数额。

第十六条　国家工作人员出于贪污、受贿的故意，非法占有公共财物、收受他人财物之后，将赃款赃物用于单位公务支出或者社会捐赠的，不影响贪污罪、受贿罪的认定，但量刑时可以酌情考虑。

特定关系人索取、收受他人财物，国家工作人员知道后未退还或者上交的，应当认定国家工作人员具有受贿故意。

第十七条　国家工作人员利用职务上的便利，收受他人财物，为他人谋取利益，同时构成受贿罪和刑法分则第三章第三节、第九章规定的渎职犯罪的，除刑法另有规定外，以受贿罪和渎职犯罪数罪并罚。

第十八条　贪污贿赂犯罪分子违法所得的一切财物，应当依照刑法第六十四条的规定予以追缴或者责令退赔，对被害人的合法财产应当及时返还。对尚未追缴到案或者尚未足额退赔的违法所得，应当继续追缴或者责令退赔。

第十九条　对贪污罪、受贿罪判处三年以下有期徒刑或者拘役的，应当并处十万元以上五十万元以下的罚金；判处三年以上十年以下有期徒刑的，应当并处二十万元以上犯罪数额二倍以下的罚金或者没收财产；判处十年以上有期徒刑或者无期徒刑的，应当并处五十万元以上犯罪数额二倍以下的罚金或者没收财产。

对刑法规定并处罚金的其他贪污贿赂犯罪，应当在十万元以上犯罪数额二倍以下判处罚金。

《办理受贿刑事案件的意见》

一、关于以交易形式收受贿赂问题

国家工作人员利用职务上的便利为请托人谋取利益，以下列交易形式收受请托人财物的，以受贿论处：

（1）以明显低于市场的价格向请托人购买房屋、汽车等物品的；

（2）以明显高于市场的价格向请托人出售房屋、汽车等物品的；

（3）以其他交易形式非法收受请托人财物的。

受贿数额按照交易时当地市场价格与实际支付价格的差额计算。

前款所列市场价格包括商品经营者事先设定的不针对特定人的最低优惠价格。根据商品经营者事先设定的各种优惠交易条件，以优惠价格购买商品的，不属于受贿。

二、关于收受干股问题

干股是指未出资而获得的股份。国家工作人员利用职务上的便利为请托人谋取利益，收受请托人提供的干股的，以受贿论处。进行了股权转让登记，或者相关证据证明股份发生了实际转让的，受贿数额按转让行为时股份价值计算，所分红利按受贿孳息处理。股份未实际转让，以股份分红名义获取利益的，实际获利数额应当认定为受贿数额。

三、关于以开办公司等合作投资名义收受贿赂问题

国家工作人员利用职务上的便利为请托人谋取利益，由请托人出资，"合作"开办公司或者进行其他"合作"投资的，以受贿论处。受贿数额为请托人给国家工作人员的出资额。

国家工作人员利用职务上的便利为请托人谋取利益，以合作开办公司或者其他合作投资的名义获取"利润"，没有实际出资和参与管理、经营的，以受贿论处。

四、关于以委托请托人投资证券、期货或者其他委托理财的名义收受贿赂问题

国家工作人员利用职务上的便利为请托人谋取利益，以委托请托人投资证券、期货或者其他委托理财的名义，未实际出资而获取"收益"，或者虽然实际出资，但获取"收益"明显高于出资应得收益的，以受贿论处。受贿数额，前一情形，以"收益"额计算；后一情形，以"收益"额与出资应得收益的差额计算。

五、关于以赌博形式收受贿赂的认定问题

根据《最高人民法院、最高人民检察院关于办理赌博刑事案件具体应用法律若干问题的解释》第七条规定，国家工作人员利用职务上的便利为请托人谋取利益，通过赌博方式收受请托人财物的，构成受贿。

实践中应注意区分贿赂与赌博活动、娱乐活动的界限。具体认定时，主要应当结合以下因素进行判断：（1）赌博的背景、场合、时间、次数；（2）赌资来源；（3）其他赌博参与者有无事先通谋；（4）输赢钱物的具体情况和金额大小。

六、关于特定关系人"挂名"领取薪酬问题

国家工作人员利用职务上的便利为请托人谋取利益，要求或者接受请托人以给特定关系人安排工作为名，使特定关系人不实际工作却获取所谓薪酬的，以受贿论处。

七、关于由特定关系人收受贿赂问题

国家工作人员利用职务上的便利为请托人谋取利益，授意请托人以本意见所列形式，将有关财物给予特定关系人的，以受贿论处。

特定关系人与国家工作人员通谋，共同实施前款行为的，对特定关系人以受贿罪的共犯论处。特定关系人以外的其他人与国家工作人员通谋，由国家工作人员利用职务上的便利为请托人谋取利益，收受请托人财物后双方共同占有的，以受贿罪的共犯论处。

八、关于收受贿赂物品未办理权属变更问题

国家工作人员利用职务上的便利为请托人谋取利益，收受请托人房屋、汽车等物品，未变更权属登记或者借用他人名义办理权属变更登记的，不影响受贿的认定。

认定以房屋、汽车等物品为对象的受贿，应注意与借用的区分。具体认定时，除双方交代或者书面协议之外，主要应当结合以下因素进行判断：（1）有无借用的合理事由；（2）是否实际使用；（3）借用时间的长短；（4）有无归还的条件；（5）有无归还的意思表示及行为。

九、关于收受财物后退还或者上交问题

国家工作人员收受请托人财物后及时退还或者上交的，不是受贿。

国家工作人员受贿后，因自身或者与其受贿有关联的人、事被查处，为掩饰犯罪而退还或者上交的，不影响认定受贿罪。

十、关于在职时为请托人谋利,离职后收受财物问题

国家工作人员利用职务上的便利为请托人谋取利益之前或者之后,约定在其离职后收受请托人财物,并在离职后收受的,以受贿论处。

国家工作人员利用职务上的便利为请托人谋取利益,离职前后连续收受请托人财物的,离职前后收受部分均应计入受贿数额。

十一、关于"特定关系人"的范围

本意见所称"特定关系人",是指与国家工作人员有近亲属、情妇(夫)以及其他共同利益关系的人。

《国家工作人员利用职务上的便利为他人谋取利益退休后收受财物行为如何处理问题的批复》

国家工作人员利用职务上的便利为请托人谋取利益,并与请托人事先约定,在其离退休后收受请托人财物,构成犯罪的,以受贿罪定罪处罚。

(二)行贿犯罪

第三百八十九条 [行贿罪]为谋取不正当利益,给予国家工作人员以财物的,是行贿罪。

在经济往来中,违反国家规定,给予国家工作人员以财物,数额较大的,或者违反国家规定,给予国家工作人员以各种名义的回扣、手续费的,以行贿论处。

因被勒索给予国家工作人员以财物,没有获得不正当利益的,不是行贿。〔2023年回忆~行贿罪;2020年回忆~行贿罪、诈骗罪;2019年回忆~自首、立功、行贿罪;2014年真题~行贿罪〕

第三百九十条 [对行贿罪的处罚]对犯行贿罪的,处三年以下有期徒刑或者拘役,并处罚金;因行贿谋取不正当利益,情节严重的,或者使国家利益遭受重大损失的,处三年以上十年以下有期徒刑,并处罚金;情节特别严重的,或者使国家利益遭受特别重大损失的,处十年以上有期徒刑或者无期徒刑,并处罚金或者没收财产。

有下列情形之一的,从重处罚:

(一)多次行贿或者向多人行贿的;

(二)国家工作人员行贿的;

(三)在国家重点工程、重大项目中行贿的;

(四)为谋取职务、职级晋升、调整行贿的;

(五)对监察、行政执法、司法工作人员行贿的;

(六)在生态环境、财政金融、安全生产、食品药品、防灾救灾、社会保障、教育、医疗等领域行贿,实施违法犯罪活动的;

(七)将违法所得用于行贿的。

行贿人在被追诉前主动交待行贿行为的,可以从轻或者减轻处罚。其中,犯罪较轻的,对调查突破、侦破重大案件起关键作用的,或者有重大立功表现的,可以减轻或者免除处罚。

第三百九十条之一 [对有影响力的人行贿罪]为谋取不正当利益,向国家工作人员的近亲属或者其他与该国家工作人员关系密切的人,或者向离职的国家工作人员或其近亲属以及其他与其关系密切的人行贿的,处三年以下有期徒刑或者拘役,并处罚金;情节严重的,或者使国家利益遭受重大损失的,处三年以上七年以下有期徒刑,并处罚金;情节特别严重的,或者使国家利益遭受特别重大损失的,处七年以上十年以下有期徒刑,并处罚金。

单位犯前款罪的,对单位判处罚金,并对其直接负责的主管人员和其他直接责任人员,处三年以下有期徒刑或者拘役,并处罚金。

第三百九十一条 [对单位行贿罪]为谋取不正当利益,给予国家机关、国有公司、企业、事业单位、人民团体以财物的,或者在经济往来中,违反国家规定,给予各种名义的回扣、手续费的,处三年以下有期徒刑或者拘役,并处罚金;情节严重的,处三年以上七年以下有期徒刑,并处罚金。

单位犯前款罪的,对单位判处罚金,并对其直接负责的主管人员和其他直接责任人员,依照前款的规定处罚。

第三百九十二条 [介绍贿赂罪]向国家工作人员介绍贿赂,情节严重的,处三年以下有期徒刑或者拘役,并处罚金。

介绍贿赂人在被追诉前主动交待介绍贿赂行为的,可以减轻处罚或者免除处罚。〔2013年真题~介绍贿赂罪、利用影响力受贿罪〕

第三百九十三条 [单位行贿罪;行贿罪]单位为谋取不正当利益而行贿,或者违反国家规定,给予国家工作人员以回扣、手续费,情节严重的,对单位判处罚金,并对其直接负责的主管人员和其他直接责任人员,处三年以下有期徒刑或者拘役,并处罚金;情节特别严重的,处三年以上十年以下有期徒刑,并处罚金。因行贿取得的违法所得归个人所有的,依照本法第三百八十九条、第三百九十条的规定定罪处罚。

《行贿刑事案件解释》

第一条 为谋取不正当利益,向国家工作人员行贿,数额在一万元以上的,应当依照刑法第三百九十条的规定追究刑事责任。

第二条 因行贿谋取不正当利益,具有下列情形之一的,应当认定为刑法第三百九十条第一款规定的"情节严重":

(一)行贿数额在二十万元以上不满一百万元的;

(二)行贿数额在十万元以上不满二十万元,并具有下列情形之一的:

1.向三人以上行贿的;

2.将违法所得用于行贿的;

3.为实施违法犯罪活动,向负有食品、药品、安全生产、环境保护等监督管理职责的国家工作人员行贿,严重危害民生、侵犯公众生命财产安全的;

4.向行政执法机关、司法机关的国家工作人员行贿,影响行政执法和司法公正的;

(三)其他情节严重的情形。

第三条 因行贿谋取不正当利益,造成直接经济损失数额在一百万元以上的,应当认定为刑法第三百九十条第一款规定的"使国家利益遭受重大损失"。

第四条 因行贿谋取不正当利益,具有下列情形之一的,应当认定为刑法第三百九十条第一款规定的"情节

特别严重"：
（一）行贿数额在一百万元以上的；
（二）行贿数额在五十万元以上不满一百万元，并具有下列情形之一的：
1.向三人以上行贿的；
2.将违法所得用于行贿的；
3.为实施违法犯罪活动，向负有食品、药品、安全生产、环境保护等监督管理职责的国家工作人员行贿，严重危害民生、侵犯公众生命财产安全的；
4.向行政执法机关、司法机关的国家工作人员行贿，影响行政执法和司法公正的；
（三）造成直接经济损失数额在五百万元以上的；
（四）其他情节特别严重的情形。

第五条　多次行贿未经处理的，按照累计行贿数额处罚。

第六条　行贿人谋取不正当利益的行为构成犯罪的，应当与行贿犯罪实行数罪并罚。

第七条　因行贿人在被追诉前主动交待行贿行为而破获相关受贿案件的，对行贿人不适用刑法第六十八条关于立功的规定，依照刑法第三百九十条第二款的规定，可以减轻或者免除处罚。

单位行贿的，在被追诉前，单位集体决定或者单位负责人决定主动交待单位行贿行为的，依照刑法第三百九十条第二款的规定，对单位及相关责任人员可以减轻处罚或者免除处罚；受委托直接办理单位行贿事项的直接责任人员在被追诉前主动交待自己知道的单位行贿行为的，对直接责任人员可以依照刑法第三百九十条第二款的规定减轻处罚或者免除处罚。

第八条　行贿人被追诉后如实供述自己罪行的，依照刑法第六十七条第三款的规定，可以从轻处罚；因其如实供述自己罪行，避免特别严重后果发生的，可以减轻处罚。

第九条　行贿人揭发受贿人与其行贿无关的其他犯罪行为，查证属实的，依照刑法第六十八条关于立功的规定，可以从轻、减轻或者免除处罚。

第十条　实施行贿犯罪，具有下列情形之一的，一般不适用缓刑和免予刑事处罚：
（一）向三人以上行贿的；
（二）因行贿受过行政处罚或者刑事处罚的；
（三）为实施违法犯罪活动而行贿的；
（四）造成严重危害后果的；
（五）其他不适用缓刑和免予刑事处罚的情形。

具有刑法第三百九十条第二款规定的情形的，不受前款规定的限制。

第十一条　行贿犯罪取得的不正当财产性利益应当依照刑法第六十四条的规定予以追缴、责令退赔或者返还被害人。

因行贿犯罪取得财产性利益以外的经营资格、资质或者职务晋升等其他不正当利益，建议有关部门依照相关规定予以处理。

第十二条　行贿犯罪中的"谋取不正当利益"，是指行贿人谋取的利益违反法律、法规、规章、政策规定，或者要求国家工作人员违反法律、法规、规章、行业规范的规定，为自己提供帮助或者方便条件。

违背公平、公正原则，在经济、组织人事管理等活动中，谋取竞争优势的，应当认定为"谋取不正当利益"。

第十三条　刑法第三百九十条第二款规定的"被追诉前"，是指检察机关对行贿人的行贿行为刑事立案前。

《贪污贿赂刑事案件解释》

第七条　为谋取不正当利益，向国家工作人员行贿，数额在三万元以上的，应当依照刑法第三百九十条的规定以行贿罪追究刑事责任。

行贿数额在一万元以上不满三万元，具有下列情形之一的，应当依照刑法第三百九十条的规定以行贿罪追究刑事责任：
（一）向三人以上行贿的；
（二）将违法所得用于行贿的；
（三）通过行贿谋取职务提拔、调整的；
（四）向负有食品、药品、安全生产、环境保护等监督管理职责的国家工作人员行贿，实施非法活动的；
（五）向司法工作人员行贿，影响司法公正的；
（六）造成经济损失数额在五十万元以上不满一百万元的。

第八条　犯行贿罪，具有下列情形之一的，应当认定为刑法第三百九十条第一款规定的"情节严重"：
（一）行贿数额在一百万元以上不满五百万元的；
（二）行贿数额在五十万元以上不满一百万元，并具有本解释第七条第二款第一项至第五项规定的情形之一的；
（三）其他严重的情节。

为谋取不正当利益，向国家工作人员行贿，造成经济损失数额在一百万元以上不满五百万元的，应当认定为刑法第三百九十条第一款规定的"使国家利益遭受重大损失"。

第九条　犯行贿罪，具有下列情形之一的，应当认定为刑法第三百九十条第一款规定的"情节特别严重"：
（一）行贿数额在五百万元以上的；
（二）行贿数额在二百五十万元以上不满五百万元，并具有本解释第七条第二款第一项至第五项规定的情形之一的；
（三）其他特别严重的情节。

为谋取不正当利益，向国家工作人员行贿，造成经济损失数额在五百万元以上的，应当认定为刑法第三百九十条第一款规定的"使国家利益遭受特别重大损失"。

第十条　刑法第三百八十八条之一规定的利用影响力受贿罪的定罪量刑适用标准，参照本解释关于受贿罪的规定执行。

刑法第三百九十条之一规定的对有影响力的人行贿罪的定罪量刑适用标准，参照本解释关于行贿罪的规定执行。

单位对有影响力的人行贿数额在二十万元以上的，应当依照刑法第三百九十条之一的规定以对有影响力的人行贿罪追究刑事责任。

专题二十 渎职罪

考点62 渎职罪

(一)滥用职权罪、玩忽职守罪

第三百九十七条 [滥用职权罪;玩忽职守罪]国家机关工作人员滥用职权或者玩忽职守,致使公共财产、国家和人民利益遭受重大损失的,处三年以下有期徒刑或者拘役;情节特别严重的,处三年以上七年以下有期徒刑。本法另有规定的,依照规定。

国家机关工作人员徇私舞弊,犯前款罪的,处五年以下有期徒刑或者拘役;情节特别严重的,处五年以上十年以下有期徒刑。本法另有规定的,依照规定。

《渎职刑事案件解释(一)》

第二条 国家机关工作人员实施滥用职权或者玩忽职守犯罪行为,触犯刑法分则第九章第三百九十八条至第四百一十九条规定的,依照该规定定罪处罚。

国家机关工作人员滥用职权或者玩忽职守,因不具备徇私舞弊等情形,不符合刑法分则第九章第三百九十八条至第四百一十九条的规定,但依法构成第三百九十七条规定的犯罪的,以滥用职权罪或者玩忽职守罪定罪处罚。

第三条 国家机关工作人员实施渎职犯罪并收受贿赂,同时构成受贿罪的,除刑法另有规定外,以渎职犯罪和受贿罪数罪并罚。

第四条 国家机关工作人员实施渎职行为,放纵他人犯罪或者帮助他人逃避刑事处罚,构成犯罪的,依照渎职罪的规定定罪处罚。

国家机关工作人员与他人共谋,利用其职务行为帮助他人实施其他犯罪行为,同时构成渎职犯罪和共谋实施的其他犯罪共犯的,依照处罚较重的规定定罪处罚。

国家机关工作人员与他人共谋,既利用其职务行为帮助他人实施其他犯罪,又以非职务行为与他人共同实施该其他犯罪行为,同时构成渎职犯罪和其他犯罪的共犯的,依照数罪并罚的规定定罪处罚。

第五条 国家机关负责人员违法决定,或者指使、授意、强令其他国家机关工作人员违法履行职务或者不履行职务,构成刑法分则第九章规定的渎职犯罪的,应当依法追究刑事责任。

以"集体研究"形式实施的渎职犯罪,应当依照刑法分则第九章的规定追究国家机关负有责任的人员的刑事责任。对于具体执行人员,应当在综合认定其行为性质、是否提出反对意见、危害结果大小等情节的基础上决定是否追究刑事责任和应当如何处的刑罚。

第七条 依法或者受委托行使国家行政管理职权的公司、企业、事业单位的工作人员,在行使行政管理职权时滥用职权或者玩忽职守,构成犯罪的,应当依照《全国人民代表大会常务委员会关于〈中华人民共和国刑法〉第九章渎职罪主体适用问题的解释》的规定,适用渎职罪的规定追究刑事责任。

《刑法第九章渎职罪主体适用问题的解释》

全国人大常委会根据司法实践中遇到的情况,讨论了刑法第九章渎职罪主体的适用问题,解释如下:

在依照法律、法规规定行使国家行政管理职权的组织中从事公务的人员,或者在受国家机关委托代表国家机关行使职权的组织中从事公务的人员,或者虽未列入国家机关人员编制但在国家机关中从事公务的人员,在代表国家机关行使职权时,有渎职行为,构成犯罪的,依照刑法关于渎职罪的规定追究刑事责任。

(二)徇私枉法罪

第三百九十九条 [徇私枉法罪]司法工作人员徇私枉法、徇情枉法,对明知是无罪的人而使他受追诉、对明知是有罪的人而故意包庇不使他受追诉,或者在刑事审判活动中故意违背事实和法律作枉法裁判的,处五年以下有期徒刑或者拘役;情节严重的,处五年以上十年以下有期徒刑;情节特别严重的,处十年以上有期徒刑。

[民事、行政枉法裁判罪]在民事、行政审判活动中故意违背事实和法律作枉法裁判,情节严重的,处五年以下有期徒刑或者拘役;情节特别严重的,处五年以上十年以下有期徒刑。

[执行判决、裁定失职罪;执行判决、裁定滥用职权罪]在执行判决、裁定活动中,严重不负责任或者滥用职权,不依法采取诉讼保全措施、不履行法定执行职责,或者违法采取诉讼保全措施、强制执行措施,致使当事人或者其他人的利益遭受重大损失的,处五年以下有期徒刑或者拘役;致使当事人或者其他人的利益遭受特别重大损失的,处五年以上十年以下有期徒刑。

[罪数规定]司法工作人员收受贿赂,有前三款行为的,同时又构成本法第三百八十五条规定之罪的,依照处罚较重的规定定罪处罚。[2023年回忆~徇私枉法罪;2020年回忆~共同犯罪、滥伐林木罪、徇私枉法罪]

专题二十一 军人违反职责罪

考点63 军人违反职责罪

第四百三十一条第二款 [为境外窃取、刺探、收买、非法提供军事秘密罪]为境外的机构、组织、人员窃取、刺探、收买、非法提供军事秘密的,处五年以上十年以下有期徒刑;情节严重的,处十年以上有期徒刑、无期徒刑或者死刑。

第四百三十四条 [战时自伤罪]战时自伤身体,逃避军事义务的,处三年以下有期徒刑;情节严重的,处三年以上七年以下有期徒刑。

答案速查

1.B	2.ACD	3.AD	129.BC	130.C	131.B
4.BCD	5.B	6.A	132.B	133.D	134.C
7.ABCD	8.C	9.B	135.C	136.D	137.D
10.C	11.D	12.ACD	138.ACD(原答案为ABCD)		139.D
13.C	14.C	15.D	140.D	141.BCD	142.ABD
16.B	17.C	18.ABD	143.A	144.C	145.A
19.A	20.AC	21.ABC	146.ABC	147.D	148.D
22.D	23.ABCD	24.ACD	149.CD	150.AC	151.ABC
25.CD	26.ABCD	27.ABD	152.ACD	153.AB	154.C
28.D	29.ACD	30.C	155.CD	156.D	157.AC
31.C	32.BD	33.C	158.C	159.ABCD	160.AD
34.ACD	35.BCD	36.C	161.ABCD	162.C	163.C
37.A	38.ABCD	39.A	164.A	165.D	166.C
40.C	41.ABD	42.AC	167.BD	168.B	169.C
43.BC	44.ABCD	45.C	170.C	171.C	172.ABCD
46.D	47.CD	48.D	173.C	174.ABCD	175.AD
49.ABC	50.D	51.D	176.BC	177.ABCD	178.B
52.BCD	53.C	54.A	179.B	180.B	181.A
55.C	56.D	57.BCD	182.D	183.ACD	184.A
58.D	59.C	60.ABCD	185.ABCD(原答案为ABC)		
61.D	62.C	63.ACD	186.ABCD(原答案为C)		187.B
64.C	65.B	66.CD	188.BD	189.D	190.B
67.BC	68.AD	69.CD	191.B	192.ABD	193.AD
70.A	71.AC	72.ABCD	194.B	195.C	196.B
73.C	74.AB	75.BCD	197.ACD	198.AD	199.ABCD
76.ABC	77.D	78.A	200.ABC	201.D	202.ABCD
79.C	80.CD	81.C	203.ABD	204.ABCD	205.B
82.B	83.C	84.ABD	206.D	207.B	208.B
85.B	86.D	87.A	209.D	210.C	211.AB
88.C	89.ABCD	90.AC	212.ABCD	213.C	214.B
91.A	92.D	93.D	215.ABC	216.C	217.B
94.B	95.C	96.ACD	218.AC	219.ABCD	220.ABD
97.C	98.B	99.A	221.AB	222.C	223.B
100.D	101.D	102.B	224.C	225.D	226.BC
103.A	104.ABD	105.D	227.ABCD	228.ABCD	229.C
106.D	107.AC	108.AB	230.AB	231.C	232.ABCD
109.ABC	110.B	111.BD	233.(1)D;(2)ABC;(3)AD		234.D
112.ABD	113.B	114.D	235.C	236.ABCD	237.A
115.BC	116.D	117.A	238.(1)BCD;(2)AD;(3)AD;(4)ABCD;(5)ABCD;		
118.C	119.AB	120.D(原答案为CD)	(6)ABC	239.B	240.AB
121.AC	122.B(原答案为A)	123.ACD	241.D	242.D	243.B
124.ABCD	125.ABCD	126.B	244.ABCD	245.CD	246.ACD
127.ABD(原答案为AB)		128.B	247.CD(原答案为ACD)		248.B(原答案为AB)

249.BC	250.BD	251.AD	350.A	351.ABD	352.D
252.A	253.D	254.D	353.BCD	354.(1)BCD;(2)AB	
255.BD(原答案为A)		256.ABC	355.BCD	356.C	357.ACD
257.ABD	258.D	259.D	358.BC	359.D	360.C
260.B	261.D	262.ABC	361.D	362.A	363.ABCD
263.C	264.(1)A;(2)A;(3)AB;(4)ABCD		364.ACD	365.D	366.AD
265.AC	266.C	267.B	367.BD	368.C	369.ABC
268.ACD	269.ABD	270.B	370.A	371.AD	372.A
271.C	272.A	273.C	373.BCD	374.BC	375.B
274.ABCD	275.CD	276.ACD	376.B	377.C	378.D
277.B	278.D	279.B	379.CD	380.C	381.D
280.D	281.(1)AD;(2)BC;(3)ABC;(4)D;		382.C(原答案为CD)		383.CD
(5)BC;(6)AB(原答案为ABC)		282.C	384.D	385.AB	386.ABD
283.AC	284.D	285.B	387.A	388.B	389.D
286.D	287.C	288.B	390.D	391.AC	392.ABCD
289.ABC	290.BD	291.BD(原答案为D)	393.ABD	394.(1)BC;(2)ABCD;(3)BCD	
292.A(原答案为AD)		293.BC	395.ABC	396.B	397.ABCD
294.B	295.ABD		398.ABC	399.ABD(原答案为ABCD)	
296.(1)CD;(2)BCD		297.ABD	400.ABCD	401.C	402.A
298.B	299.ABD	300.C	403.C	404.C	
301.ABC	302.ABD	303.B	405.(1)CD;(2)BC;(3)AC(原答案为ABC)		
304.D(原答案为A)	305.C	306.BC	406.ACD	407.C	408.A
307.ABCD	308.C	309.ACD	409.ABC	410.D	411.C
310.(1)B;(2)ABCD		311.D	412.ACD	413.D	414.BCD
312.ABC	313.BCD	314.ABD	415.C	416.ABC	417.ABCD
315.C	316.(1)ABCD;(2)ABCD;(3)ABCD		418.ABC	419.D	420.ABCD
317.ABCD	318.B	319.ABC	421.(1)C;(2)A;(3)AB		422.D
320.D	321.D	322.B	423.ABCD(原答案为B)		424.ABCD
323.A(原答案为B)	324.C	325.ABC	425.D	426.ABD(原答案为ABCD)	
326.BCD	327.BCD	328.AD	427.CD	428.ABC	
329.C	330.A	331.A	429.(1)ABD;(2)ABC;(3)C;(4)ABCD		
332.ABCD	333.D	334.D	430.BCD	431.ABC	432.BCD
335.ABCD	336.B	337.ABCD	433.AD	434.CD	
338.D	339.ABC	340.ABCD	435.(1)ABD;(2)B;(3)ACD		436.AD
341.C	342.A	343.BC	437.D	438.A	439.ACD
344.C	345.AC	346.D	440.B		
347.A	348.AD	349.B			